U0838846

少年读史

小后汉书

第一册

帝王大业

谢冕 解玺璋 主编

太源 编著

文化发展出版社
Cultural Development Press
·北京·

图书在版编目（CIP）数据

小后汉书 / 太源编著．— 北京 ：文化发展出版社，2024．12．—（少年读史 / 谢冕，解玺璋主编）．

ISBN 978-7-5142-4560-8

Ⅰ．K234.204.2-49

中国国家版本馆CIP数据核字第20246PX525号

序

《后汉书》由南朝宋范晔编撰而成，全书结构谨严，文采斐然，语锋犀利，善于裁剪，与《史记》《汉书》《三国志》合称“前四史”。

本套《小后汉书》遴选《后汉书》中的主要人物和精彩故事，进行白话新译，为了便于小读者阅读，进行了适当的改写，捕捉细节，渲染气氛，让小读者能够感同身受地理解当时的人物及其境况。

北宋大学者司马光说：“人之患，在于不读史。”历史是人创造的，读史就是认识人本身，认识祖先的根、民族的根，进而认识世界，由此才能把握好现在，选择好未来的路。希望小读者在阅读《小后汉书》时，能够拥有不一样的阅读体验。

本套书体量大，难免有错失遗漏之处，欢迎读者批评指正。

目录

汉光武帝

开创东汉

汉明帝

推动盛汉

汉章帝
稳重仁爱

汉和帝
永元之隆

汉安帝

转瞬兴亡

汉顺帝

短暂中兴

汉桓帝

党锢事起

汉灵帝
亲小人远贤臣

注：本书选取了古代多位画师的作品，由于画师们所处年代不同、画风不同，所绘制的同一人物或场景等也各有不同，以下不一一说明。

汉光武帝

开创东汉

天生异象

隆冬时节的洛阳，大风呼啸，隐隐有股肃杀之气。

时间是公元前5年1月15日的夜晚。

南顿县令刘钦正在自家屋舍外紧张地来回踱步，任凭寒风刮过身体。屋内不时传出夫人樊娴都的痛叫声，以及接生婆焦急的话语。

南顿，今河南省境内。

按照家谱，刘钦是汉景帝的儿子长沙定王刘发的后裔，到他这一代已经是家道中落了。

刘钦诚挚地请求上苍，希望妻子能安全生产，虽然这是自己的第五个孩子了，但是在那个时代，由生产造成的悲剧实在不少。

终于，一声洪亮有力的啼哭传入刘钦的耳中。他长舒一口气，一边感谢老天保佑，一边迫不及待地冲进屋内。令他惊讶的是，屋里居然亮起了耀眼的红光。红光中，刘钦从产婆手里接过了婴儿。

他对这红光充满了疑惑，担心有不吉利的事情发生，于是立刻传令功曹史充兰，命他去找善于占卜的人，将此事问个清楚。

充兰办事很靠谱，没多久就带着占卜结果回来了："此为兆吉，不可多说。"

刘钦放下心来，"不是凶光就好！未来的事谁也说不准，但愿这个孩子能像占卜之人所说，未来能有所建树！"

"给他取个什么名字好呢？"

刘钦稍一思索，突然想到这一年自己治下的县境一派风调雨顺之象，听说县城边界有三株谷子长得非常显眼，它们每根茎上结出了九个穗，比一般谷子要长出一二尺，真是秀谷啊！

"我的儿，你就叫刘秀！"

刘秀在父母、兄长和姐姐们的关爱下渐渐长大，从嗷嗷待哺到学着走路，他总是用好奇的眼神打量着周围的一切。

时间一天天过去，刘秀开始显现出不同于常人的面相。成年后的刘秀“身长七尺三寸，美须眉，大口，隆准，日角”，用今天的话说就是：不仅身材高

大，眉毛、胡须还非常显眼、美观，且嘴唇宽厚、鼻梁坚挺，额头饱满。

但不幸的是，还未成年的刘秀很快就遇到人生中的一大悲痛——幼年丧父。

公元3年，刘钦去世了。刚刚九岁的刘秀虽不理解何为死亡，但看着父亲冰冷的身躯以及周围亲人那流泪痛哭的样子，他仿佛一夜之间成熟了很多。

随后，母亲樊娴都带着儿女在悲痛之中将刘钦安葬，刘秀在刘钦坟前恭敬地磕着头，眼泪夺眶而出。

为了生活，樊娴都带着儿女们经过艰难的长途跋涉，来到了南阳郡**蔡阳县**，投奔刘钦的弟弟**刘良**。刘秀从县令之子变为普通百姓。

蔡阳县，今湖北省枣阳市。

刘良，字次伯，汉朝宗室大臣，汉高祖刘邦八世孙，东汉光武帝刘秀叔父。任萧县令，抚养了侄子刘秀、刘縯（yǎn）。刘秀称帝后，被封为广阳王、赵公等，六十六岁离世。

游学长安

刘秀在叔父刘良的悉心教导下渐渐长大，虽然早早失去了父亲，但是叔父给予了他莫大的关爱。

成长过程中，刘秀展现出与哥哥刘縯不同的风采。

刘縯喜好结交江湖人士，而刘秀在不凡的样貌下，却热心务农，为此他经常被刘縯取笑。

正是因为如此，刘秀饱尝了农业劳作的艰辛。他每天双脚被地面的热气熏蒸着，背脊被炎热的阳光烤晒着，他日复一日地在田里耕作。

这段务农的经历塑造了刘秀宽厚的爱民之心，为日后他决心做的大事埋下了种子。

刘秀成长的日子，也正是西汉王朝这座富丽堂皇的宫殿彻底走向残破不堪的时期。公元9年，王莽篡位，自立为帝，将国号改为“新”，西汉灭亡。但王莽治国理政一团糟，新朝很快就显出亡国之相。

反叛王莽的势力逐渐抬头，天下即将大乱。

刘秀的叔父刘良敏锐地感知到正在酝酿着的异变，他身为汉朝旧臣，体内又流淌着大汉皇室的血液，看着王莽一番折腾，自然心有不忿，而听说农民起义后，内心又蠢蠢欲动。

刘良看着刘秀渐渐长大，多年前刘秀出生时红光乍现的传说自己也有所耳闻，虽然刘秀这些年在勤恳务农，但是他还是让人觉得与众不同。

于是，刘良有了一个想法。

公元14年的某一天，刘良瞒着家人，将刘秀叫到跟前来。他语重心长地对刘秀说："文叔（刘秀的字），这些年相处下来，叔父深知你并非池中之物。如今天下不太安宁，未来的事谁也说不准，你就趁着这个机会，去长安见见世面吧，叔父会尽量为你打点好一切。"

刘秀颇感意外，但听着叔父的谆谆教诲，他明白，刘良真的对他视如己出。

依依不舍中，刘秀整理好行囊，拜别了叔父、母亲和兄弟姐妹，昂首前往都城长安。

长安，这个天下最为繁华的都市，曾不止一次地出现在刘秀的梦里，如今，刘秀总算身临其境，一切也并没有让他失望。

宽厚的宫墙，热闹的街市，来往的车马，稍显陌生的口音，以及来自四面八方的能人异士，都让刘秀大开眼界。

在刘良的安排下，刘秀入读太学，跟随当世名儒**许子威**学习《尚书》，一学便是五年。

许子威，西汉大儒，曾任中大夫，与王莽私交甚好，但不赞成王莽篡权夺位、终结西汉。

宛城起兵

公元22年，王莽新朝气数将尽，各地突发蝗虫灾害，很多老百姓为求活命，落草为寇，南阳一带也遭遇严重的饥荒。

刘秀的哥哥刘縯本来就爱结交江湖人士，饥荒一来，这些人干起了鸡鸣狗盗之事，害得刘縯被官府之人盯上。

从长安学成归来的刘秀为求安全，跑到住在**新野**的姐夫邓晨的家里避难，暂时以卖粮为生。

这年秋天，刘秀照例来到**宛城**贩卖谷物，他遇到了一位特殊的“客人”。

新野，今河南省南阳市新野县。

宛城，今河南省南阳市。

这位客人名叫李轶，是宛城本地的商人，颇有家财。

此前，敏锐判断出天下将变的李轶曾对哥哥李通说：“如今到处都有动乱，王莽新朝即将终结。南阳那边正好有一支汉室宗亲，我们可与他们联络，共图大事！”李通接连点头，委托李轶与刘秀接触。于是便有了眼下的这次相遇。

刘秀早就在暗中观察着天下大势，他也知道，哥哥刘縯绝对是不甘寂寞之人，他们缺的只是一个契机，或者说，缺一个光鲜亮丽的口号。

就这样，刘秀与李轶、李通搭上了线，并将宛城这边的形势告诉了刘縯。

于是，刘縯打着“复高祖（刘邦）之业，定万世之秋”的口号，在**舂（chōng）陵**正式起义，并通知邓晨在新野起兵响应，刘秀、李通、李轶等在宛城起义。

舂陵，今湖北省枣阳市吴店镇。

刘秀脱下平时贩卖谷物的商贩之衣，穿上当时的将军服饰绛衣大冠，踏上了恢复大汉荣光的征途！

国仇家恨

常言道“百足之虫，死而不僵”，王莽新朝日薄西山，虽然天下到处都是起义军，但是王莽政权毕竟家底雄厚，短时间内还是显露出很强的战斗力。

刘秀兄弟和南阳宗室子弟的这支起义军被称为“舂陵军”。在起义初期，起义军兵少将寡，武器粮草也极度短缺，刘秀虽名为“将军”，但一开始连马都没有，只能从地里拉来一头耕牛骑，好在他们很快拿下了新野，刘秀这才获得了一匹战马。

然而，失败来得很快，刘秀带着起义军拿下**棘阳县**后，被王莽派来的甄阜、梁丘赐等部众在郊外打得人仰马翻。混乱中，刘秀奋力逃出战场，往棘阳县大本营逃去。

棘阳县，今河南省新野县东部。

逃命的路上，刘秀遇到了自己的亲人——姐姐刘元和妹妹刘伯姬，刘元还带着三个女儿。

刘秀怎么能不管她们呢?

他想将战马让与姐姐一家，自己带着妹妹从小路回到县城，但姐姐拒绝了。

“弟弟长大了，黑了，也英武了。”刘元看着焦急的刘秀，心里宽慰不少。

她明白，眼下危在旦夕，比起自己，刘秀的个人安危更为重要。

她拒绝了刘秀的提议，只将妹妹刘伯姬交给了刘秀，并留下一句“行矣，不能相救，无为两没也”，然后就带着孩子跑开了。

追兵很快追到跟前，刘元与三个孩子死于乱军之中。刘秀带着妹妹一路狂奔，任凭仇恨的火焰在胸中激荡。

“王莽，这笔账，总有一天我会找你算清楚的！”

对于刘秀来说，他已经有了“国仇家恨”。

在接下来的时间里，刘秀同刘𬙂、李通一道说服新市、平林、下江等地的起义军通力合作，很快就大败新军，并杀死了甄阜、梁丘赐二人。

但在刘秀心里，这份“国仇家恨”还没有了结。

消灭新朝

公元23年二月，西汉宗室刘玄在**淯水**被绿林军的主要将领拥立为帝，建元“更始”，这一年被称为“更始元年”，刘玄被称为“更始帝”。

对于这位更始帝及所谓的更始政权，以刘秀、刘𬙂为代表的南阳刘姓宗室非常不满，但为了大局着想，刘秀与哥哥刘𬙂都选择了隐忍。

他们暂时接受了刘玄的赐封——刘𬙂被封为大司徒，刘秀为太常偏将军。

刘玄称帝的事传到长安后，王莽大为恼火。他想，眼下战事四起，只要有一个人称帝，必然带动其他起义军首领也跟着效仿，更何况更始政权打出的旗号还是“汉”。

淯水，今河南省南阳市白河城南淯水之滨。

恼怒之余，王莽还感受到前所未有的恐惧。

他立刻召集眼下所有能调动的兵马共四十二万人，对外则号称“百万大军”，往**昆阳**进发，打算一举扑灭更始政权，来个杀鸡儆猴。

昆阳，今河南省平顶山市叶县。

昆阳之战，一触即发！

刘秀等人得到前线消息后，立马犯了难。

对面是王莽派出的王邑、王寻的四十二万装备精良、训练有素的威武之师，自己这边则大多是人心浮动、战斗力不足、补给也不足的杂牌军，满打满算也就九千多人。但刘秀深知，汉军没有退路，自己更没有退路！一旦撤退，结局肯定是被追击剿灭！

此时，刘秀驻扎在昆阳。他立刻召开动员大会，因为很多部下已经未战先怯，眼下必须将昆阳城保住。

他为麾下将领剖析了眼下的局势，认为王莽已经是强弩之末，这四十二万大军是王莽最后的筹码，并且，他们仓促之间集结，必然因为连日奔波而战斗力锐减。

他又说，如果取得昆阳之战的胜利，大汉就有了入主长安、稳坐皇位的基础，因为王莽的新朝是被他们击溃的。

最后，刘秀一锤定音：“合兵尚能取胜，分散兵力势难保全！诸位，生死存亡之际，狭路相逢勇者胜！我恳请大家与我固守昆阳，立下不世之功，将来史官在记载这一段历史的时候，也能有我们的名字！”

这是昆阳之战前激动人心的动员令，刘秀的皇者气魄在此刻展露无遗。

当然，刘秀也知道，光喊口号还不够，九千人面对四十二万人，怎么看都是以卵击石，所以当时的首要任务是：召集人马！

夜色之中，刘秀率领十三位亲信，骑马摸出昆阳，此时昆阳城北边不远处已经肉眼可见点点火光，那是王邑、王寻大军正在安营扎寨，他们必须抓紧时间了！

或许是上苍不愿辜负这位汉室宗亲，也或许是因为刘秀在以往的岁月中四处留下的仁德爱民的名声，一番奔波下，刘秀成功召集到一万七千人驰援昆阳。

与昆阳城里积极备战的守军不同，驻扎在城北的王邑自恃兵力强大，认为昆阳已是囊中之物。

当他探听到刘秀并不在昆阳，大笑了几声，认为这个懦夫必是弃城而去，就算他有胆子回来助战，那

长安古道

也不算是一个英雄。

他放下豪言壮语："百万之师，所过当灭，今屠此城，喋血而进，他们必定很快落败！"

随后，他下令："进攻，踏平昆阳，屠灭守军，以彰我新朝天威！"

接下来的事真如刘秀所料，这四十二万大军看起来来势汹汹，但战斗力并不强，毕竟眼下的王莽新朝就是四面楚歌，相当一部分军中将士之前一直都在四处打仗，还没喘口气又被调到昆阳，已经累个半死了。而昆阳的汉军以逸待劳，只要内心坚定，守住一段时间是做得到的。加上自己这边早已没了退路，心态上与厌战的王邑部众有着天壤之别，所以，奇迹就这么发生了。

面对四十二万大军的多日强攻，昆阳城屹立不倒！

而外出调兵的刘秀，终于赶了回来。

刘秀没有选择进城修整，他果断率军冲入战场，守城的人大喜过望，王邑则是一脸不可思议：哪里冒出来的这么多人？

昆阳城上的将士们看着自家主帅在敌人阵中一路突袭，瞬间士气大振。他们立刻打开城门，带着城里仅存的人马与刘秀援兵会合，硬生生将王邑部众杀退。

眼下便是分出胜负的时刻。刘秀策马高呼，在瞬息万变的战场上集结了三千多人，带着他们绕到王邑大军的侧翼。

又是一番兵刃交接，最后，王邑狼狈地逃离了战场，王寻战死。

刘秀取得了昆阳之战的胜利，缴获了大量车马粮食、武器辎重。

新朝号称“百万大军”的主力在昆阳城下被刘秀击败，新莽政权彻底土崩瓦解。

残阳如血，战马低鸣，刘秀站在昆阳城头，任凭夏日的热风吹过，他明白，有些事情终于可以提上日程。

公元23年，**绿林军**攻入长安，王莽死于混战之中，新朝覆灭。

刘秀听闻王莽的死讯后，骂了一句：“混账东西，便宜你了！”

绿林军，王莽新朝时期的一支起义军，因为驻扎在绿林山，故称为“绿林军”。刘秀领导的春陵军归于绿林军。绿林军拥立更始帝刘玄，延续汉朝，后攻入长安，灭掉了王莽新朝。后来，刘秀与赤眉军夹击绿林军，绿林军消亡。后世把“绿林”二字作为“啸聚山林、反抗朝廷”的英雄豪杰的代名词。

再失家人

昆阳之战后，立下首功的刘秀依然马不停蹄，四处攻城略地。

这段时间，刘秀的个人威望大大提升，有个词叫作“功高震主”，声势浩大的刘秀就引起了更始帝刘玄的猜忌和痛恨。

为了防止刘秀的威望大过自己，更始帝出了一个昏招：杀死刘缜。

说起来，刘秀守昆阳时，刘缜也没闲着。当更始帝称帝时，刘缜虽然极度不满，但是强敌当前，刘缜选择服从，并身先士卒，率军为更始帝拿下了新野、宛城等地，功劳不可谓不大。

更始帝迁都宛城后没多久，昆阳之战的战果便传了过来，更始帝惊喜之余，对这功高震主的兄弟俩起了戒心。再加上部下的挑拨，为求日后长久富贵，更始帝选择对刘缜痛下杀手。

其实，刘秀早就心生戒备，绿林军总体上鱼龙混杂，他对此很清楚，这些人只可共患难，不可同富贵。所以，当他们兄弟二人前后立下赫赫战功时，刘秀就不止一次暗中劝告兄长刘缜，切记小心行事，以免遭小人暗算。然而，悲剧还是发生了。

刘缜死了。

这对刘秀来说是一个莫大的打击。

在近一年的时间中，他的母亲樊娴都、姐姐刘元、哥哥刘縯相继去世，恍惚间，小时候一家人围坐聊天嬉戏的温馨场面一幕幕闪过他的眼前，他抬头远望天际，似乎看到有鸟儿飞向云端，再也不见踪影。

刘秀的心腹爱将深切感受到了他的哀痛。一些心腹私下劝慰刘秀，提醒刘秀小心提防，因为更始帝的下一个目标很可能便是他。也有人暗示刘秀，何不自寻出路，另立山头？

但刘秀接下来的举动出乎很多人意料。

惊险刺激的昆阳之战，极大地塑造了刘秀的性情——“泰山崩于前而色不变”，刘秀藏起了悲痛的情绪，好像什么事也没有发生一样。

他急匆匆地回到宛城，当着诸多大臣的面“扑通”一声跪伏在更始帝刘玄面前。

他缓缓说道：“陛下，臣刘秀深知罪孽深重，今日特来请罪！”

别说周围的大臣疑惑不解，就连刘玄也惊了，这是演的哪一出？他本以为刘縯一死，刘秀必反，甚至已经在思考怎么对付成为敌人的刘秀。怎么事情反倒朝意想不到的方向发展了？

更始帝饶有兴致地问道：“哦，文叔有何罪？”

只听刘秀说道：“昆阳之战，乃是托陛下洪福，在全体将士的共同英勇杀敌之下才取得胜利，末将从不敢居功自傲，更不曾认为头功在我。外界之所以出现一些不实的传言，都是因为我治军不严，以致某些别有心机的人想趁机分化我军，以夺取我军的战果，才会有那样的传言。并且，我哥哥刘縯多次冒犯陛下在前，陛下已很迁就他了，我哥哥却变本加厉，实在是罪有应得。末将只求陛下念在同为刘姓宗室的分儿上，给我一个将功赎罪的机会！”

这样一番话说得更始帝有些过意不去，他开始后悔仓促之间杀了刘縯，搞得刘秀前来表心迹。而平心而论，昆阳之战中刘秀确实劳苦功高，如果现在杀了他，别人一定会骂自己过河拆桥，未来又怎么让民众信服呢？

想到这里，更始帝只得亲自将刘秀扶了起来。

“此前，军中传言我对你有猜忌都是误会，我深知你的忠心和能力，希望你能再接再厉，为全军做出榜样。”

就这样，刘秀不但没有被治罪，反而被更始帝封为破虏大将军、武信侯。

但是，刘秀知道，哥哥的结局十有八九会在自己身上重演，他身在宛城，在刘玄及其亲信的眼皮底下谋事，总是能感觉到有无数双眼睛盯着他，只等他一个疏漏便群起而攻之。所以，刘秀暗中谋划着，离开宛城，离开更始帝的势力范围，再举大计！

开创东汉

新莽王朝虽然覆灭，但是占领长安的绿林军并没有得到全天下的拥戴，更始帝还没能成为天下共主。

尤其是黄河以北各州郡，都没有对更始帝表示称臣，**赤眉军**更是在山东一带扩张自己的势力，明显

赤眉军，王莽新朝时期的一支起义军，首领为琅琊人樊崇，主要由农民组成，他们大多不识字，以口头传令为主。赤眉军拥立汉宗室刘盆子为帝，杀死更始帝刘玄。赤眉军在长安四处找寻粮食时，被刘秀击败。其离开关中后，又被刘秀打败，樊崇投降，最后被杀。

打算同绿林军分庭抗礼。

于是，派一位颇有威望的将军巡视河北，扩大自己的势力范围，成了更始帝必须解决的问题。

最终，他把这个任务交给了刘秀。

其实，更始帝也很犹豫，他的亲信告诉他，眼下决不能让刘秀离开宛城，但实在苦于没人可用。加上刘秀暗中收买了他的心腹曹诩，在曹诩的助攻下，刘秀得到了北渡黄河、镇慰河北州郡的任务。

刘秀就这样离开了宛城。

他在河北一带靠着早就打出的威望，获得了多数郡县的接纳与支持。

刘秀还顺带剿灭了在邯郸称帝的王郎，声望更是如日中天。

当坐在长安皇宫里的更始帝发现刘秀已经不是自己能控制的时候，他赶快派遣特使来到河北，封刘秀为萧王，并让他交出兵马，回长安领受封赏。

刘秀轻蔑一笑，他哪会不知更始帝的小算盘，不过是想夺了他的兵权，控制住他，然后找机会杀掉他。

刘秀以眼下的河北依然有战事为由，表示“将在外君命有所不受”，拒绝了封赏，自然也拒绝了回到长安面见更始帝。

随后，刘秀直接出兵，拿下了邺城，将邺城内的绿林军收为己有，并命手下将士将更始帝派到幽州的人杀死，削弱了刘玄的力量。

至此，刘秀正式与更始帝刘玄决裂！

紧接着，刘秀指派冯异、寇恂联手拿下洛阳。

当他率军来到**鄗**（hào）**城**的时候，他见了冯异，详细询问了洛阳城外的战事。之后，冯异提出了一个大胆的想法：请刘秀称帝！

实际上，当刘秀在后方得知即将取得洛阳时，就已经有人站出来劝刘秀称帝了，刘秀认为时机尚未成熟。随后，刘秀击溃了前来讨伐他的尤来军，又有很多人劝他称帝，部下**耿纯**对他说，诸位将士跟随他多年，都希望得到实实在在的好处，刘秀意识到称帝时机已到。

如今，冯异又对刘秀说：“从王莽篡汉开始，天下已经许久没有得到安宁了，连年战事，破坏了百姓想要的安稳生活。如今，百姓思汉，将军又贵为汉室后裔，且仁德、声望传遍四海，为何不顺应民心，再造汉室伟业呢？”

此言正中刘秀下怀。

鄗城，今河北省邢台市柏乡县固城店镇。

耿纯，字伯山，东汉开国将领、“云台二十八将”之一，出身巨鹿大族，求学于长安，授为纳言士。初归顺更始帝刘玄，后投奔刘秀，参与平王郎之乱、赤眉军起义等战争。他被拜太中大夫、东郡太守，被封东光侯。

公元25年8月5日，刘秀在鄗城千秋亭加冕皇帝之冠，为了彰显延续汉朝之意，刘秀仍然以“汉”为国号，史称“东汉”，刘秀被称为“光武帝”。随后，洛阳的守将朱鲔（wěi）打开城门，向刘秀称臣。刘秀率众进入洛阳，将洛阳定为王朝的首都。

土地风波

刘秀用了近十二年的时间，荡平赤眉，收复**关东**，击败**陇西**隗嚣、**巴蜀**公孙述，最后平定天下，使得自王莽末年以来四分五裂、战火连天的局面再归一统。

当刘秀安然坐在洛阳皇宫，接受群臣觐见的时候，应该会想到已经过世的父亲、母亲、哥哥和姐姐吧，而自己出生时有红光乍现，是否真的预示了今天的一切呢？

但成为皇帝，统一天下后的刘秀很快就陷入了另一场焦头烂额之中，因为他发现，当皇帝这事比打仗难得太多。

如何更好地治理天下，如何避免重蹈西汉王朝的覆辙，如何推行行之有效的改革措施并避免王莽的悲剧重现？这些都是刘秀每天都在思考的问题。

刘秀熟读《尚书》大义，通晓儒家经典，当然明白“得民心者得天下”的道理。而他从起兵到称帝，不也是因为获得了百姓的支持吗？仔细一想，绿林军，赤眉军，皆有统治一方的实力，而他却能笑到最后，归根结底，还是因为民心所向。

于是，刘秀得出结论，推行仁政，让天下百姓劳有

关东，函谷关以东。

陇西，甘肃一带。

巴蜀，四川一带。

所得，安居乐业，才是保证一个王朝长治久安的法宝。

如何让百姓安居乐业？

自然是有耕种的土地，有丰收的粮食。

为了防止豪强们兼并土地，使适合耕种的土地留在百姓手中，刘秀推行了度田政策。

欧阳歙，字正思，东汉大臣、经学家，出身于书香门第，恭谦好礼，曾任原武县令，之后投靠刘秀。刘秀称帝后，升大司徒，因贪污受贿下狱，最终死于狱中。光武帝刘秀赐其棺木及细绢三千匹。

河南尹，当时京师地区最高长官，主管洛阳附近二十多个城市和一百多万人口。

汝南太守**欧阳歙**（xī）在土地问题上贪污受贿，刘秀勃然大怒，将他逮捕下狱。

朝中的大臣都下跪磕头，为欧阳歙求情。一些大臣认为，如今天下安定，百姓生活逐渐走向富饶，莘（shēn）莘学子也以极大的热情参政议政，而欧阳歙号称“学为儒宗，八世博士”，这时候正应该为刘秀的帝王基业添砖加瓦，如果把他扔去监狱，影响就太大了。

可即便求情的人再多，刘秀依然无动于衷，甚至越是有人求情，他对欧阳歙的杀意越是浓厚。

“这些乱臣贼子！居功自傲，结党营私，枉顾法令，欺上瞒下！不杀几个，实在难消朕的心头之恨！”

刘秀捏紧拳头，怒火中烧，内心里把那些“乱臣贼子”一个个数了一遍。**河南尹**张伋因为测量田地弄虚作假，刘秀把他和其他十几个地方长官也关进了监狱，最终一一处死。

这么大的官员都受到了严惩，地方豪强顿时不敢再为所欲为了，百姓也得到了足够的土地。

光武长风

自从王莽时期的乱世，再到天下一统，历经了近二十年的时间，这期间，百姓伤亡惨重，战死、病

田地

死、饿死的人不计其数。当刘秀统一天下时，天下人口已经“十有二存”，情形极为惨烈。

为了使饱经创伤的中原之地尽快恢复，刘秀全力避免再次发动战争，他谅解了曾经的一些敌人，封赏了有贡献的人，爱惜辛苦的百姓，极大地减轻了百姓的负担。

刘秀在位三十二年，是大汉王朝再次焕发活力的三十二年，积累了雄厚的国力，被称为“光武中兴”，后世很多王朝都将其作为治世典范。

南阳郡新野县有一位美貌庄重的女子，名叫阴丽华，刘秀早年就有“娶妻当得阴丽华”的愿望，后来他如愿娶得阴氏为正室。不过，他为了巩固与真定王**刘杨**的联盟，又娶了刘杨的外甥女**郭圣通**，也封为正室，也一样厚宠。

刘秀称帝后，把阴丽华和郭圣通都封为贵人，地位相同，后来又立郭圣通为皇后，立郭圣通的长子为皇太子。

刘秀内心却感觉有愧于阴丽华，所以，对阴丽华更加宠信。最终，他又废掉郭圣通，立阴丽华为皇后，废掉郭圣通的儿子刘强太子之位，立阴丽华的儿子刘庄为皇太子。

刘杨，汉朝宗室大臣，汉景帝刘启七代孙，东汉光武郭皇后舅舅，袭封真定王。更始年间，刘杨拥兵十数万，将外甥女嫁给刘秀，与刘秀一起平定河北。后其密谋造反，被其外甥杀死。

郭圣通，东汉光武帝刘秀的第一位皇后，刘秀称帝后，被册封贵人。刘杨被杀后，刘秀为安抚河北派势力，又立她为皇后。后被刘秀疏远，她心怀怨恨，后被废去后位，最终病逝。

公元57年，刘秀在洛阳皇宫里的南宫前殿去世，享年六十二岁。

在合上双眼之前，刘秀下了三十二年皇帝生涯中的最后一道诏书："我没给百姓做什么好事，一切都像孝文皇帝那样从简……"

刘秀驾崩后，皇太子刘庄即位，是为汉明帝。

汉明帝

推动盛汉

少年皇子

光武帝刘秀在世时，有一天，发生了这样一件事。

朝会上，刘秀正在看陈留郡官吏呈上的简牍，上面有一句话让他摸不着头脑："颍川、弘农可以问，河南、南阳不可问。"

"这是何意？"刘秀越看越疑惑，便命呈上这道简牍的官吏解释。而他得到的回复差点让他背过气去——"不知道！"

刘秀的脸色阴晴不定，陈留郡的官员虽然心内发怵（chù），但始终没有老实交代。

正当刘秀按捺不住怒火时，身后的帐子里传来一句话："启禀父皇，这句话的意思应该是：负责丈量土地的官员接到指示，不要认真丈量土地，可以适当调整上报的数据。"

听闻此言，刘秀迟疑了一下。

他随即向帐中人问道："如果确实如你所言，那么怎么解释'河南、南阳不可问'呢？"

帐中人沉吟了一会儿，之后答道："据儿臣猜测，河南是父王当年发迹的地方，南阳又算是父王曾经的故乡，这些地方都有与父王亲近的臣子和亲人，所以，官员们没法儿严格地丈量土地。"

汉简牍残片

“哦，是这样吗？”刘秀向着殿内跪着的那位陈留郡官员，缓缓问道。

“一切如东海公所言！”陈留郡官员终于说了实话。

刘秀长叹一口气。他明白，这道简牍能出现在自己面前，那负责丈量土地的官员一定是背负了很大压力。

他下令：挑选得力之人，去核查俸禄在两千石以上的官员所报上的丈量数据，如果有蓄意瞒报、数据不实的现象，予以严惩。

散朝后，刘秀将帐子里为他解惑的皇子叫到跟前，详细询问了他最近读书学习的情况，并命他汇报了最近一段时间看着自己处理朝政时学到的经验。

最后，刘秀眼带笑意，拍了拍这个儿子的肩膀，说道："继续努力吧！"

面对父皇的勉励，这位少年皇子躬身行礼，恭谨地告退了。

他的名字叫刘庄，是刘秀的第四个儿子，皇后阴丽华的长子，眼下十二岁，被刘秀封为"东海公"。

献计平叛

公元28年6月15日，在常山郡元氏县，刘庄在母爱的包裹下呱呱坠地。

他的父亲刘秀已是东汉的开国皇帝，但在他出生的这个时间，天下还没有完全统一，光武帝刘秀这会儿正忙着作战。

不久，刘秀从洛阳启程，前往元氏县，及时赶上了刘庄的出生。

刘秀坐在阴丽华的床边，抱着襁褓中的婴儿，握着妻子柔弱的手，感到由衷欢喜。

于是，阴丽华抱着刘庄与刘秀一同回宫。

在接下来的几年里，天下逐渐安定，刘秀对母子二人的宠爱逐渐加深。

小小的刘庄继承了父母的优秀基因，在读书方面早早地展现出优异的天赋，十岁便通晓《春秋》，这让刘秀非常惊喜。

“不愧是我儿！”刘秀这样想着。

公元39年，刘庄被封为“东海公”，在不久后发生的丈量土地风波里，刘庄依靠聪颖和敏锐，再次加深了父亲对自己的喜爱。

两年后，刘庄被封为“东海王”。

公元43年，单臣、傅镇二人在河南郡原武县举兵造反，很快就将原武县占领了。

刘秀派出**臧（zāng）宫**领兵平叛，但出乎大多数人的意料，这位屡立战功的臧宫，居然无法短时间内平叛。

臧宫，字君翁，东汉开国将领，“云台二十八将”之一，初为亭长，参加绿林起义后，追随光武帝刘秀，屡立战功，任太中大夫等职，封朗陵侯。臧宫沉默寡言，做事勤勉，作战勇猛，成语“鸣剑抵掌”因他而来，比喻勇士非常勇敢。

臧宫

臧宫没有办法，只能选择坚壁清野，将这伙叛军死死围困在原武县，但问题是，这恰恰正中单臣、傅镇的下怀，因为他们不缺粮食，可对于朝廷而言，这时的国库里并没有太多钱财支持持久战。

臧宫望着屹立不倒的原武县咬牙切齿。这时，大后方的洛阳皇宫里，刘秀也有些着急。他紧急召集大臣入宫，商讨破城之策。

大家七嘴八舌之下，最后得出的“最佳之策”无非就是提高悬赏，鼓励前线将士硬碰硬，以强攻死磕的方法夺取原武县。

就在这个时候，皇子刘庄站了出来。

他仔细剖析了当下的情况，认为非但不必强攻，连围困都没必要，因为人在高危环境下很容易做出困兽之斗的事，臧宫这样一围恰恰激发了城内叛军誓死抵抗的决心。这样一来，敌方坚守不出，拖延时间，汉军则是急于求成，围困被动，强攻难下，所以造就了如今的困局。

听着刘庄一番有理有据的言辞，刘秀的眼神渐渐变得柔和。刘秀问道：“那依我儿之见，该如何处理呢？”

刘庄俯首答道：“既然久困不下，不如反其道而

出征

行之。可以让前线的将士们示敌以弱，放开几个口子，如此一来，城里的反贼在长期围困中突然看到突围的曙光，多半会想着离开原武。毕竟，就算他们眼下不缺少粮草，但是，并不代表永远不缺粮草。所以，无论是外出调粮，还是放弃城池，他们最终都会出城。”

刘秀笑了，也很自豪：“好，就这么办！”

一切正如刘庄所想，当大将臧宫按计划行事后，原武县中的叛军果然分散兵力撤出了县城。

臧宫趁机斩杀了单臣、傅镇，平息了叛乱。

胜利的消息传回洛阳，宫殿内，群臣恭贺，对刘庄的赞颂自然不会少。

刘秀坐在龙椅上，看着刘庄谦虚地表示这是臧宫及前方将士的功劳时，他开始相信，这个孩子很有潜力。

刘秀下诏，立刘庄为皇太子。

随后，刘秀命大学者**桓荣**担任刘庄的老师，让刘庄跟着桓荣学习《尚书》。

这部书是刘秀早年游学长安时重点学习的儒家经典，他期待刘庄能成为自己优秀的继承人。

桓荣，字春卿，东汉初年名儒、大臣。少时去长安求学，刻苦自励，十五年不回家乡，终成学业。六十多岁时被光武帝刘秀器重，任议郎，教授太子刘庄。后升太子少傅、太常，封关内侯。八十多岁去世，明帝刘庄为其亲自送葬。

警惕重臣

公元57年3月，光武帝刘秀与世长辞，刘庄在悲痛中告别了他十分尊重的父皇，继承了皇位，是为汉明帝。

在位三十二年的刘秀为刘庄留下了一个大好的治世局面。刘庄即位后，继续推行光武帝在位期间的各项政策，东汉王朝蒸蒸日上。

学业有成的刘庄知道，西汉王朝因为外戚、权臣干政，酿成了灾难，所以他非常警惕那些权势极大可能威胁朝政的世家官员。

比如大臣**窦融**，他曾经效力于王莽、刘玄，而

窦融，字周公，西汉末年至东汉时期军阀、名臣，“云台二十八将”之一，任大司空、将作大匠等职。窦融一门贵显，有“一公、两侯、三公主”，奴婢几千人，但其于汉明帝刘庄时遭到打压，七十八岁病逝。

后割据西北，后来投诚光武帝，并在西征隗嚣的行动中立下战功，在光武帝在位前期享尽了荣华富贵。虽然光武帝后来有意识地削弱了窦融一家在朝堂上的权势，但终归没有撼动他的根本。

到了明帝在位时，窦融的侄子、护羌校尉窦林触犯了死罪，明帝当机立断，下令处死窦林。同时，他又以“管教不严”的罪名召见窦融，多次责备窦融，使窦融内心不安，主动辞去了卫尉的官职。

仅从这里就能看出，汉明帝整顿吏治的决心。

光武帝刘秀在世时，宁愿冒着豪强叛乱的风险，也要推行度田令，此时的汉明帝已经深刻地感受到了

父亲的良苦用心。

他明白，让天下百姓劳有所得，并保证吃穿用度是多么重要。所以，当他接过皇帝权柄，执掌东汉王朝命运时，如何让百姓更好地吃上饭，就成了他一直努力解决的问题。

他开始推行节俭，而且以身作则，希望朝中的官员能将节俭的风气推行到全国。

他又多次下诏，减免多地的赋税徭役，诏令当地官吏认真地督导农桑，甚至让他们带头劳作，以此鼓励百姓积极生产。

治理黄河

汉明帝明白，一旦出现大规模天灾，百姓就会流离失所、难以饱腹，他必须要解决天灾问题，尤其是水患。

汉朝时，水患最为严重的区域莫过于黄河流域。

这条经常出现在历代文艺作品中的河流，“脾气”不是特别好，经常给流经的区域带去严重的水患。要么旱灾，要么涝灾，要么改道，总之很难有长期安分的时候。

治理黄河水患，一度是统治者的心头之痛。因为一旦黄河流域长时间陷入灾害，就容易发生暴乱。

光武帝刘秀在位期间，就多次考虑解决黄河泛滥成灾的问题，也曾经想大力修建堤防，但因为天下初定，要处理的紧急事情很多，国库里也没有多少钱，所以，他在无奈之下放弃了整顿黄河水患的计划。

刘庄即位后，人口增长了，耕地扩大了，再不治理黄河水患，一旦发生灾害，后果就非常严重了。

王景，字仲通，东汉时期水利专家，主持修渠筑堤、治理黄河，此后九百多年黄河再未泛滥。因治水有功，王景升为侍御史，又升为河堤谒者。后任庐江太守，百姓不懂牛耕，王景亲自教百姓用犁耕田，收获极丰。

公元69年，汉明帝下诏，寻找有能力治理黄河水患的能臣。没过多久，一位叫**王景**的人进入了刘庄的视线。

王景是山东即墨人，王景的父亲王闳曾立下军功，按律可受封列侯，但王闳坚决不接受，这激起了光武帝的好奇心，打算见他一面，结果王闳在半路上就病逝了。

王闳很重视对王景的教育，王景由此成为十里八乡的一个“奇人”。这恰恰促成了王景与汉明帝的君臣会面。

当刘庄下诏寻找治河能臣时，王景得到了朝中重臣的推荐，得以进宫面圣。

当汉明帝发出治理水患的询问时，王景从容而对，不卑不亢，对答如流。

王景本就博览群书，又专攻天文术数之事，加上自己有处理农田水利相关事宜的经验，一番交谈下来，汉明帝大为欢喜。

高兴之余，汉明帝赏赐给王景《山海经》《河渠书》《禹贡图》及钱帛衣物。

汉明帝本是一位实干的皇帝，他刻不容缓地下诏征集了几十万的兵夫，由王景主持，开始整修汴渠。

汴渠位于黄河以南的平原地区，是沟通黄河、淮河两大流域的骨干运河，黄河水势泛滥成灾时，汴渠流域基本难以幸免。

王景经过长时间的现场勘察，一番深思熟虑后，最终确定了治水总方针：开凿山阜高地，破除旧河道中的阻水工程，堵绝横向串沟，修筑千里堤防，疏浚淤塞的汴渠，每隔十里远建造一座水门。

之后，经过一年多的时间，他终于圆满完成了明帝交给他的重大工程。

这次治水非常成功，后人有“王景治河，千年无患”的说法，此后九百多年，黄河没有改道，决堤次数也不多。

当汉明帝于公元70年巡视汴渠时，看着新修的河堤内滚滚而流的河水，内心的喜悦溢于言表。

他抬头望向苍天，流云飘过，暖风和煦，他在内心默念：“父皇，您未竟的功业，由孩儿替您完成！”

盛世到来

对于古代中国，如何判断乱世与盛世，有一个比较基本的标准：人口。

大体说来，盛世人口多，乱世人口少。

光武帝刘秀在位末期，全国载于户籍的人口为两千一百多万，到了汉明帝刘庄统治后期，在不到二十年的时间里激增至三千四百多万。

西域之变

耿恭，东汉将领，为人慷慨，有谋略，善于领兵。汉明帝时，其任戊己校尉，屯兵金蒲城，遭北匈奴攻击后，转移疏勒城，死守拒降，后只剩十三人，时人称之“节过苏武”。耿恭后来任长水校尉，讨伐羌人，被人进谗后，被免官回乡，愤懑而死。

车师国，今新疆吐鲁番西北。

汉明帝在位时间不足二十年，但他继承并推进了“光武中兴”的政治景象，东汉王朝一派欣欣向荣，百姓们逐渐习惯了没有战乱和水患，能开心种田、放心吃饭的生活。

公元74年年底，汉明帝刘庄为了处理汉匈之间的矛盾，在西域设置西域都护、戊己校尉，希望通过对西域的经略，与西域各小国建立友好的外交关系，借此削弱匈奴人的势力。

为了尽快让经略西域的事务走上正轨，明帝派出了一批信任的得力干将驻守西域各地，其中有一人名为**耿恭**。

耿恭在西域的屯兵点是**车师国**的金蒲城，而他负责交好的对象是乌孙国。

当耿恭上任西域后，很好地完成了任务，没过多久，乌孙就归附了汉朝，乌孙国的王子便入朝侍奉了。

公元75年3月，北匈奴单于突然派左鹿蠡（lí）王率领两万骑兵攻打车师。

这是一场蓄谋已久的动乱，北匈奴人声势浩大，轻而易举地攻入车师，如入无人之境，很快便迫使车师人倒戈，并打到了金蒲城。

耿恭判断金蒲城不宜固守，于是趁着匈奴人进攻的间隙，率军冲出金蒲城，以最快的速度拿下了不远处之外的**疏勒城**。

疏勒城，今新疆维吾尔自治区奇台县城南的半截沟镇。

他深信，朝廷一定会派出大军驰援自己，他没有想到，这一守，便是十个月。

公元75年9月5日，汉明帝刘庄驾崩。而天下正处在国丧之中，局势并不稳定，朝廷没有机会，也没有余力派出救兵。

汉章帝

稳重仁爱

西域救援

第五伦，字伯鱼，东汉大臣，他少时好义，曾在险要处筑堡垒，用弓箭抵御盗贼，保护乡民。光武帝在世时，任他为会稽太守、蜀郡太守等，汉章帝即位后，任司空。第五伦刚烈、耿直、敦厚，憎恶官场黑暗现象，推荐了很多贤才。

北匈奴趁东汉皇位交替，与车师国合兵进攻戊己校尉耿恭的驻地。汉兵粮尽，陷入困境。他们煮铠弩食其筋革，拒绝匈奴的招降，坚守城池。汉章帝继位后，与群臣商议是否救援西域。

这是公元75年的某一天，十九岁的刘炟（dá）身披龙袍，头戴冕旒（miǎn liú），坐在洛阳皇宫龙椅之上。

一场激烈的辩论开始了。

很多大臣反对救援，理由是：通信不发达，朝廷与地方只能依靠各地驿站的人快马加鞭传递消息，等到朝廷接到消息的时候，耿恭他们已被匈奴围困，等到朝廷援兵赶到的时候，他们估计早已尸骨无存了。

但司空**第五伦**不同意，坚持要救援。司徒**鲍昱**也挺身而出，竭力请求派出援兵。

鲍昱说："今天，他们陷于危难之地，如此危急时刻，我们放弃了他们，对外是纵容匈奴等敌人，对内则会伤了忠臣良将的心。此时若不去相救，匈奴下次再来入侵，陛下还能派谁去抗敌？"

这一番"不抛弃、不放弃"的宣言，荡气回肠，令人动容。就连反对救援的人也都表示，要去拯救自己

鲍昱，字文泉，东汉大臣，担任过汝南太守、司徒、太尉等职，政绩卓著，奉法守正，肯于实干，七十二岁去世。

的英雄。

汉章帝虽然刚刚登基，但是有着满满的血性，即刻下令：飞速救援！

当援兵来到耿恭守城时，城中仅余二十六人。待随汉军回至玉门关时，仅剩了十三人，而且衣服洞破褴褛，形容憔悴枯槁。玉门关守将感动得亲自为他们沐浴更衣，史称“十三将士归玉门”。

经营西域

汉廷在营救耿恭的同时，还积极谋划对车师国的军事行动。

这是因为，在北匈奴出其不意地围攻耿恭等将士时，原本归顺朝廷的西域车师国临阵倒戈，也加入了匈奴的侵略大军。

汉章帝清楚，车师国国力羸弱，是在北匈奴的威胁下才做出了这种助纣为虐的举动。但是，若不出兵征讨无以告慰那些牺牲和幸存的大汉将士。

另外，朝廷还可以借着对车师国的征讨，实现对北匈奴的威慑，给西域各国带去长久的和平与安定，至少能让西域国家明白，得罪匈奴与得罪大汉的后果孰轻孰重。显然，得罪了匈奴，大汉可以给予庇护，

而得罪了大汉，朝廷并不介意把他们同匈奴一起讨伐。

汉章帝下令，让酒泉太守秦彭一定要给车师国一个教训，让车师国感受到彻骨之痛，深切明白亲近匈奴不如侍奉汉朝，以此敲打西域各个小国。

秦彭接受任务后，立刻率兵在交河城猛攻车师国的军队，斩首三千八百多人，并带回了骆驼、战马、牛、羊等牲畜无数。

北匈奴人一看汉军这架势，明白再不撤下一个被灭的就是他们，于是在慌乱中逃离了车师国，车师国也再次归降东汉王朝。

班超，字仲升，东汉时期军事家、外交家，父亲为史学家班彪，哥哥为史学家班固，妹妹为史学家班昭。班超博览群书，胸有大志，不拘小节，但内心恭谨。初为官府抄写文书，后投笔从戎，在汉明帝末年收服西域部分国家；汉章帝时期，他独自留守西域；汉和帝时，他任西域都护，将西域五十多个国家全部收服，封定远侯。古稀之年他请求回朝，不久后病逝，年七十一岁。

几年前，汉明帝曾在西域设立西域都护、戊己校尉，之后虽然西域一带总体上与朝廷这边友好往来，但时间一长，北匈奴肯定是坐不住的。所以，他们才会出其不意地进攻汉军，无外乎是希望趁机为自家争取点生机。

考虑到人力与物力并不充裕，汉章帝决定，以后不再派遣西域都护。随后他还下令，将此前派往新疆伊吾地区驻扎的兵马全部撤回。

不过，汉章帝并没有完全放弃对西域的经营。

当撤兵的诏书传到西域后，在西域小国疏勒国的领土上，有一位汉臣——**班超**，遵命收拾好了行装，正打算按照汉章帝的圣旨打道回府，谁料一场突如其来的变故让班超猝不及防。

疏勒国一些人听闻汉朝派出的官员与军队要撤出西域时，恐惧瞬间袭上心头。毕竟，眼下汉朝派来驻守疏勒国的人要是离开了，匈奴人一定会跑来烧杀抢掠，那他们只能任人宰割了。

所以，当他们看到班超背起行囊，准备骑马离去时，疏勒当地的一位都尉在众目睽睽之下拦在了班超的面前。

只见他抽出长刀，双眼流泪，仰天长叹着说道：

班超

“汉朝使者抛弃我们，疏勒必定被灭，我真不忍见到那一幕！”话音一落，他就引刀自刎了。

眨眼之间，一条人命就死在自己面前。班超大为震惊和痛惜。然而，君命难违，班超只能忍痛告别那些依依不舍的疏勒居民，启程东行。没多久，他就到了**于阗（tián）国**。

于阗国，今塔里木盆地南沿一带。

于阗国的人说什么也不让班超继续东行了，他们失声痛哭，有些人直接在班超的必经之路上跪倒，甚至抱住他胯下所骑之马的马腿，总之就是不让他离去。

眼见这样的架势，班超忍不住热泪盈眶，他抱着试一试的态度，上书汉章帝，说明了现在的情况，请求皇帝陛下同意他继续留屯西域，为汉朝与西域各国的友好往来继续努力。

汉章帝看到奏报后，很快给予了回复：“准！”

于是，于阗国的居民诚挚地感谢老天保佑终于留下了班超，疏勒国那边的老百姓听说以后，也是跪拜苍天，高呼：“我们有救了！”

不管是有心而为，还是无心插柳，汉章帝刘炟在西域留下了班超这颗种子。未来二十年，种子会生根发芽，并茁壮成长，给大汉王朝带去恢宏功业。可惜的是，那时候，他已经看不到了。

明章之治

公元88年二月，汉章帝刘炟崩于章德前殿，时年三十三岁，天下悲痛。百姓少了一位开明仁厚的君王，后世史官笔下多了一位励精图治的榜样。

刘炟在位十三年，对于普通人的一生来说，十三年有些短暂，但在这十三年间，刘炟接过了明帝刘庄手里的指挥棒，他恪守爷爷与父亲的教诲，勤政爱民，宽厚待人。

考虑到刘庄在位时曾对朝廷百官过分严苛，当朝政大权到了汉章帝刘炟手上时，他有意识地逆转这种

态势，对于那些忠厚仁义的臣子，他绝不吝啬财物的赏赐。对于他的子民，他极力爱护，并鼓励百姓生育，让这个新兴的大汉王朝能更快地实现人口增长，借以提高劳动生产力。

为了防止地方上的不良官员对百姓进行剥削，汉章帝还留下一份遗诏，废除了盐铁官营的制度，只要百姓能按时按量交税，那么，盐铁便可自营。这极大地造福了百姓。

身为皇帝，汉章帝在为政方面成绩斐然，还养成了不俗的艺术造诣，这一点集中体现在他的书法上。

中国书法史上有一种影响深广的书体，名为“**草书**”，而汉章帝擅长的字体被称为“章草”，草书在形成初期，就吸纳了章草的艺术特征。

当汉章帝去世的时候，他留下的是一个欣欣向荣的王朝，他与父亲汉明帝刘庄为历史留下了“明章之治”的治世模范。

草书，形成于汉代，其狂乱中显优美，但字形简单，彼此容易混淆，所以没能成为主要字体。

汉和帝

永元之隆

窦太后

公元96年12月的一天晚上，汉和帝刘肇（zhào）正坐在洛阳皇宫的北宫大殿内处理政务。

深冬季节的夜晚十分寒冷，即便刘肇穿得并不单薄，依然能感受到殿外吹进来的缕缕寒风。他命人将照明的大灯笼与蜡烛尽数点上，希望能多点温暖，然后屏退左右，让他们在殿外候着，接着便埋头在群臣上奏的奏书里了。他不希望处理政事的时候被人打扰。

忽然，大殿的门被打开，紧接着，刘肇近身太监匆忙跑到眼前，略带慌乱地说道："启禀陛下，南宫宣室殿失火了！"

刘肇略带惊讶地抬起头，着急地问道："什么原因？"

"不太清楚，今晚值班的侍卫们基本都赶去灭火了。"太监回答着。

"嗯，那么……"刘肇稍带停顿，"她……太后，是否安好？"

"回陛下，太后受到很大惊吓，不过身体应该没有大碍。"

"知道了。这样吧，你去太医院，传朕旨意，叫今晚值班的太医赶到宣室殿，认真侍奉太后。”

“诺！”得到了皇帝命令，那太监很快跑出大殿。

“唉，皇宫里就真的难得清静吗？”刘肇叹了口气，自言自语地抱怨着。他将目光移向殿外。洛阳深夜的天空苍凉如水，隐隐可见几颗星星散落在黑幕之上。

令他心烦的窦太后到底是何许人也？

收养的皇子

刘肇是汉章帝刘炟的第四个儿子，生于公元79年。他的母亲是汉章帝的宠妃梁贵人。

汉章帝作为皇帝，以仁德宽厚出名，但由于性格过于温和，加上即位时比较年轻，所以为巩固地位，他有意识地扶持外戚势力，借以获得朝堂上群臣的大力支持。汉章帝的皇后姓窦，是光武帝时期大司空窦融的曾孙女，算是功臣后代。窦氏入宫后，由于自身涵养很高，举止有度，风华甚盛，又有过硬的家世背景，很得汉章帝的宠爱，所以入宫后的第二年便被立为皇后。然而，窦皇后发现一个可悲的问题：即便长期宠爱加身，她却没有怀上皇家骨肉。

为了保住自己在后宫里的地位，以及捍卫家族在朝堂上的荣华富贵，这位窦皇后渐渐变得心狠手辣、疑神疑鬼、歇斯底里。

她开始动用一切可行的手段，以达到自身目的，第一件事便是要有一个孩子。既然生不了，那就收养吧。汉章帝后宫佳丽不少，自己又贵为皇后，找个皇子收养并不难。窦皇后判断，如果要收养皇子，得找一个没有大背景的嫔妃，再把她的孩子夺过来。看来看去，她挑中了还在牙牙学语的刘肇，正好他的母亲梁贵人家世背景并不显赫，她有信心将这个孩子牢牢控制在手心里。

窦皇后先是利用汉章帝与她在一起的日子，尽可能地大吹枕边风，话里话外都是梁贵人善妒的意思。仁德宽厚的刘炟在权力斗争方面确实缺乏经验，一来二去，真就疏远了梁贵人。

于是，窦皇后成功收养了刘肇。窦皇后的计划还远未结束，她将目光看向了太子刘庆。贵为皇后的她早就不能容忍当朝太子居然不是自己的孩子。只不过，太子的生母宋贵人是马太后的亲属，自入宫起便深得太后喜爱。而这位马太后是东汉王朝著名的贤后，史书上提到她，一般称为“**明德马皇后**”。窦皇后想在马太后眼皮底下搞事，并不容易。

明德马皇后，东汉将领马援之女，汉明帝刘庄的皇后。汉明帝常与她商讨军国大事。汉章帝刘炟即位后，尊她为皇太后，朝夕与她谈论政事，她还教诸位小皇子读书。马皇后贤德仁厚、和善节俭、母仪天下、不徇私情，被誉为“汉代皇后之最贤者”。

不过，当她收养刘肇以后没多久，马太后去世了。

窦皇后命亲信严密监视宋贵人的一举一动，当得知宋贵人生病时，她明白机会来了。

病中的宋贵人想吃**生菟**（tù），便写信托人传给家里，请家人搞点生菟进宫，给自己解解馋。

不出意外，这封家信被窦皇后拦下了。窦皇后借此大做文章，在后宫里放出消息，说宋贵人想利用生

生菟，草本植物菟丝子。

蒐在宫里施展**厌胜**（yàn shèng）**之术**。宋贵人百口莫辩。

由于西汉王朝有着“巫蛊之祸”的前车之鉴，所以，当窦皇后指示亲信向汉章帝刘炟告发宋贵人厌胜之罪时，汉章帝十分警觉，加上宋贵人自己又无法自证清白，他便命**蔡伦**仔细盘问宋贵人。

蔡伦早已被窦皇后买通，结果可想而知，宋贵人“厌胜”的罪名就这样稀里糊涂地被坐实了。

宋贵人沦为了权力的牺牲品，她没有想到汉章帝会如此无情，在绝望中服药自尽。不久，太子刘庆被废，窦皇后的养子刘肇被立为太子。

随后，窦皇后将目光投向了太子生母梁贵人。

窦皇后写了一封匿名信，命亲信将它放到了汉章帝刘炟的面前。信里的内容很直白：梁贵人的父亲梁竦意图谋反。

刘炟大惊，急忙命人将梁竦收押，详细盘问。

窦皇后自然早已打点好了一切，梁竦在监狱里被毒打了一通，身子骨熬不住，一命呜呼！窦皇后把这事伪装成了畏罪自杀。

听闻生父惨死狱中的消息，梁贵人一病不起，很快便忧郁而死。

厌胜之术，一种巫术，迷信做法。“厌胜”即“厌而胜之”，就是用法术诅咒或祈祷以达到压制人、物或魔怪的目的。

蔡伦，字敬仲，造纸术的发明者，曾任给事、中常侍等职。

这场权力斗争以窦皇后的大胜而告终。

当窦皇后把三岁的太子刘肇揽入怀中嬉笑取乐的时候，她内心想着：再也没有人能夺去我的一切！

无力掌控命运的刘肇就这样被窦皇后一天天抚养长大。公元88年，汉章帝去世，刘肇继位，即汉和帝，窦皇后成为皇太后。

而这时，汉和帝刘肇还未满十岁，按照惯例，皇帝年幼，无法独立处理朝政大事，理当由太后临朝称制。窦太后理应听政。

大权旁落

窦宪，字伯度，东汉外戚、权臣、名将，初为郎，其妹妹成为汉章帝皇后以后发迹；汉和帝时，攻打北匈奴，成功组织实施了稽落山之战、金微山之战等重大战役，在历史上产生重要影响；其位在三公之上后，更加骄横跋扈；后因图谋造反，被汉和帝遣返封地，被逼自杀。

汉和帝大权旁落，临朝称制的窦太后为保权力长久不衰，大力扶持自家亲属，致使和帝被架空得很彻底。

窦太后深深知道，朝堂上还是有些铮铮铁骨的大臣不愿买她的账，所以，她打算在皇帝乳臭未干的时候，为大汉王朝立下杰出功业，借此向朝廷上下证明，自己这位垂帘听政的太后还是有真本事的。

窦氏家族并不都是只会利用职务便利向百姓索取好处的人，其中便有一位各方面能力都挺高的人，他就是窦太后的哥哥**窦宪**。

自小便有着建功立业抱负的窦宪，撞上了想要干出一番事业的窦太后，可谓一拍即合。

为了巩固自己的地位，窦太后决定，讨伐北匈奴。

朝廷上很多人都持反对意见，名臣鲁恭说：“这种做法是‘以一人之计，弃万人之命’！”

但窦太后依然一意孤行。

她任命窦宪为车骑将军，出击匈奴，并交代窦宪，此次出兵只许胜利，不许失败。

能力过人的窦宪完美地完成了任务，他率兵讨伐北匈奴，创下了“燕然勒石”的杰出功勋，确确实实

打出了汉朝的威严。

然而，窦宪也是一个权力欲望极其强盛的人，他仗着有太后撑腰，在朝堂内外作威作福，得罪了不少人，而这些账最终也一并算在了窦太后的头上。

当以窦宪、窦太后为首的窦氏家族不断排除异己、巩固权势的时候，刘肇也逐渐长大。他眼看着大汉王朝渐渐地被窦氏家族把持，虽表面上对窦太后依旧毕恭毕敬，言听计从，但他早已在暗中联络诸多仇恨窦氏集团的人，一场夺权政变的计划逐渐形成。

皇帝夺权

窦太后的野心逐渐膨胀，她渐渐不满足于自己只是一位垂帘听政的太后。

汉和帝知道了窦太后想要联合朝中势力改朝换代的野心，暗暗下定决心，打算先下手为强。

怎样才能一举剿灭窦氏家族，进而收回皇权呢？

面对这个问题，汉和帝一番思考后，得出结论，只要让窦太后失去朝中亲信的支持，把她掌控的朝廷兵马大权收归己有，那么事情也就成功了一半。

于是，他将目光投向了窦宪。只要铲除窦宪，后面的事就能顺理成章！

公元92年，长期在外征战的窦宪回到洛阳。汉和帝意识到，机会来了。

过了两个月，汉和帝任命亲信、当朝名儒**丁鸿**代理太尉兼卫尉，屯兵洛阳南北宫。丁鸿作为深谙儒家治世之道的臣子，早就看窦氏一家人不顺眼了，加上自己为官谨慎，为学刻苦，为人敦厚，早就为皇帝刘肇笼络了一大批可用之人，他们无一不是痛恨窦氏专权之人！

眼下，皇帝将如此重要的事情托付给他，他深感荣幸，立誓定不辜负皇帝重托。

丁鸿，字孝公，东汉时期大臣、经学家，曾任博士等职，其门徒甚广，来自远方的就有几千人，被封马亭乡侯。汉和帝时，任司徒等职，因其不满窦太后一族专权，后铲除窦氏家族。

目中无人、刚愎自用的窦宪没有想到变故来得这么快。在他的认知里，那个坐在龙椅上的少年郎，自始至终都对妹妹窦太后畏首畏尾，怎么可能突然有了如此魄力与手段？

所以，当皇宫里出现刀光剑影，朝廷上那些攀附自家势力的爪牙被皇帝以雷霆之势下令处死的时候，窦宪有些茫然若失。而当他看到丁鸿出现在他的面前对他大声呵斥，令他交出大将军印绶的时候，他终于确信，大势已去。

就这样，汉和帝刘肇夺回了兵权。

当他站在朝堂上，在百官的见证下，亲自劝窦太后交出朝政大权时，他已经脱胎换骨，成了合格的一国之君。

窦太后黯然神伤，离开了朝堂，回到了身为太后该去的长秋宫。

而刘肇感念她的抚养之恩，依然以儿臣之礼侍奉这位太后。只不过，为求保险，刘肇命人严密监视长秋宫，随时报告窦太后的一切举动。

窦太后相当于被软禁了。

“是你害死了我的母亲，我本应该恨你，但也是你将我抚养成人，我能坐上皇位，也有赖于你。从今

以后，你我两不相欠，我不愿再恨你，也不会再敬你。你就在该在的地方安心颐养天年吧。”

刘肇内心五味杂陈，选择了将窦太后的事彻底抛在脑后，接着，他以不容置疑的姿态坐在了龙椅之上。他的眼神，无比坚定。

13岁的刘肇手握皇帝大权，天地广阔，这位少年天子未来定是大有可为。

经营西域

在果断出击，彻底扫平窦氏家族后，刘肇开始亲自处理政事。

他虽然年轻，但是前面几位皇帝创下的不朽功业极大地鼓舞着他，也督促着他。

年轻成了他最大的资本，除了每日上朝，他还利用晚上空闲的时间连夜批阅奏章，从不会觉得疲倦。

刘肇亲政以后，尽力弥补窦氏集团专政期间留下的罪孽，多次下诏重审冤狱、减轻百姓的赋税负担，并告诫各地官员，务必反躬自省，做爱民如子的父母官。公元96年，出现了蝗虫灾害，他就下了诏书罪己，“蝗虫之异，殆不虚生，万方有罪，在予一人”。他的仁德爱民之心，由此可见一斑。

窦太后掌权时，与北匈奴交恶，现在，大汉王朝与匈奴之间是战是和，以及如何战，如何保持互不侵犯的问题，就成了刘肇关注的重点。

当初因西域百姓难舍之情而上书汉章帝刘炟，请求留在西域继续为汉王朝与西域外交事业发光发热的班超，此时立下大功。

当洛阳这边经历着窦氏专权、皇帝政变等风云事件时，班超在西域多次往来于汉朝友好邦国之间，凭着自身的英武气度与有礼有节的处事态度，威名声日重，让这些友好邦国对汉王朝的感情更加深厚。

对那些不识抬举的敌对邦国，班超则没有一味忍让，采取能劝就劝，不能劝就打仗，打完再劝的策略，慢慢地打出了自己的威严。

就这样，到了公元94年，当班超率兵大破与汉朝敌对的焉耆国、尉犁国等国，斩杀了他们的国王，并将其首级传送到洛阳汉和帝面前的时候，刘肇知

道，西域一带可以放心了。

有班超这样的猛人经营西域，匈奴自然不敢乱来，大汉天威已是凛然不可欺。

事实也正是如此。在班超的斡旋之下，西域各国尽数降服，大汉的威势蔓延至帕米尔高原以西的五十多个国家。

这些国家大多向汉朝派送外交官，缴纳贡品，甚至派送质子，表示臣服。同时，他们开始积极亲近汉

朝的文化，安排人专门学习汉朝的语言。

这是自光武帝到汉章帝都没能达到的景象。

公元95年，为了表彰西域都护班超的杰出功勋，鼓励将士们以班超为榜样，努力为大汉的鼎盛事业锦上添花，意气风发的刘肇下诏封班超为定远侯。

英年早逝

令人深感遗憾的是，当刘肇打算更加抖擞精神，让大汉王朝再次焕发一波生机的时候，上天给这位二十七岁的皇帝，或者说给正如日中天的东汉王朝打了个措手不及。

公元106年2月13日，二十七岁的汉和帝刘肇病死于章德殿。

汉和帝总共在位十七年。这十七年内，他继承并发展了自曾祖父便创下的恢宏事业，让东汉王朝的耕地面积、人口数量、整体国力都达到了有史以来的最高水平。

十七年皇帝生涯，他给后世留下了雄壮伟岸的背影；十七年执掌天下，这段时期被后世史家概括为“永元之隆”，让无数百姓神往。

汉安帝

转瞬兴亡

危机初现

经历从光武帝刘秀到汉和帝刘肇四位皇帝的经营后，东汉王朝达到了鼎盛。而让东汉王朝由盛转衰的人，是汉安帝刘祜（hù）。

公元94年，刘祜出生了。他的父亲是废太子刘庆。汉和帝刘肇由于与哥哥刘庆的感情十分要好，自然而然对这个侄子很是亲近。

童年时代的刘祜并非纨绔子弟，他聪明伶俐，早在十岁时就熟读了很多史书，所以刘肇多次召他入宫觐见，叔侄之间相处得十分和谐。后来，刘肇英年早逝，随后即位的是刚出生不足一百天的刘隆，史称汉殇帝。

太后**邓绥**将小婴儿刘隆抱上皇位，自己则坐在一旁实行垂帘听政的时候，东汉王朝的国运开始悄然改变。

刘肇死后八个月，刘隆夭折了，他甚至还没学会说话，就追随父亲刘肇的脚步去了。不到一年，洛阳举行了两次国葬，朝廷里渐渐人心惶惶。

国不可一日无君，如今，洛阳皇宫里已经没有刘肇的子嗣了，新任皇帝不得不从汉章帝刘炟的孙子中挑选。

邓绥，即东汉和熹皇后，汉和帝刘肇第二任皇后，女政治家，后世誉为“皇后之冠”。她亲政十六年，平定羌乱，剿灭海盗，恢复东汉对西域的统治，将夜郎纳入版图，扩张领土近两千里。邓绥创办最早的男女同校学堂，促使世界第一部字典《说文解字》问世。

到底该选谁呢？邓太后思来想去，最后看上了刘祜。

她下诏说：“刘祜质性忠孝，处事小心翼翼，能通《诗》《论》，笃学乐古，仁惠爱下。年已十三，有成人之志。亲德系后，莫宜于祜。”

就这样，十三岁的刘祜换上了皇袍，从藩王之子一下成了王朝掌门人。可谓是“喜从天降”。

只不过，无论从年龄还是能力两方面说来，这时的刘祜并不能承担起皇帝的重担，所以，太皇太后邓绥继续垂帘听政。

为了培养刘祜，邓太后安排当世名儒邓弘担任他的老师，希望刘祜能用功读书，韬光养晦，将来成为一位优秀的帝王。可惜，事与愿违，正处青春叛逆期的刘祜不仅没有得到圣贤书本的熏陶，反而越发骄纵叛逆。

巧的是，上一位被垂帘听政，然后十三岁政变夺权的皇帝，就是刘肇。这个榜样近在眼前，两相比较之下，加深了刘祜的愤懑。

太后看在眼中急在心里，虽给予了多次批评教育，但效果甚微。

刘祜的乳母**王圣**仗着对安帝有养育之恩，且安帝对她也以礼相待，于是，她渐渐生出了权力欲，打算浑水摸鱼。

“虽是女人，但邓绥也是女人，没有理由这样永远低人一等！”王圣暗暗想着。

王圣，东汉安帝乳母，被封野王君，多次搬弄是非，向汉安帝进谗言，污蔑邓太后。邓太后死后，王圣大肆专权。构陷太子刘保，使太子被废。汉安帝死后，王圣被流放雁门。

她开始勾结宦官，多次挑拨刘祜与邓太后的关系，让刘祜与邓太后越发离心离德。

更有甚者，当她看到邓太后对刘祜的兄弟**刘翼**大加赞赏时，便告诉刘祜，邓太后打算废了他然后立刘翼当皇帝，这更加让刘祜对邓太后和刘翼恨得咬牙切齿。

刘翼，汉章帝刘炟之孙，仪容端正，邓太后因感到惊异，专门留他在京城，封平原王。邓太后死后，他遭到诬陷，被贬为都乡侯。汉顺帝时，被封蠡（lǐ）吾侯，后死于河间。

公元121年，邓太后怀着对大汉王朝的担忧去世了，二十七岁的刘祜开始亲政。

“她终于死了！我终于成为真正的皇帝了！”刘祜在没人的地方仰天长笑，然后，目露凶光。

为政失德

邓太后垂帘听政十多年，尽力地维持了汉和帝刘肇留下的丰功伟业，延续了王朝的太平与安定。当然，这一切离不开她主要倚靠的邓氏家族。虽说她也明白外戚有成为权臣进而威胁皇权的可能，自己也在尽力阻止，但此时的邓氏家族已然权倾朝野。

伴随着刘祜的渐渐长大，朝中对邓氏集团不满的人也越来越多。渐渐地，群臣开始站队，一部分选择依附邓氏集团，一部分选择为皇帝出头，要邓氏集团还政给皇帝。这些对邓氏集团不满的人，成了刘祜接下来的清算行动中的得力助手。

刘祜也明白，邓氏集团把持朝政的时间很长，虽然邓太后去了，但是百足之虫，死而不僵，所以为了制衡邓氏集团，他选择扶持自己的外戚。

他将自家亲戚、阎皇后的亲戚能封官的全部封官，甚至把皇宫禁军也交给了这批人。

刘祜坐稳了皇位，接下来便到了算账的时候。

由于朝堂里早就有人对邓氏集团不满，他们把握了刘祜的心思，便上书皇帝，诬告邓太后的兄弟**邓骘**（zhì）等人，说他们打算另立皇帝，怀有谋逆之心。

刘祜借此大做文章，相继逼死了邓骘等人，即便朝中有个别正义之士站出来伸冤，但依然没有挡住刘祜想要清算他们的决心。

因为对于刚刚接任皇帝工作的刘祜而言，他有一个想法：树立自己的权威，证明自己比邓太后强大，也比邓太后曾经看重的刘翼强大！所以，当邓骘等人被诬陷下狱的时候，住在皇宫的刘翼也遭了殃。刘祜将平原王刘翼贬为都乡侯，赶出了皇宫，下放到河间。

邓骘被陷害自杀，大司农朱宠抬着自己的棺材上

邓骘，字昭伯，东汉将领，和熹皇后邓绥之兄，初任郎中。邓太后临朝听政后，给邓骘等兄弟封爵，邓骘极力拒绝，后被强任车骑将军、仪同三司，又升大将军，邓骘推辞不掉，便举荐贤士。母亲病逝时，坚持辞官，只在国家有大事时，才参议政事，并拒绝赏赐。邓太后死后，汉安帝逼令邓骘自杀，其绝食而死。

疏，结果不仅不能为邓骘平反，反而被罢官。朱宠被罢官后，百姓纷纷进京，当看到越来越多的人为邓氏家族求情，他迫于压力没有选择赶尽杀绝，之前被他下令流放的邓氏子弟被他叫回了洛阳。

乳母专权

历史总是惊人的相似。西汉时，汉元帝刘奭（shì）因重用宦官，而让王朝出现宦官专权的局面，加速了西汉王朝的陨落。到了东汉，刘祜有样学样。

由于刘祜的乳母王圣十分骄横强硬，渐渐地以王圣为首的一个宦官集团形成了。

王圣仗着有刘祜的尊敬，越发变本加厉地培植自己的势力，在朝堂上达到了能与皇权相抗衡的地步。

公元123年，刘祜封乳母王圣为野王君。群臣为此目瞪口呆，因为这次赐封开启了中国历史上封爵乳母的先河，可谓滑天下之大稽！

这还不够，汉安帝在明知国库资金短缺的情况下，命人给乳母王圣大规模修建宅第。合两坊为一坊，连里竟街，雕修缮饰，穷极巧伎，以至花费上亿。

面对对此提出批评意见的正直大臣，刘祜并不在意。

汉宅第

死于宫外

公元125年，刘祜携同阎皇后和一干宠臣、贵戚南下游玩。对于这样一个能给乳母赐爵位的皇帝来说，出宫游玩找乐子这样的事反而显得正常了很多，但悲剧就潜伏在这次游玩里。

一行人仪仗隆重，浩浩荡荡地前行，但抵达宛城的时候，刘祜却突然染病了。

从一开始轻微不适到冷热交替、四肢乏力，甚至站都站不稳，刘祜预感大事不妙。他赶忙下令回宫，但已经来不及了。

公元125年，汉安帝刘祜病逝于**叶县**，享年三十一岁。

叶县，在今河南省平顶山市。

仔细一算，汉安帝刘祜并不是封建历史上第一个以藩王身份继承大统的皇帝。早在西汉王朝的前期，汉文帝刘恒就是从藩王变为帝王的。当刘恒面对统治天下的历史使命时，他很好地做出了自己的回答，但这并没有给刘祜带来精神上和行为上的指引。

刘祜在位近二十年，非但没有守住邓太后尽力维持的安稳局面，反而造成了皇后、外戚、宫女、宦官一同乱政的局面。

《左传》有言："其兴也勃焉，其亡也忽焉。"大

意是王朝的兴衰是很迅速的，周期律再次显现，大汉朝的多数老百姓好不容易过上了几十年的安稳日子，却并不知道，祸根在这时已经埋下。未来，是否有人能扭转这个局面呢？

汉顺帝

短暂中兴

童年不幸

阎姬，东汉安帝刘祜皇后，颇有才华和姿色，被立为皇后以后，因妒忌毒杀皇子刘保的生母李氏，构陷太子；汉安帝死后，朝廷以北乡侯刘懿为帝，阎太后临朝称制，杀死多位重臣，流放汉安帝乳母王圣；刘懿死后，阎太后被迁往离宫，并死于离宫。

公元125年3月，汉安帝刘祜驾崩于南游途中。按照一般规律，皇帝死于宫外，意味着朝政即将震动。

因为皇帝出巡时必定带着自己宠信的官员和宠妃，自然也会有随行护卫。当他突然驾崩后，随行之人如果别有居心，很可能趁机动起歪脑筋，趁着权力空档期夺取最高权力。毕竟，宫中的官员们并不能第一时间接到皇帝去世的消息，所以，野心家们多的是搞事的机会。

不幸的是，刘祜的随行人员中就有这种人，比如皇后**阎姬**。

公元114年，阎姬入宫，由于长得漂亮，再加上受过良好的家庭教育，看起来一副知书达礼的样子，得到安帝刘祜的宠爱。入宫第二年，阎姬成了皇后，刘祜希望她能母仪天下，当一位贤后。

只可惜，阎姬的知书达礼只是表面功夫，年纪轻轻的她非常有野心。她的精神榜样，正是那位在朝堂上垂帘听政、发号施令的邓太后。不过，由于无法生育，她极度失落了一段时间。但看着掌权的邓太后，她又心痒难耐，毕竟，最高权力的诱惑实在太大了。

思来想去，一条放长线钓大鱼的计划在阎姬脑中成形，当她看向后宫姐妹团中的李贵人时，嘴角微扬，目光如刀！

公元115年，刘保出生，李贵人虽然心下欢喜，但是眉宇间总会隐隐透露出一丝愁绪。她有预感，那位阎皇后必然将自己看作眼中钉了。

很快，李贵人的担忧应验了。某天晚上，阎皇后派人送来了一瓶药，说这瓶药能助她尽快恢复身体，希望她赶快服下，然后更好地侍奉天子。

李贵人吓得面如白纸，她并不傻，平日里作威作福的阎皇后哪会突然大发善心呢？这瓶药分明是她的催命符啊！

怀中的刘保已经睡着，李贵人看着可爱的宝宝，目光变得柔情万千。

阎皇后的心思她大概猜到了，她想这个孩子的未来或许会命途多舛吧。

她颤抖着拿起了药瓶，泪水模糊了双眼。

她最后看了一眼刘保，轻声交代着："我的孩子，永别了。我在天上也会时刻为你祈福。你要好好吃饭，保重身子，然后快快长大！"

刘保还没感受到几分真切的母爱，就永远地失去了母亲。

刘祜给刘保找了一位乳娘，名叫王男。王男很好地承担了“临时母亲”这个角色，她陪着刘保从牙牙学语到蹒跚学步，再到入学读书。她用了近七年的时间，以身作则，带着刘保养成了宽仁温惠的品性。

邓太后看到这样的刘保，非常喜爱。公元120年，刘保被立为太子。

阎皇后面色如常，她知道，虽然太子不是自己的

孩子，但是刘保的生母已经没了，将来刘保即位，自己依然是太后！

不过，另一个人坐不住了，此人是刘祜的乳母王圣。

刘保也真是凄惨，他只知道自己成为太子后，乳母就换了，由王男换为了**宋娥**。但他并不清楚，王男已经被性格跋扈的王圣害死了。原因很简单，仅仅是此前王圣和王男有过口角之争。

宋娥，东汉顺帝刘保的乳母，与中黄门孙程等人拥立刘保为帝，被封山阳君。宋娥节俭有节，以身作则，令大臣百姓仰慕，但后来性情大变，贪财受贿，诬陷他人，后被废爵还乡。

已经懂点事情的刘保成为太子后，偶尔会表现出思念王男的样子。这就让王圣记恨在心，她害怕刘保日后成为皇帝知道真相以后，会和她来一场彻底的清算。

于是，她开始在刘祜的面前多次诬陷太子，大体意思就是，刘保小小年纪不学好，整天吊儿郎当不干正事，根本不适合成为一国储君。

阎皇后听说这事心里乐开了花，她很乐意有人把事情搞得更复杂，反正自己稳坐皇后宝座。而且，万一自己杀死李贵人一事将来被成为皇帝的刘保知道了，那也是个麻烦。

她决定，火上浇油，于是她又在刘祜面前搬弄是非，内容跟王圣说的差不多。

公元124年，太子刘保被贬为济阴王。这一年，他十岁。

柳暗花明

刘祜驾崩后，阎皇后不禁思索起来，此时朝中没有正式的太子，而刘祜的宠臣刚好又是自己的人……

刘祜尸骨未寒，阎皇后就开始乱政。她联合自家兄弟阎显，与亲信江京、樊丰等人在一番商议后决定：秘不发丧！

虽然洛阳那边没有正式的太子，但刘保还好好地在宫里待着，如果朝堂里的大臣知道皇帝驾崩，那么“前任太子”即位就是顺理成章的事。所以，为保长久富贵，眼下必须瞒住刘祜死亡的消息，尽快赶回皇宫，以皇后身份组织大局。

计划进行得很顺利，阎皇后回到洛阳后，在阎氏集团的支持下，立刘祜的堂弟、北乡侯刘懿为皇帝。

由于刘懿在朝中并没有政治资本与阎皇后抗争，所以，虽然坐在皇位上的人是他，但是东汉王朝的最高权力还是掌握在了阎氏集团手中。

阎姬成为太后，着手安排汉安帝刘祜的葬礼。曾经的太子刘保被阎太后剥夺了“济阴王”的名号，也被剥夺了参与葬礼的权利。

那是他亲生父亲的葬礼，刘保居然连送葬的资格都没有。他失声痛哭，任凭泪水夺眶而出！

这一年，刘保十一岁。父母双亡，处境凄凉。若李贵人泉下有知，必定会痛彻心扉。

命运就是那么无常，阎太后还没笑多久，刘懿就驾崩了！

公元125年10月，刘懿突然病死，结束了不足七个月的皇帝生涯。

阎太后恨得牙痒痒，怎么接连几任皇帝都命不长久呢？都是突然驾崩，让人猝不及防。

然而，王朝的事业还得维持，她决定故技重施：秘不发丧！

然后，她紧急征召洛阳之外的其他皇子入宫。总之，皇位决不能由刘保继承。

虽然阎太后秘不发丧，但是宫里出了那么大的事，宫外不知道也就罢了，宫里人不可能不知道。

平日里作威作福的阎太后得罪了皇宫里一堆宫女和太监，如今正是绝佳的报复机会，岂容错过？

刘保的乳母宋娥先发制人，她抓住被征召皇子还未入宫的时机，联合孙程、王康、王国等十九名宦

官，果断杀死了阎太后的亲信江京、刘安等人，随即冲到阎太后的面前，提出如果不下旨将皇位交给刘保，那么下一个死的就是她！

阎太后被吓傻了，她虽然善于玩弄权术，但是面对面打架这事真干不来。为了保全身家性命，她决定妥协。

于是，刘保在宋娥、孙程等人的跪拜下成了皇帝，是为汉顺帝。

从太子到济阴王，到普通皇子，再到皇帝，刘保的童年时代经历了多次的身份迭代，个中滋味，只有他自己知道。

他坐在皇位上，偶尔会强忍泪水。因为他已经听说，亲生母亲李贵人是被阎皇后逼死的。

母亲离开时，自己尚年幼，母亲长什么样子，他全然不知。

而最初的那位乳母王男，也是被阎皇后害死的。

王男教会他宽仁敦厚的品行，却看不到他穿上皇袍的样子了。

打压宦官

包括孙程在内的十九名宦官，由于拥立之功，都被刘保封了侯。

虽然东汉王朝多次出现宦官专权的局面，但是这十九名宦官并不在此列。

他们安分得多，并没有靠着拥立之功而作威作福。甚至，当他们后来集体为朝中受到诬陷的正直大臣**虞诩**求情时，得罪了刘保，被刘保直接赶出了皇宫。

虞诩，字升卿，小字定安，东汉时期名臣，精通《尚书》，以孝闻名，曾平定朝歌叛乱，计破羌军，官至尚书令。虞诩清廉忠诚，刚正不阿，多次得罪权贵，一生九次被免职，三次受惩罚，但不改刚烈正直气节。

其实，刘保会这么做也不难理解，因为他明白，最近几十年，朝堂上多次出现外戚掌权、宦官干政的乱象，他希望扭转这个局势，重新立稳皇帝权威。所以，这十九名宦官算是撞在了枪口上。

不过，刘保并不昏庸。后来，当虞诩沉冤得雪时，刘保这才意识到，自己确实因为一时糊涂和冲动错怪了这十九名宦官。于是，他又下诏，将这十九人请回了洛阳。

当然，刘保依旧严防宦官干政。

梁商，字伯夏，东汉外戚大臣，汉顺帝岳父，官至大将军，录尚书事。梁商一再称病，拒绝高官，汉顺帝不许。梁商位居百官之首，谦恭谨慎，举贤任能，关爱百姓，救助灾民，备受尊重。但他生性柔弱，不打击宦官，又令群臣不满。

公元139年，宦官张逵等人诬陷朝中大臣**梁商**和宦官曹腾相互勾结，企图谋反。

刘保压根儿不信，因为梁商是自己的岳父。

作为外戚之首，梁商曾被顺帝拜为大将军，但梁商为人谦逊，一再推辞。并且，他尽力为刘保推荐优秀人才，也多次自掏腰包为深受饥荒困扰的百姓送去粮食，然后对外宣称是皇帝所赐。

梁商在朝堂中是有口皆碑的。

至于曹腾，他是刘保当太子时的读书伙伴，刘保对这位儿时伙伴还是比较信任的。

所以，面对张逵对这两人的诬告，刘保果断把张逵训斥了一顿。

张逵却是个愚蠢至极的人，居然选择假传圣旨，公报私仇，将曹腾抓了起来，打算私下报复。

事发后，刘保大怒，赐死了张逵。

刘保不仅对宦官集团严加防范，对以梁氏为代表的外戚集团也同样如此。

刘保的皇后名叫**梁妠**（nàn），与阎皇后可谓天差地别。梁妠确确实实恪守了皇后的本分与职责，这一点让刘保非常满意。

公元141年，梁商去世，刘保任命梁商之子梁冀

梁妠，东汉顺帝刘保的皇后，大将军梁商之女，聪明贤惠，十三岁入宫，封贵人，后立为皇后。汉顺帝驾崩，梁妠先后拥立三任皇帝，三度临朝听政，日夜操劳，但其不能抑制亲戚专权，纵容宦官，令官民失望。

为大将军。可惜，梁冀没有继承梁商的忠良品行，很快就开始结党营私，贪污受贿。

这就引起了刘保的不满，为了解决梁冀势力带来的麻烦，他多次起用正直的能臣，制衡梁氏集团，并对梁冀予以训诫。

梁冀羽翼未丰，在皇帝的责备与规训下，还是老实了不少。

考核人才

刘保明白，东汉王朝在前任皇帝刘祜的一番折腾下已经开始走下坡路了，他希望自己能重振大汉天威。

他考虑到朝廷多年被世家大族控制，真正有治国之才的人很难走上朝堂，便决心改变西汉以来的取士制度，对各州郡推荐上来的人增加一个考试流程。

这样一来，两汉的取士制度——察举制，在刘保一朝得到了实质性的发展。

公元132年开始，此项取士制度正式开始。

这一制度为顺帝一朝引进了大批有识之士，他们逐渐成长为朝廷上的中坚力量，给萎靡不振的汉朝带来了新的生机与活力。由于此制度是阳嘉元年（132

年）推行的，被称为阳嘉新制，它为中国科举制度奠定了基础。

童年时的悲惨遭遇极大地塑造了刘保的同理心，他继位以后，让被冤死的官员沉冤昭雪，也曾下令减免各郡国关押囚犯的刑罚。

当他了解到某些地方官员存在剥削百姓，只为了得到赎罪金的行为时，立刻下令废除赎罪金，严厉批评那些州郡官吏。

他调整取士制度，尽力遏制宦官干政和外戚掌权的局面，使得朝纲焕然一新。

这还只是文治方面，还有武功方面。

他重用班超的儿子**班勇**经营西域，让西域有近二十个小国与汉朝恢复或建立了外交关系。

当鲜卑来犯时，他又启用耿晔抗击鲜卑，保卫了渔阳郡、朔方郡一带的百姓。

汉顺帝在文治武功方面皆做出了可圈可点的成就，说他是东汉的中兴之主，名副其实。

可惜，公元144年9月，刘保去世，这一年，他还未满三十岁。

短暂中兴

班勇，字宜僚，东汉将领，名臣班超之子，生长于西域，初为军司马，又为西域长史，使龟兹、姑墨等国归附汉朝；后又击北匈奴，破车师。后死于家中。

汉朝多了一位英年早逝的皇帝，也错失了一次重振国力的大好机会。他没能让汉朝从根本上摆脱衰败的颓势，仅仅是延缓了它衰败的进程而已。

汉桓帝

党锢事起

迷茫进京

公元146年，当蠡吾侯刘志见到持节来访的大将军梁冀时，应该会想起二十五年前蒙冤被贬的父亲刘翼。

那一年，在位的皇帝是汉安帝刘祜，朝廷一片混乱，刘祜的乳母王圣仗着有皇帝偏袒，与一干太监相互勾结，将矛头指向了把持朝政多年的邓氏集团。平原王刘翼由于曾受邓太后赏识，在这场政治旋涡中成了牺牲品，被驱逐出京，贬为都乡侯。

到了公元130年，汉顺帝刘保封刘翼为蠡吾侯，算是给这位亲戚做出了补偿。刘翼死后，刘志继承了蠡吾侯的爵位。

由于父亲曾被政治旋涡裹挟，刘志从小受到的教育就是洛阳皇宫里的事跟自己没关系。在家里老实待着，该读书读书，想发展兴趣爱好就去发展，老实本分，做好一个皇家子弟该做的事，方可平安活到老。

于是，童年时代的刘志除了按照惯例读书识字，还爱上了音乐，慢慢地培养了弹琴吹箫的艺术技能。反正未来有的是时间，慢慢钻研，当一位艺术家，这样的人生也算有趣。

但是，命运就是那么无常，父亲刘翼因为权力斗争而成为牺牲品，那么他自己也可能因为权力斗争最终被推上皇帝宝座。

所以，当大将军梁冀持节前来拜见，表面上一副毕恭毕敬的样子请刘志打点行囊，随他前往皇宫时，刘志茫然了。

他明白，以梁冀的身份，持节拜访，涉及之事必然非同小可。

所以，刘志小心翼翼地开口问道："有劳大将军，不知这次来有什么事情呢？"

梁冀答道："恭请蠡吾侯随微臣一同前往洛阳。蠡吾侯此去，为的是继承大统，君临天下！"

梁冀的语气坚定有力，不容置疑。

刘志心里冒出的想法却是：我可以不去吗？

只不过，眼前这位威风凛凛的人让他没有拒绝的勇气。要知道，梁冀不仅是当朝权倾天下的大将军，同时还是自己的岳父。

就这样，刘志在极度忐忑中随梁冀上路了。

"此一去，会有什么样的未来呢？"他在轿车里如坐针毡，似乎听见了心脏极速跳动的声音。

所谓"天下没有不透风的墙"，即便刘志在家里自顾自地搞艺术研究，但洛阳皇宫内发生的诸多血雨腥风还是传到了他的耳中。而梁冀，正是这场血雨腥风的始作俑者。

梁冀专权

公元144年9月，汉顺帝刘保还没来得及让东汉王朝彻底实现中兴局面，就撒手人寰了。刘保倒是立了太子，然而，这位太子此时才一岁多。于是，刘保的皇后梁妠将还没断奶的新任皇帝汉冲帝刘炳抱上了龙椅，自己开始垂帘听政。

梁妠知道东汉王朝在此之前出现过统治危机，只不过丈夫刘保尽力补救，没有倒台。而造成统治危机的那些因素里，就有外戚专权。所以，一方面，梁太后因为皇帝年幼，她为了自己的地位稳定而不得不依赖自家亲戚，比如哥哥梁冀；另一方面，梁太后又希望自己能够压制住以哥哥梁冀为首的梁氏集团，避免朝政大权彻底落入外戚之手。刘保生前与自己感情十分要好，如今刘保去了，她希望刘炳能快快成长，然后她好早早还政于他。

但事与愿违。

一来，梁太后性格稍显软弱，缺乏强有力的政治手腕，对于梁冀的狂妄骄纵，她想要控制但心有余而力不足，只能眼看着梁冀在朝中逐渐一手遮天。

二来，皇帝刘炳到了三岁时，不幸夭折了。

这下糟了，刘保已经没有子嗣，皇位该由谁来继承呢?

梁太后还在犯难，梁冀直接拍板："我看渤海王的儿子不错，就他吧！"

"不大合适吧，渤海王才八岁！"梁太后很想拒绝，但迫于哥哥的强势，她最终无奈点头。

公元145年，三岁的汉冲帝刘炳病死，八岁的刘缵（zuǎn）在梁冀的带头拥护下成了新皇帝，是为汉质帝。

梁妠成了太皇太后，继续垂帘听政。梁冀依然是大将军，继续结党营私，作威作福。

朝政就是这样越发黑暗腐败的，偶有几位敢于上书批评弹劾梁冀的大臣，也都遭到了不同程度的打击报复。

更可怕的事还在后头。就东汉王朝来说，梁冀之前的权臣就算再怎么作威作福、扰乱朝纲，但面对皇帝这个封建时代最高权力代理人，他们最起码还是保留了基本的尊敬。毕竟，作为权臣，如果没有象征皇权之人的支持，那么他们的荣华富贵是不会长久的。但梁冀不同，皇帝很小，太后又逐渐老去，可以说，一切局势尽在他的掌握之中。于是，他越界了。

皇帝刘缵已经八岁，并不完全是个不谙世事的小孩子。他看到梁冀在朝堂上如此目中无人，直接说了一句话："他是个蛮横无理的大将军！"

就是这句话，为刘缵带来了杀身之祸。

梁冀怒火中烧。他看准时机，命亲信在刘缵的食物中下毒。

就这样，一国之君汉质帝刘缵死于梁冀的毒杀。

梁妠傻眼了，自己的哥哥已经被权力异化成一头长着獠牙的凶猛野兽，他能毒死皇帝，那么，是不是也会对自己下手呢？

心生恐惧的梁妠在面对“下一个皇帝是谁”的问题时，选择顺从哥哥的意见。

于是，太皇太后梁妠发布诏书，而梁冀不顾群臣反对，持节前往刘志的家里，将刘志带回了洛阳。

公元146年，十五岁的刘志在以梁冀为首的满朝臣子跪拜下，登上了皇位，是为汉桓帝。

洛阳

诛杀梁冀

刘志当上了皇帝。他虽然已经十五岁，但太皇太后梁妠并没有还政的打算。

刘志知道，自己羽翼未丰，不适合在这个时候跟梁氏集团闹翻，反正太皇太后看起来身体并不硬朗，只要自己万事小心，活到她断气的那天，就有逆风翻盘的机会。

刘志选择了隐忍不发，并做出一副离开了梁家人日子就过不下去的样子。

于是，公元147年，刘志立梁冀的妹妹为皇后，这让梁冀确信，这个皇帝很容易被摆布。

公元150年，太皇太后梁妠病逝于洛阳。死前，她下诏还政于刘志。

这一年，刘志十八岁。相比十三岁就亲政的汉和帝刘肇，刘志亲政的时间实在晚了些，并且，他的敌人比起刘肇的敌人，只强不弱。

当刘志将目光看向梁冀时，他思考的问题只有一个：如何才能制服这个朝中头号权臣呢?

虽然梁冀的靠山梁太后已经没了，但是梁冀纵横朝堂近十年，并不是一朝一夕就能清算的。

所以，刘志非常谨慎，他需要等到确保万无一失的时候再动手。

正所谓“多行不义必自毙”，梁冀这些年专横跋扈，早就树立了一批政治对手。之前有太皇太后梁妠的庇佑，他还能稳坐朝中，但即便是这样，依然早已有人上书历数他的罪状。

如今太皇太后已死，刘志便下诏，增加梁冀的**食邑**。这样一来，梁冀拥有了三万户的封邑，于情于理都不合适。而梁冀居然照单全收，他认为皇帝依然拿他没有办法。但他忘了，天下人的悠悠众口，足以把他从至高无上的位置上拉下来。

食邑，古代君主封赐卿、大夫作为世禄的田邑，包括土地上的劳动者。

刘志的想法是对的，当梁冀接受赏赐后，越发目中无人，而朝堂里看他不顺眼的人也越来越多。

同时，梁冀毒杀汉质帝的事情早就传开了。而上一个毒杀皇帝的权臣叫作王莽，后来的事天下皆知。所以，刘志有了扳倒梁冀的舆论基础。

公元151年的正月初一，被权力冲昏头脑的梁冀居然在上朝面圣时带剑入宫。百官震惊，尚书张陵直接厉声呵斥，叫梁冀退下，并命羽林、虎贲夺去梁冀的剑。

史书上没有记载这时候的张陵究竟说了什么话，但可以猜测，能让原本飞扬跋扈的梁冀乖乖认怂，张陵对梁冀及其势力的痛恨应该是到了极致。而梁冀应

该感到害怕，毕竟，这个罪名实在太大了。

所以，当梁冀跪下谢罪时，张陵不答应，坚持要朝廷论罪。

刘志明白，自己的目的已经达到。

刘志下诏，免去梁冀一年的俸禄。

随后，他又对梁冀说道：“大将军劳苦功高，于江山社稷有大恩，今后入朝不必随百官一行，并且特准带剑上朝。”

到了这时，但凡梁冀有点脑子，正确的应对方式都是果断拒绝，并恳请降罪。

然而，梁冀依旧选择谢恩，一切依照陛下旨意。看来，“树大招风”的道理，梁大将军并没有深刻领会。

于是，刘志趁着梁冀麻痹大意的时候，一步一步，慢慢地将朝中各个重要职位换上跟梁冀有过节的人，比如他任命黄琼为司徒，任命房植为司空等。

就这样，朝堂上不再是梁冀一家独大，刘志渐渐有了与梁冀决一死战的基础，他需要的只是梁冀再次做出大逆不道的事，自己就能顺势而为，一并算账了。

显然，梁冀不是个老实安分的家伙。

公元158年，洛阳上空出现日食现象，人心惶惶，太史令陈授进言说“造成日食的根本原因在于梁大将军”，结果梁冀恼羞成怒，直接动用私刑把陈授拷打致死，这再次点燃了群臣的怒火。

这还不够，公元159年，刘志的皇后，也就是梁冀的妹妹去世了。梁冀担心刘志立邓贵人为皇后，以此让邓氏家族影响自己在朝中的地位，居然派刺客暗杀邓贵人的母亲。

事情败露之后，刘志觉得是时候彻底铲除这个心中大患了。

公元159年8月，刘志打点好了皇宫里的一切，将自己的亲信宦官唐衡、单超、**具瑗**（yuàn）等人派出，急召各位朝廷重臣入宫率领部分禁军守住各处宫门，又命具瑗率领一千多将士与司隶校尉张彪，将梁冀的宅邸围了个水泄不通。

具瑗，东汉宦官，初为中常侍，与其他宦官合谋诛灭权臣梁冀，被封东武阳侯。具瑗骄横贪暴，与兄弟亲戚侵夺百姓，后被贬为都乡侯，死在家中。

变故陡生，剑拔弩张，梁冀还没做出什么反抗，就已穷途末路。

多年经营毁于一旦，梁冀明白，皇位上的那位年轻人已经对自己动了杀心。万般无奈下，他选择了最后的体面：自杀。

梁冀一死，刘志乘胜追击，对朝堂上的梁氏党羽，该处决的处决，该罢免的罢免，该入狱的入狱。一来二去，清算了三百多人。

朝堂干净了很多，洛阳百姓乃至天下百姓都拍手称快。

紧接着，刘志命人收缴这些年梁冀违法乱纪之下获得的财物，居然收上来三十多亿的财产。

刘志扼腕叹息的同时，下令减免天下一半的赋税，并将梁冀建造的奢华园林拆了，把能用的东西全部送给洛阳一带的穷苦人家。

大汉，需要重新积蓄国力；百姓，需要安稳和休养生息。刘志希望自己能像汉顺帝刘保那样，就算成不了汉明帝、汉章帝那样的治世之君，做一位中兴之主也是可以的。

实际上，百姓也是这么期盼的，满朝文武也是这么期盼的，只可惜，刘志还是犯下了难以弥补的错误。

宦官干政

公元159年，宦官单超、具瑗、唐衡等五个宦官因诛灭梁冀有功，被刘志下诏封侯，史称“五侯”。

这些人仗着有功于社稷，开始在朝堂上为非作歹，东汉朝堂再次出现宦官干政的现象。

从外戚掌权到宦官干政，汉朝的生命就在这样的循环中一点点消耗殆尽。

刘志头皮发麻，怎么一个梁冀倒下去，继之而来的是更多的“梁冀”?

于是，他又着手处理“五侯”。

照理说，梁冀的战斗力比“五侯”强多了，刘志能扳倒梁冀，自然在处理“五侯”的事情上更加得心

应手。但可惜的是，从梁冀到“五侯”，这些年的折腾，加上延熹年间东汉王朝战事频繁发生，东汉王朝的国力遭受了重大损失。

于是，朝堂里，地方上，官员们对这些玩弄权术以满足私欲的外戚集团和宦官集团个个都恨得牙痒痒。这么一恨，日积月累下来，矛盾终于爆发了。

文官集团和宦官集团越发水火不容，他们从一开始的明争暗斗逐渐演变成水火不容、不死不休。

于是，一场动乱开始酝酿，直到爆发。这场动乱，被称为“党锢之祸”。

公元166年，南阳太守**成瑨**（jìn）逮捕了富商**张汜**（sì），由于张汜与朝中宦官走得很近，出于对宦官集团的愤恨，成瑨动用私刑，处死了张汜，还杀了张汜的宗族及宾客二百多人。

这个时间点刚好是皇帝刘志宣布大赦天下的时候。

刘志知道此事以后，大为恼火。

汝南太守刘质也在这段时间不顾朝廷特赦令私自把宦官赵津杀死了。

这两件事情加起来，让宦官们恼怒不已，他们开始还击。他们抓住成瑨、刘质私自处死犯人、目无法纪的大罪，向皇帝进行申诉。

他们说，这是地方官吏与朝中那些自命清高的重臣的暗中勾结，他们意图与中央分庭抗礼，俨然梁冀再世！

这么一顶帽子扣下来，刘志的怒火被彻底点燃。毕竟梁冀及其势力这个前车之鉴给朝廷留下的阴影实在太大。

成瑨，字幼平，东汉官员。少年好学，崇信仁义，其任南阳太守时，整肃风气，震慑雄豪，又杀掉犯法的外戚权贵，为民除害，后成瑨遭陷害，被汉桓帝下狱致死。

张汜，南阳富商，勾结、依附朝中宦官，为非作歹，违背法令，被南阳太守成瑨处死。

本着“宁愿杀错，绝不放过”的原则，气血上涌的刘志冲动之下，不仅依法处死了成瑨和刘质，还对宦官集团偏听偏信，直接下诏，在全国范围内逮捕李膺、陈寔（shí）的“党人”，甚至悬赏他们的人头。

于是，天下大乱。

宦官集团抓住机会，看谁不顺眼就将其当作“党人”举报，朝堂里人人自危，各州郡的官场也变得乌烟瘴气。

宦官集团大获全胜，他们对文官集团完成了毁灭性打击。

公元168年1月，汉桓帝刘志去世，“党锢之祸”暂时告一段落。

毁灭前夕

假设把汉桓帝刘志在位时期按政绩分为三段，那么，第一段可以从公元146年到159年。

这段时间里，他从即位到亲政，再到诛杀梁氏集团，然后下令减免天下一半赋税，可以说，他是一位年轻有为、体恤民情的皇帝。

第二段，就是公元159年到165年。

这时候，他一边清算梁氏集团余孽，一边有意识地防止宦官集团严重干政，提拔了很多有所作为的官员，甚至平定羌乱。

直到这时的汉桓帝，虽比不上他的前辈光武帝、汉明帝、汉章帝，而且“五侯”的出现也分散了他的精力，给朝政造成了较大的负面影响，但是他仍然算是一位有为之君，在他身上能看出想让天下重新焕发生机的想法和行动。

但是，接下来的第三段，也就是公元166年到他去世的时候，这段时间内发生的事则让他在位这些年做出的一切努力付诸东流。

因为当他死的时候，“党锢之祸”还没有完全结束，并且，他曾下令，凡为“党人”，终身不得为官，这就给了本就开始衰落的东汉王朝狠狠一棒，最终陷入难以挽回的地步。

在位二十一年的刘志错失了重振朝纲的最后一次机会，而继之而来的汉灵帝刘宏，将带着东汉王朝这驾本就不再富丽堂皇的马车，头也不回地冲向地狱尽头。

汉灵帝

亲小人远贤臣

谁来称帝

窦妙，东汉汉桓帝皇后，大将军窦武长女，其很少受到宠爱。汉桓帝去世后，窦妙拥立刘宏为帝，自己成为皇太后，临朝听政。窦妙重用贤臣，努力振兴汉室，天下皆喜。窦妙的父亲窦武被宦官诬陷，窦妙受到连累，被迁到南宫云台，后死于此地。

公元168年1月，汉桓帝刘志驾崩。朝廷按部就班地为已故皇帝筹备葬礼。

对于宫中的老人而言，最近四十多年，这样的事已经是第三次了。

频繁地更换皇帝，让他们不由得发出一声声叹息，国家的动荡肉眼可见，难道真的没有人能重现大汉荣光吗？

对于皇后**窦妙**而言，眼下还有一个令人犯难的问题：由谁继任皇位？

原因很简单，她的丈夫刘志并没有留下一位男丁。

刘志在位的时候，他的第一任皇后梁女莹，即大将军梁冀的妹妹，无才无德，长相平庸，极度奢侈，又是个善妒又凶残的女人。这位梁皇后为保住自己尊贵的地位，每当刘志的其他妃子诞下皇子时，都会受到她的欺凌和残害。而那些无辜的婴儿，都被梁皇后以各种各样的手段弄死了。刘志就算知道，也无力阻拦。

刘志不满梁皇后，只好冷落她，梁女莹最后忧愁愤恨而死。她死后一年多，刘志就把她追贬成了贵人，并专宠邓猛女，立邓猛女为皇后。

时光如流，邓皇后渐渐失去青春，刘志贪恋女色，后宫佳丽达五六千人，邓皇后极为不满，刘志便废掉邓皇后，立窦妙为皇后。

刘志驾崩后，窦妙与父亲**窦武**协同自家亲信刘儵（shū）商议后，选定了解渎亭侯刘宏作为继承人。

于是，窦妙命刘鲦、宦官**曹节**等人，持节前往河间国，迎刘宏入京。

一切仿佛刘志继位时的光景。如此熟悉，如此无奈。

窦武，字游平，东汉学者，长女窦妙被立为皇后，窦武想除掉宦官，但计谋泄露，兵败自杀。

曹节，字汉丰，东汉宦官，因拥立汉灵帝刘宏有功，被封长安乡侯。后曹节制造假圣旨，杀窦太后之父窦武，诬害勃海王刘悝。

皇权旁落

公元168年正月，刘宏入京，在窦武率领的百官叩拜中继承大统，是为汉灵帝。

他刚继位的时候，不过十二岁，所以，窦妙开始垂帘听政。

窦妙倒是有心匡扶汉室，她委任贤臣陈蕃辅政，与父亲窦武同心同德，希望能尽快将朝政引入正轨。

她下诏广泛征召天下贤人入朝，甚至起用女尚书参与朝政，一定程度上解除了桓帝时期的“党人”禁令。

然后，她按照窦武的意见，诛杀了管霸、苏康等多个弄权的宦官，让当时朝堂上的宦官集团老实了很多。

这就使得灵帝一朝短暂地焕发了生机。一切好似重回正轨，“天地清明”，有心“治国平天下”的官员们看到了太平重回人间的曙光。

只可惜，这道曙光终究没有迎来旭日东升。

同年八月，当窦武打算联合尚书令尹勋等人，意图彻底消灭朝堂上的宦官势力时，消息被泄露了。

曹节等宦官于九月发动政变，挟持了太后窦妙、皇帝刘宏，将窦武、陈蕃杀死并灭族，也顺便终结了窦妙垂帘听政的事业。这场由曹节等人发动的政变，史书上称为“辛亥政变”。

沉沦

“辛亥政变”以后，朝堂被宦官集团彻底操控。

为防文官集团再次反扑，曹节、侯览等宦官勾结在一起，对汉灵帝刘宏一番威逼利诱，于是，公元169年，“党锢之祸”再起。窦太后垂帘听政时好不容易找来的优秀士人被全面清剿。

年纪轻轻的刘宏，不是没有看到朝堂里的乌烟瘴气，但一来他没有前辈刘肇、刘志等人那样的骨气与能力，二来他在“辛亥政变”中被宦官集团吓破了

胆，幼小的心灵被宦官们打上了难以磨灭的心理阴影。于是，刘宏不得不倚仗宦官集团治理朝政。

说是“治理”，实际上只是傀儡而已，因为朝堂内已经没有足够的有生力量去制衡宦官集团了，“辛亥政变”为这群乱臣贼子最大限度地扫清了操控权术的障碍。刘宏在面对朝堂要事，包括自己家事的时候，都没有自理能力。

甚至，刘宏的第一位皇后**宋皇后**也在中常侍王甫等人的陷害下香消玉殒。

宋皇后，汉灵帝刘宏第一任皇后，不受宠爱。

当刘宏看着宋皇后的遗体，内心是极度无助且害怕的。毕竟，汉质帝被毒死的事情仿佛就在昨天，为求保命，刘宏只能选择装聋作哑。

堂堂的一国之君，竟然能窝囊到这样的地步。

就这样，刘宏完全丧失了反抗的意愿。

既然自己这个皇帝只是宦官集团的傀儡，既然没有机会也没有能力重夺皇权，那就自个儿过好安生日子吧。反正天下百姓的痛苦与哀求自己也看不到，朝堂上那些胆敢反抗宦官集团的官员最后是什么下场倒是一清二楚，那么就眼不见心为净吧！该吃饭吃饭，该睡觉睡觉，反正皇宫里锦衣玉食，物质生活是很优渥的。如果实在无聊，找不到啥特别的娱乐活动，那就变着法儿地找乐子吧。

就这样，破罐子破摔的刘宏开始了荒唐无度的享乐生活，宦官们看到刘宏不再关心朝政，就变本加厉地满足私欲。

当然，涉及刘宏私人享乐的事，他们倒是尽量配合。比如刘宏在宫里见到驴后觉得这玩意儿很有趣，他们就陪着刘宏驾驶驴车。

更可怕的是，为了弥补朝廷财力的缺失，他们教唆刘宏，直接推行卖官鬻（yù）爵的政策。各级官位明码标价，只要谁有钱，谁就可以出钱做官，满足一把官瘾。由此造成的后果就是，官场极度污浊，那些出钱买官的奸贼，当他们在各州郡身居要职后，就去压榨自己治下的老百姓。

对于已经有官职在身的人来说，在必须调任或升迁时，居然也得支付一大笔做官费。那些正直清廉无力支付的官员，只能黯然弃官归隐。

这么几年折腾下来，无论中央与地方都彻底乱套了。百姓们苦不堪言，哀鸿遍野。而最高权力集团依旧视而不见，我行我素，东汉王朝彻底站上了毁灭的边缘，只等着被下一个“陈胜、吴广”，或者说被下一个“刘秀”推倒。

天下大乱

不管刘宏因为什么样的原因选择了同宦官集团同流合污，总而言之，东汉王朝的覆灭是自他开始的。

即便在此之前的某些皇帝依然负有不可推卸的责任，但王朝覆灭的这笔账很大部分还是得算在刘宏的头上。

巨鹿，今河北省平乡县西南。

黄巾起义，东汉末年农民战争。由于朝廷腐败、宦官外戚争斗不止、边疆战事不断，加上全国大旱，颗粒不收，赋税不减，农民走投无路，便在巨鹿人张角的号令下，愤然起义。为平息叛乱，各地军阀割据，后导致三国鼎立局面形成。

公元184年，**巨鹿**人张角喊出了“苍天已死，黄天当立，岁在甲子，天下大吉”的口号。他集结约三十万人，宣布起义，史称“**黄巾起义**”或“黄巾之乱”。

起义军得到了四方百姓的积极响应，短时间内全国七州二十八郡都发生了战事，与“黄巾起义”遥相呼应。

这些起义军里，相当一部分都是生活不下去的农民。历史的轮回再度上演，陈胜、吴广的精神在这片土地上被点燃。

虽然“黄巾起义”最终被朝廷镇压，但是其造成的影响无比巨大。

一来，“黄巾起义”鼓舞了各地百姓。东汉王朝的土地上不断有人跳出来集结兵马向朝廷发起冲锋，其中有大部分都是实在走投无路的劳动人民。

二来，无论是面对“黄巾起义”，还是后续接连出现的各地起义军，朝廷从一开始就没有足够的财力、物力、人力用以镇压叛乱。

对于宦官集团而言，他们弄权很厉害，但面对如此浩浩荡荡的起义军，终究是不堪一击。

虽然汉灵帝刘宏派出了一些得力将领迎击叛军，

但是在山呼海啸的叛军面前，他最终选择了饮鸩止渴的方式。

公元188年，汉灵帝下令各地州牧自筹兵马。于是，地方军渐渐拥兵自重，最终形成了庞大的军阀集团。

这些军阀面对威望大损的朝廷，开始互相征讨，抢占地盘，真可谓是群雄逐鹿。“皇帝”，这个身份对军阀们来说不再是那个坐在洛阳皇宫里发号施令的天下共主，而是自己要争取的身份地位。

“黄巾起义”作为东汉灭亡的导火索，拉开了军阀混战，藐视朝廷，甚至挟持皇帝的大幕。后来的三国鼎立局面就是在这样的大背景下形成的。

而那些自始至终都在辛苦劳作、只求风调雨顺的老百姓，都被卷入了这场由改朝换代而掀起的历史旋涡。他们多次无语问苍天：太平之路在何方？

公元189年，汉灵帝刘宏驾崩于洛阳皇宫嘉德殿的时候，是否听到了百姓们的声声呼喊呢？

少年读史

谢冕 解玺璋 主编

小后汉书

第二册

大将征途

太源 编著

文化发展出版社
Cultural Development Press
·北京·

图书在版编目（CIP）数据

小后汉书 / 太源编著. — 北京 ：文化发展出版社，2024. 12. —（少年读史 / 谢冕，解玺璋主编）.
ISBN 978-7-5142-4560-8

Ⅰ. K234.204.2-49

中国国家版本馆CIP数据核字第20246PX525号

序

《后汉书》由南朝宋范晔编撰而成，全书结构谨严，文采斐然，语锋犀利，善于裁剪，与《史记》《汉书》《三国志》合称“前四史”。

本套《小后汉书》遴选《后汉书》中的主要人物和精彩故事，进行白话新译，为了便于小读者阅读，进行了适当的改写，捕捉细节，渲染气氛，让小读者能够感同身受地理解当时的人物及其境况。

北宋大学者司马光说：“人之患，在于不读史。”历史是人创造的，读史就是认识人本身，认识祖先的根、民族的根，进而认识世界，由此才能把握好现在，选择好未来的路。希望小读者在阅读《小后汉书》时，能够拥有不一样的阅读体验。

本套书体量大，难免有错失遗漏之处，欢迎读者批评指正。

目录

窦宪
燕然勒石

寇恂
足智多谋

冯异

恩义双全

岑彭

中兴之将

吴汉

功过参半

盖延

命运无常

耿弇

志存高远

铫期

猛士无双

王霸

疾风劲草

邓禹

一生高义

张奂

急流勇退

段颎

毁誉参半

皇甫嵩

智勇双全

窦宪

燕然勒石

难负殊荣

公元92年，被皇帝收回大将军信物的窦宪无比失落地离开京城，离开了这个他曾嚣张跋扈、不可一世的地方。

“冠军侯”，这是皇帝刚赐给窦宪的爵位，在他所处时代的二百多年前，抗击匈奴的民族英雄霍去病也得到过这份荣誉。

然而，对于此时的窦宪而言，受封这个名号却成为他走向毁灭的序幕。

霍去病受封“冠军侯”时，正是他最得意的时期，之后他又驱逐了入侵的匈奴人，立下赫赫战功。而窦宪不同，他这时候受封“冠军侯”，随之而来的却是被收回兵权，被逼自杀。

他沮丧地前往封地，一路上，他的脑海中浮现出人生许多回忆，如同一幅幅画闪过眼前。

两度浮沉

窦宪，字伯度。他的爷爷窦穆、父亲窦勋，在他很小的时候就因为说错话得罪了朝廷，死在了牢狱里。

窦宪的童年就没有了父亲，上一辈人留下的家产，到了窦宪这一辈，就花得差不多了。

相比那些从小就展露出过人天赋的名门之后，窦宪的童年没有惊为天人的壮举，也没有用功读书练武的感人故事，更没有世外高人给他看相算命，说他今后一定会大富大贵。

公元77年，窦宪的妹妹进宫，受到汉章帝刘炟（dá）的宠幸，不久被立为皇后。窦宪就凭借皇后兄长的身份，官至虎贲中郎将。

这个官职的职责是做天子的贴身侍卫，虽然品级没有多高，但意味着他开始接近权力中心。

这是窦宪人生中第一次碰到好运，命运开始发生转变，随之而来的也是朝廷百官对他的各种奉承和拥戴。

面对突然的发迹，窦宪被那些名利冲昏了头脑，开始变得野心膨胀。

只是他的野心未免过度膨胀了，竟然盯上了皇家财产。

他用低价强买**沁水公主**的园林，而公主忌惮他的权势，不敢反抗他的这种行为。

然而，没多久他的事迹就败露了，被皇帝严厉地呵斥了一通，并且他在皇帝心中的信任度也直线下降。

沁水公主，名刘致，汉明帝刘庄之女，封地为沁水。她在沁水建园林，简称沁园。窦皇后的哥哥窦宪低价强买，汉章帝刘炟知道后，命窦宪还园于公主。后人作诗咏叹其事，词牌“沁园春”因此得名。

自公元77年窦宪失势到公元88年汉章帝刘炟驾崩，窦宪在浑浑噩噩、一事无成中度过了漫长的十一年。

刘炟驾崩后，不满十岁的皇子刘肇继位，是为汉和帝，昔日的皇后窦氏荣登太后之位。

所谓“一人得道，鸡犬升天”，窦宪作为外戚，迎来了人生中的第二次时来运转。

他以侍中身份，在朝堂之上身处权力中心，在朝堂之下又负责宣读诏书的任务，他的兄弟窦笃、窦景、窦瑰也身居要职。

一时间，窦家的权势壮大了起来，无人可比。而正是窦太后的掌权才促使了这一切发生。

但可惜的是，之前十余年不被重用的时光，并没有让窦宪反思。相反地，重新过上荣华富贵的生活后，他变本加厉，气量变得极度狭小。

他派人将当年审判父亲一案的韩纡（yū）杀死，把他的头颅割下放在父亲坟前祭奠；他看到都乡侯刘畅数次被太后召见，担心自己权力地位不保，竟然派刺客在光天化日之下杀死了刘畅，并嫁祸给刘畅的弟弟刘刚。

然而，这件事同上次霸占沁水公主园林的事情一样，没过多久就真相大白了。这一次，连妹妹窦太后也容不得他，他被关进禁宫，不再身居要职。

人生两次大起大落，饱尝荣辱兴衰的窦宪，似乎开始明白：权势可以造就一个人，也能毁灭一个人。

他耐心地等待着东山再起。

不朽功勋

或许是祖上保佑，窦宪的一生注定不会碌碌无为。他再次被命运选中，这次他面对的是汉朝的老对手——匈奴。

匈奴自被秦朝大将蒙恬赶出河西走廊以后，这个马背上的民族同中原政权经历了数次交兵，又数次罢兵，可谓战争与和平交织着，国运和命运比拼着。

经过二百多年的彼此斗争和内部分化，匈奴于公元48年演化成两大集合体：南匈奴和北匈奴。南匈奴亲汉，与汉朝是盟友，北匈奴仇汉，和汉朝相互仇视。

公元89年，南、北匈奴已对峙几十年了。如今，南匈奴来信，请求大汉出兵，双方合力讨伐北匈奴。

这下，窦宪的机遇终于来了。

窦太后任命窦宪为车骑将军，出击北匈奴。

车骑将军是二品官职，地位、威望自然和之前所任官职不一样。

窦宪与副将耿秉率军队浩浩荡荡驰往塞外，与南匈奴单于所领军队、度辽将军邓鸿所领军队会师于**涿邪山**。

此时此刻的窦宪，骑上马、拿上弓，指挥若定。他身上的那种自曾祖父窦融以来，武将世家所独有的英武果敢之气被激发了出来。

他与阎盘、耿夔等人率精兵一万多人，势如破竹，以凌厉的攻势在**稽落山**决战中大败北匈奴单于，并在其后的追逐战中给北匈奴以重创。

窦宪孤军深入，追击匈奴竟至三千余里，漠北塞外，异域他乡，如此远的距离，这是前代任何名将都不曾有过的丰功伟绩。

他骑着马前行，不禁想起了霍去病打败匈奴后，登上狼居胥山筑坛祭天，以告成功的情景，忍不住登上**燕然山**，看着浩浩荡荡的汉家军队，胸中豪气顿生。

人生有“三不朽”：立功、立德、立言。窦宪这次将敌人击退至塞外，可以说立下了不朽功勋，也宣扬了大汉的威德，他觉得应该再留下些文字，以让后世传扬自己的丰功伟绩以及汉朝的威名。

夕阳西下，窦宪看着快落山的太阳，扬鞭一指，

涿邪山，今蒙古国满达勒戈壁附近。

稽落山，今蒙古国阿尔察博克多山。

燕然山，今蒙古国杭爱山。

在黄沙弥漫的地平线上，隐约可以看到一块巨石，他命令史学家班固洋洋洒洒在巨石上刻下了千古铭文，纪念自己的战绩。

这件事后来便成了被历代文人无数次引用的典故——燕然勒石。

煊赫一时

“燕然勒石”之后，北匈奴气数大衰。

南匈奴单于送给窦宪一尊能容五斗的古鼎，鼎上面刻着一句铭文“仲山甫鼎，其万年子子孙孙永保用”。

窦宪命人将古鼎送回朝廷，朝廷大喜。窦太后下诏书任命窦宪为大将军，封武阳侯。

过去十数年的兴衰沉浮，让窦宪开始对于名利有了心得体会与思考，他始终牢记自己率军出塞不过是将功赎罪。因此，对于这一次的封赏，他做出了最正确的选择：坚决拒绝武阳侯的爵位。

遗憾的是，虽然他有决心拒绝朝廷的赐封，朝廷却禁不住那些一味逢迎的官员的劝谏。

按照惯例，大将军的品级在三公之下，然而，百官奏请将窦宪之位列于三公之上。

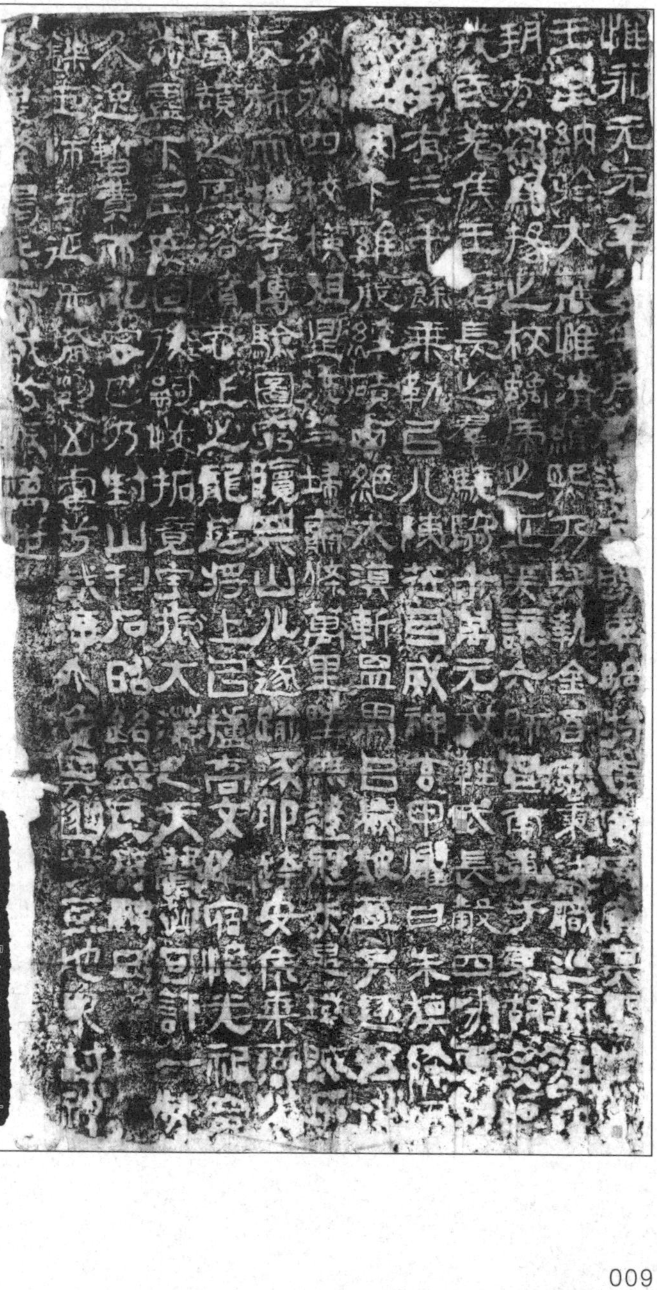

班固所刻『封燕然山铭』

尽管一开始，窦宪告诫自己不要被这些名利迷惑，但在这样的环境中，时间一久，他又开始得意忘形了。

不仅他本人在京城大修宅第，窦家兄弟的豪宅也修得一个比一个奢华，一个比一个富丽堂皇。

权势熏天滋生了生活的腐化，生活的腐化又转过来导致权势进一步的专横，这种恶性循环预示了窦宪最后的命运。

公元90年，朝廷下诏，重新为窦宪论功行赏，结果是封"冠军侯"，同二百多年前霍去病的爵位相同，并封窦宪的弟弟窦笃为郾侯，窦景为汝阳侯，窦瑰为夏阳侯。朝廷的用意很明显，旨在表彰窦宪卓著的功绩。

面对如此的恩封，此时头脑还算清醒的窦宪谢绝了，而他的兄弟窦笃、窦景、窦瑰三人却接受了受封侯位。

从此，窦宪获得了朝廷完全的信任和恩宠，被委以重任，率兵出镇凉州。

人生的际遇就像缥缈不定的云，阴晴无定，然而，命运之神对窦宪似乎有意垂青。他镇守凉州期间又一次建立了奇功。

这一次窦宪与南匈奴再次联手，将北匈奴彻底击垮了。

至此，北匈奴单于率残部逃走，不知去向，彻底消失在了浩如烟海的史籍中。

窦宪再次威名大盛。

窦氏兄弟的气焰就更嚣张了，朝廷内外争着抢着

巴结窦宪。

于是，被捧上了天的窦氏家族在京城开始作威作福，欺压百姓。百姓对他们真是恨之入骨，每次见到窦家的人，都吓得赶紧回避。

在权力巅峰状态的窦宪开始显现出人性中黑暗的一面，把之前的经验教训都抛在脑后。

他越发跋扈骄纵，目中无人，一味扶植党羽，滥用职权，巴结他的就能平步青云，反对他的就不得好死。

谢幕

公元92年，窦宪的党羽邓叠、邓磊、郭举、郭璜互相勾结，图谋叛逆。

不料，这个消息传入汉和帝刘肇耳中，这成为窦宪人生命运中压死骆驼的最后一根稻草。

汉和帝听到窦宪图谋造逆，十分震怒，他早就难以忍受这个功高盖主的权臣了。

然而，要除掉一个把持朝政、权势威重，同时又有许多人攀附的当朝重臣，对于久处深宫、孤立无援的皇帝来说，并不容易。

正当汉和帝不知道该怎么办的时候，他突然想到了一个人——太监**郑众**。

郑众不是一个普通的太监，准确地说，他是汉和帝从小的玩伴。

对于一个从登基起便被架空权力的皇帝而言，宦官的亲切感要远远高于朝廷百官的，更不用说那位高高在上、垂帘听政的太后了。

而且，郑众为人机敏，又不巴结权贵。汉和帝觉得郑众是个真正亲附自己，能够为自己所用的人。

于是，皇帝找来郑众密谋。

他们就趁着窦宪和邓叠班师回朝的时机，先是派人去郊外迎接他们，并按等级给予丰厚的封赏安定人心。

等窦宪进城后，汉和帝便亲自来到北宫，命令把城门关闭，立即逮捕邓叠、邓磊、郭举、郭璜，在狱中把他们杀死。

与此同时，汉和帝派人收回窦宪的大将军印绶，改封为冠军侯，并下令，让他和窦笃、窦景、窦瑰即刻回封地去。

窦宪和他的兄弟窦笃、窦景一到封地，便被迫自杀，只有窦瑰因向来重视修身养性而没有被逼迫，次年改封罗侯。

郑众，字季产，东汉宦官，汉和帝时任钩盾令，就是管理皇家园林的官员。郑众不依附权贵，不与豪强为伍，忠诚勤勉，帮助汉和帝从窦氏外戚那里夺回皇权。之后，郑众任大长秋，出入皇后所居长秋宫，为皇后近侍。

一代豪雄便这样结束了自己的一生。无人知道他那时候的心情是如何的，他会后悔自己的所作所为吗？他回顾自己一生，会作何感想呢？他是胆怯地走向死亡，还是意志不屈地昂首死去的？

这些，无人知道，但可以肯定的是，他的事迹至今还在流传，他的生命历程所留下的思考现在还在继续。

同样是抗击匈奴的名将，窦宪的功劳不在卫青、

霍去病之下。霍去病封狼居胥，窦宪燕然勒石，他们二人被后世文人争相传颂，尤其在边塞诗人、豪放词人的笔下更是屡被提起。

但窦宪的名声却远远不及卫、霍二人，范晔在《后汉书》中对窦宪的评价或许可以揭晓其中的缘由：“是以下流，君子所甚恶焉。”

寇恂

足智多谋

入宫

公元26年，执金吾**贾复**受光武帝刘秀召见，他以为陛下又有要事要托付给他去做，于是便匆匆赶往刘秀的行宫。

贾复，字君文，东汉开国功臣，“云台二十八将”第三位，投靠刘秀起义后，战功赫赫，官至左将军，封胶东侯。贾复一部下违反军纪，被大臣寇恂处死。贾复震怒，与寇恂为敌。寇恂出于大义，处处忍让伏低，又经汉光武帝刘秀劝说，贾复释怀，与寇恂同心同德，共扶汉室。晚年，贾复交出兵权，研究儒学。

但奇怪的是，走进行宫以后他发现，除了陛下的随从，并不见其他的同僚。

他正觉得奇怪，刘秀便请他入座，说道："今日召你们过来，没有其他事，只想跟你们聊聊。"

看着皇上一边命人置办宴席，一边不时望着行宫入口，贾复更觉奇怪。

他不由得猜测：陛下口中的"你们"除了自己还有谁？

正疑惑间，门外传来脚步声，贾复转头看去，突然一愣，随即脸上露出不悦之色。

这位进来的人正是寇恂。

寇恂躬身向光武帝行礼，看到坐在一旁的贾复，也愣住了，随即他再次行礼并致歉，请求暂时回避。

刘秀微笑着，以不容拒绝的口吻对他说道："子翼，请入座！"

寇恂再难推托，坐到了贾复的对面。寇恂略微有些紧张，毕竟自己得罪过贾复，此刻圣上召见，难道是想问罪于自己？

不过，自己从不为当时的那件事后悔，寇恂坦然看向贾复，贾复也同样看着他，贾复的眼神略微有些凌厉。寇恂突然觉得有些亲切，这位脾气火暴的同僚

跟当时的自己简直一模一样。

到这里，过往的许多事情瞬间涌上寇恂心头。

上谷昌平，今北京市昌平区。

上谷郡，辖境相当于今河北省张家口市、小五台山以东，赤城、北京市延庆区以西，以及内长城和北京市昌平区以北。

投诚

寇恂，字子翼，**上谷昌平**人，名门望族之后。王莽新朝时，寇恂担任**上谷郡**功曹，因其出

耿况，字侠游，东汉大臣，通晓经术，在寇恂和长子耿弇的劝说下，归顺大司马刘秀，参与平定叛乱；刘秀称帝后，被封隃糜侯。

色的工作能力和卓越的政治眼光而受到太守**耿况**的器重。

公元23年，王莽败亡，刘玄登上帝位，是为更始帝。为了提升政治威望，更始帝派遣了许多使者巡视治下各郡国，传令各地“先归降的郡国即可恢复爵位”。寇恂敏锐地捕捉到政治风向，说服耿况来到上谷郡边界，迎接使者并上交官印，以表投诚之意。

但出人意料的是，使者收下官印后，隔了许久都没有归还官印的意思。

耿况还在犹豫这件事如何处理，寇恂就已经当机立断，带着亲信部队闯入使者办公场所，请求归还官印。

面对眼前来势汹汹的寇恂，使者却依然作威作福。他说：“我是天王的使者，功曹是想威胁我吗？”

寇恂没有被这句话吓住，他明白，眼前之人不过狐假虎威罢了。

他不卑不亢地回答道：“威胁倒是不敢，只是我认为，现在天下初定，国家的信誉还没有完全显现。使君受命，带着符节巡视四方，各郡国都乖乖听话归附。然而，现在你在上谷郡居然不讲信誉，阻止我等归降之心。这个消息一旦传出去，只会滋长各郡国背叛之心，那么请问，朝廷将凭什么来号令各方郡国呢？”

寇恂这句有理有据的反问，令使者一时之间无言以对。

寇恂趁势又说道：“况且，耿府君在上谷郡为官，

长期受人爱戴，现在突然把他撤走，如果换来一位没有贤能的人只会增加更多的祸乱。我这是在替使君考虑，为今之计，不如立刻恢复耿府君的官职，借此安定人心，朝廷也能更得民心。”

不等使者开口，寇恂随即吩咐下人们：“请将耿府君请来，只对他说‘使君召见’即可。”

没过多久，耿况来到二人面前，寇恂见使者还未做出决断，便果断抢过官印，递到耿况手中。

事已至此，使者深知眼前这个人处事非常果断，不是好惹的。于是，他以更始帝的名义下诏，将官印赐给耿况。

耿况看着眼前的情景，当然明白个中缘由，随即下拜谢恩。

公元24年，为了平定**王郎**的起兵，更始帝紧急征调耿况发兵。

一时间，天下大乱，耿况早已不知未来该何去何从。

寇恂对于当时的形势自有一番判断。他认为，无论是更始政权，还是王郎政权，都难以掌控天下。

他听说**刘缜**（yǎn）之弟刘秀起兵的消息，认定他才是未来的天下共主。

王郎，本叫王昌，自称王郎，赵汉皇帝。天下大乱时，自称是汉成帝之子刘子舆，得到西汉宗室刘林等人的拥立，自称皇帝，定都邯郸，史称“赵汉”。刘秀联军攻入邯郸，王郎兵败被杀。

刘缜，汉朝宗室大臣，汉高祖刘邦九世孙，东汉光武帝刘秀同母兄，更始帝时，拜大司徒，封汉信侯。后被更始帝杀害。

彭宠，字伯通，东汉大臣，出身官宦之家，才能卓越，更始帝时，授偏将军、渔阳太守；后投靠大司马刘秀，参与平定“王郎之乱”和河北地区，封“建忠侯”，赐号大将军；后来遭到陷害，失去光武帝信任，心生怨望，于是起兵反叛，后受镇压被家奴杀死。

他便向耿况建议，暂时按兵不动，由自己带人前往渔阳，游说渔阳太守**彭宠**，共同投入刘秀麾下。

耿况同意了眼前这位同僚兼好友的意见，毕竟，若不是他，自己或许已经被更始帝罢官了。他不舍地握着寇恂的双手，说道：“拜托了。”

寇恂出色地完成了任务。

当他自渔阳归来后，发现由王郎派出的使者正赶往上谷郡，他立刻明白，这也是来招降的，既然决定未来同他们为敌，那就先下手为强吧。

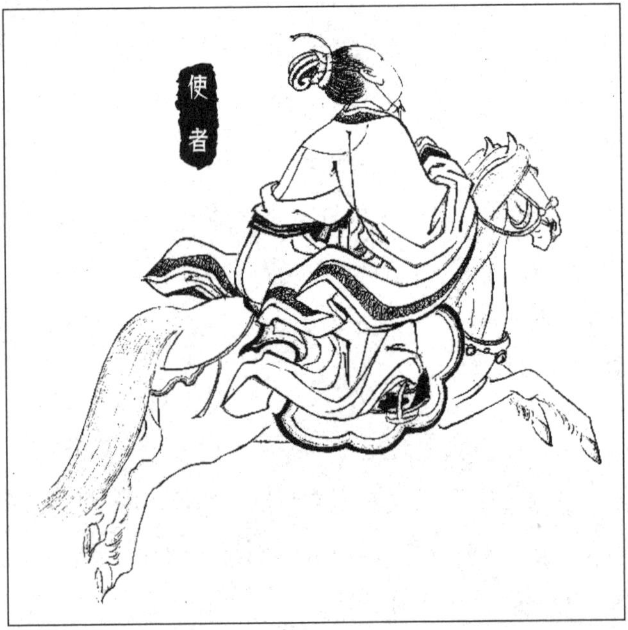

于是，寇恂带人杀死了王郎的使者，收编了随行军队。

回到郡内以后，寇恂又说服耿况，带着耿况的长子耿弇（yǎn）南下到广阿县拜见刘秀。

正值用人之际的刘秀大喜过望，当即拜寇恂为偏将军，号“承义侯”。至此，寇恂归入明主光武帝麾下，开始了波澜壮阔的征战生涯。

刘秀平定**河内**以后，急需对外扩张，派谁镇守河内呢？

河内，今属河南省北部一带。

这是眼前自己的大本营，一旦失守，全军上下必然大乱。

他将寇恂召来，说道：“河内城池完备，百姓富足，我的所有行动都离不开河内的支持。现在，我任命你为河内太守，我不在的时间，一切事情由你决定。你务必坚守此地，为我培养新兵，调度军粮，并严防其他割据的人渡过黄河，以免我后顾之忧。”

寇恂领命。

寇恂目送着刘秀大军离去，郑重抱拳，坚定地说道：“有我寇恂在，请放心！”

接下来的时间里，寇恂紧锣密鼓地命令所属各县练兵养马，缴纳武器粮食，刘秀在外征战的一切所需资源，都由他调度发出。

作为一郡太守，寇恂时刻牢记自己的职责，时刻紧绷神经，不敢有一丝懈怠。由此，整个河内在他的治理下越发兴旺。

公元25年，更始帝麾下将领**朱鲔**（wěi），趁着刘秀领兵在外，打算趁机拿下河内，便派遣苏茂、贾强带兵三万渡过黄河进攻温县。

朱鲔，字长舒，东汉绿林军起义首领之一，拥立更始帝刘玄。更始帝刘玄封他为胶东王，他没有接受。刘秀称帝后，攻打朱鲔镇守的洛阳，朱鲔坚守数月，后来在刘秀许诺不计前仇的情况下，他归降刘秀，后被授平狄将军，封扶沟侯。

寇恂得知消息，深思一番后，发出檄文，命各县紧急发兵驰援温县，自己也披上战甲，集结军队，奔赴温县。

面对麾下将领的阻拦，他说："温县一旦失守，整个河内将失去屏障，我们来不及等着各县的救兵完全会合再作打算，眼下必须在温县城外将敌人拦住。"

事实上，寇恂的判断完全正确，眼前已是火烧眉毛，敏锐的军事嗅觉让他知道局势刻不容缓。

果然，他一路急行军，刚到温县城外，便遇到了刘秀麾下偏将军冯异派出的援军，而各县的援军也已陆陆续续赶到。

看着眼前足以遮住整个天空的旌旗，寇恂大喜过望，他派人登上城墙，向着敌军的方向大声呼喊："刘秀的大军来了！"

养兵千日，用兵一时。寇恂自上任以后，练兵变成了他日夜挂怀的头等大事，此刻正是检验自己政绩的时候。他策马奔腾，拔剑指着敌阵，麾下所有兵马化身为一把无敌的利剑，苏茂、贾强所部三万大军就此溃败。

这场战斗的结果是，苏茂的部队大败，寇恂率兵渡过黄河，与冯异会合，并继续追击苏茂的溃军。他们一路砍杀，最终杀死了贾强。

从此，更始帝躲在洛阳再也不敢出兵。刘秀得知

战况后，意识到时机已经成熟，终于在鄗（hào）邑登上帝位，定年号为建武。

将相和

公元26年，颍川人严终、赵敦聚集流寇一万余人，在颍川郡内各种作乱。

寇恂被任命为颍川太守，与同僚侯进合作解决了这股祸患，由此被封为雍奴侯。

此时，天下尚未彻底安定，即使是光武帝刘秀这样治军极严的人，麾下诸位将领的私德也是良莠不齐。但考虑到正是用人之际，对于个别行军作风有问题的部将，光武政权内也是大事化小小事化了。但在寇恂这里，大不一样。

执金吾贾复的部将在颍川郡内横行霸道，在光天化日之下杀人。寇恂知道消息后，大为震惊，将杀人凶手绳之以法并执行死刑，就像当初他为了夺回耿况的官印，带兵面见更始帝使者时暴露的火暴脾气。

此时，贾复正在汝南，听到这件事以后，同样大为恼怒。

贾复对左右随从说道：“我与寇恂都是在朝廷当官的，大家都是将帅，如今他这样对我，肯定是想排挤我。男子汉大丈夫，哪有被人欺负而忍气吞声的呢？等我经过颍川遇到寇恂时，一定把他杀了。”

消息传到寇恂耳中，他不愿同僚间相互仇杀，于是躲着贾复。

寇恂的部将谷崇对他说：“我也是将领，可以带剑保护你。一旦贾复那边对你有什么危险举动，我可以与他抗衡。”

寇恂闭眼沉思，缓缓道：“几百年前，渑池之会上的**蔺相如**丝毫不惧秦王，却对廉颇退让回避，他

蔺相如，战国时期赵国上卿、政治家、外交家，曾令秦国完璧归赵，又在渑池之会上不辱国体，并为保持将相和睦，忍让廉颇，使廉颇感到愧疚并负荆请罪。

之所以没有为自己出一口恶气，完全是为了国家的安定着想。小小一个赵国，都有人懂得这个道理，我又怎能不知呢？”

于是，他吩咐各县，当贾复军队经过时，为每位兵士送去两份酒食，自己则对外称病，以此避免了同贾复军队见面的机会。

得知贾复仍然怀恨在心，他派谷崇把这些情况告诉光武帝刘秀，希望皇帝能安抚贾复。没承想，等来的却是刘秀的召集令。

他只得急匆匆前往皇帝的行宫。

行宫内，寇恂看着坐在对面的贾复，郑重行礼，说道：“君文兄（贾复的字）别来无恙。”

贾复草草回礼，并不答话。

光武帝早已命人设好了宴席，他命人斟满酒，对着二人说道：“当初廉颇、蔺相如的事想必二位都知道。此刻我并不想判定谁对谁错，也并非要命令谁负荆请罪。只是，天下未定，两位将军作为我麾下的虎将，都是缺一不可的人，怎么能私自争斗呢？现在，就请两位放下过往仇怨，共饮这杯酒吧！”

寇恂闻言，随即双手将桌上的酒杯端起，隔空向贾复敬酒，说道：“君文兄，请！”

汉宫夜宴图

料事如神

一直紧绷着脸的贾复眼神渐渐缓和，他轻舒一口气，也端起面前的酒杯，笑道："子翼兄，请！"

当晚，刘秀行宫内宾主尽欢，寇恂与贾复结为挚友，二人拜别光武帝以后，共同乘车离开行宫。

公元32年，寇恂随刘秀一同出征，讨伐**隗嚣**（wěi áo）。

没过多久，颍川境内再次出现盗贼作乱，刘秀打算派遣寇恂平乱。

考虑到战乱对百姓生活有极大的破坏力，寇恂说道："颍川盗贼剽悍敏捷，听说陛下远征，想趁机捣乱而已。如果他们听说陛下亲自率军南下，他们必然望风归降。我愿做陛下的先锋，传达这个消息。"

刘秀同意后，寇恂随即率军南下，并散布皇帝亲征的消息。

他刚到颍川，就看到所有盗贼前来归降，刘秀大喜，又应百姓之请，将寇恂留在**长社**，安抚人心。

公元33年，隗嚣郁郁而终，部将高峻占据号称"第一城"的**高平**。光武帝派耿弇率军围困高平，围了一年居然还是无法攻克。

隗嚣，东汉割据军阀，出身陇右大族，知书通经，初为天水郡吏，后占领天水郡平襄城，自称"西州上将军"，形成陇西割据势力；后隗嚣归顺更始帝刘玄，位列三公。光武帝刘秀开创东汉后，隗嚣归顺光武帝，却暗中勾结其他势力，遭到光武帝反击，最终郁郁而终。

长社，今河南省长葛市东。

高平，今宁夏回族自治区固原市原州区。汉时其城险固，号称“第一城”。

公元34年，光武帝打算御驾亲征，攻克高平。

寇恂进谏：“军士疲惫，为免再次生出叛乱，高平不可强攻。”

光武帝起初并没有采纳寇恂的意见，但无奈高平依然久攻不下，为避免造成更多不必要的伤亡，决定招降高峻。

他对寇恂说：“爱卿之前阻止我这次行动，现在就替我走一趟吧。如果高峻还不投降，我就亲自带大军把他灭了！”

寇恂领命，带着诏书来到高平，高峻派遣军师皇甫文面见寇恂。

皇甫文看着眼前的寇恂，不知此人立下过多么丰厚的功绩。于是，他态度十分轻慢。

按照惯例，倘若交战中的两方派出使者后，基本的礼节是必须做到的。但寇恂带着刘秀亲笔的诏书表明来意后，皇甫文依旧傲慢无礼，出言不逊。

看着眼前不识抬举的皇甫文，寇恂仿佛明白了什么。于是，寇恂突然发难，命属下扣下皇甫文，打算立刻将他斩杀。

他麾下的将领大为惶恐，立马劝道：“高峻坚守高平县一年有余，现在我们既然打算招降他，却要斩杀他的使者，这种事千万不能做啊！”

寇恂并不多话，他只是命令随从一刀砍了皇甫文，并告诉皇甫文的副将：“替我给你的主子带个话，他的军师不懂礼数，已经被我杀了。他如果要投降，就快点；不投降，就好好守着吧。”

接下来，让所有人目瞪口呆的事发生了。

高峻，这位在汉军重重围困下坚守高平一年的敌将，在寇恂来到高平后，毫不犹豫地向汉军投降。

众将士都不理解为何寇恂把皇甫文杀了之后，高峻反而投降了。

看着眼前诸位同僚好奇的眼神，寇恂解释道：“皇甫文是高峻的心腹，是为他出谋划策的人。我见到皇甫文之后，断定高峻丝毫没有投降的心意。一旦把皇甫文杀了，高峻必然没有再坚守的胆量。”

诸位将士纷纷向寇恂竖起大拇指，寇恂又一次靠着敏锐的洞察力，为光武帝解决了一大隐患。

辞世

公元36年，寇恂在重病中与世长辞，谥号威侯。

回顾寇恂的一生，他不但为刘秀称帝立下汗马功劳，而且在各郡太守的任上，善待百姓，修养品行。

无论在朝堂之上，还是在地方郡内，寇恂皆有口皆碑，他靠着卓越的学识、深厚的修养，深受同僚与百姓的尊重。

他所得的俸禄，大多赠予亲朋好友，他常说：“我是靠着诸位士大夫的功劳才得到这些，怎么能私自享用呢？”

当他尚在人世时，朝廷内外的人都尊称他为“长者”，认为他有宰相的气度。

为官时，无论是效力于耿况还是刘秀，寇恂都靠着敏锐的洞察力和果敢的处事能力，为他所效忠的人解决了一次又一次祸患。

公元60年，汉明帝立“云台二十八将”，寇恂位列第五，他所获得的一切殊荣，实至名归。

冯异

恩义双全

绍封继绝

公元112年，汉安帝刘祜登上云台阁，在“云台二十八将”的画像前久久伫立。

光武帝刘秀开创万世基业的身影再次浮现在他的脑中。

马蹄奔腾，无数刀剑泛起寒光，他仿佛看到刘秀率领着二十八位大将在沙场上纵横奔驰。

刘祜扫视着面前悬挂着的功臣图，眼神随即落在了某张画像之上。

他思索良久，叫来随从之人，说道：“准备诏书。”

按照惯例，王朝中受封爵位的功臣倘若没有嫡子继承爵位，封地是要被收回的。这就是所谓的“无子国除”。“国除”以后，功臣的庶子、庶孙也可以因为某些原因而再次继承已经被削除的爵位，这种事被称为“绍封继绝”。

刘祜对着身后跪着的人吩咐道：“即刻下诏，对于‘云台二十八将’中断了世系和封地被收回的将领，把他们的嫡系后代或旁支后人统计出来，朕要将这些将领的爵位全部绍封。”

此人领命，正准备退下时突然想到了什么，他再次跪下，小心翼翼开口问道：“请问陛下，冯公孙的后人也要统计吗？”

刘祜回答：“是。”

他不再言语，眼神依旧落在那幅画像上——那是冯异的画像。

归顺光武

冯异，字公孙，颍川郡**父城**人。自幼喜欢读书，他在出仕以前，便把《左传》《孙子兵法》等典籍读得烂熟于胸。

父城，今河南省平顶山市宝丰县东。

公元22年，刘秀起兵，与王莽新朝对峙。

当刘秀率军进攻颍川郡时，冯异正以颍川郡郡掾（yuàn）的身份监护五座县城，并在父城县与县长苗萌共同抵御刘秀。

刘秀在二人的抵抗下居然一时无法攻下父城，他只得屯兵巾车乡。

不幸的事来了，冯异因外出巡逻而被刘秀的部下抓到。对于刘秀而言，父城似乎已成囊中之物。

此时，冯异的堂兄冯孝及同郡的朋友丁綝、吕晏都在刘秀的军中，他们共同向刘秀推荐冯异，于是刘秀命人将冯异带到了自己的面前。

面对刘秀，冯异不卑不亢地说道："我只是一个普通人罢了，没什么特别的长处。我的母亲还在城中，而我是独子。我恳请将军放我回城照顾老母，我必定为您效劳，以报不杀之恩。"

刘秀被冯异的孝心感动，命人将冯异松绑。

冯异回到父城，说服苗萌共同归顺刘秀。

后来，当刘秀率军再次经过父城时，冯异立刻迎接刘秀军队进城。

刘秀任命冯异为主簿，这是冯异在光武帝麾下的第一个职位。

公元23年，刘秀的哥哥被更始帝刘玄设计杀害。刘秀在众人面前从没显露过悲伤之色，但独自一人时总黯然泪下。

感受到刘秀的悲伤，冯异进行宽解，同时向刘秀进言："如今，天下局势复杂，更始帝又完全不得民心。百姓们饱受战乱，更加渴望安定，现在，将军有军政大权在手，应尽快分派官员巡视各地，布施恩德，借这个机会收揽民心。"

刘秀采纳了他的意见，当他们到达邯郸以后，便派遣冯异同铫期一同巡视诸县，冯异趁机调查各县中不肯归附刘秀的官吏，将这些人的名单上报给刘秀。

由此，刘秀对势力范围内的民心所向皆有所掌控。

大树将军

公元23年，王郎在邯郸起兵。

刘秀被王郎追杀，为保战力，率部众南下，到达饶阳县无蒌亭时正值深夜。当时天气严寒，将士们都饥寒交迫，冯异亲自煮好豆粥，供全军食用。

第二天，刘秀对诸将说："幸好昨天有冯公孙煮的粥，如今我们都恢复了气力。"

后来，大军行至南宫县，遇到瓢泼大雨，刘秀率军避雨，冯异再次为大伙儿备好麦饭。

冯异的温暖举动让刘秀深深感动，感到即便兄长逝世，但自己并不孤独。

平定王郎以后，冯异被刘秀封为应侯。

冯异为人谦逊。当外出时他与其他将领相遇，都主动地让开道路。

在他跟随刘秀行军的这段时间里，每当军队屯兵，诸多将领都会聚到一处，相互之间论功攀比，夸夸其谈。只有冯异，始终安静地独处。

有的时候，冯异会独自坐在树下休息，军中将士于是为他起了“大树将军”的雅号。

离间

不久，更始帝刘玄派遣李轶（yì）、朱鲔与河南太守武勃等人共同率三十万大军驻守洛阳，企图趁机越过**孟津**渡口拿下魏郡和河内郡。

孟津，黄河古渡口名。在今河南省洛阳市孟津区东、孟州市西南。

于是，刘秀任命冯异为孟津将军，寇恂为河内太守，将魏郡、河内郡的安危托付给二人，随后便率军出发，四处攻城略地。

当冯异探知洛阳的守将中有李轶、朱鲔二人时，

出征

冷笑一声，想到：为主公报仇的时候到了。

原来，李轶本是同刘縯、刘秀共同起兵的同僚，但他后来依附更始帝刘玄，设计并参与杀害刘縯。刘秀每每想到兄长的死，无不悲痛万分。自幼熟读兵书的冯异略一思索，一个运用离间计“借刀杀人”的计谋便浮现在他的脑中。

他亲笔写了一封信，派人秘密寄给李轶，信中言道，更始政权已危在旦夕，而刘秀麾下英才汇集，未来必然夺得天下，希望李轶趁早看清形势。

李轶其实已经察觉更始政权即将破灭，他收到冯异的密信，在冯异的劝说下，当即表示愿意归顺，只是自己与刘秀之间存在一些梁子，希望由冯异说情，为自己留下一条投降的后路。

为了表示诚意，李轶命所属部众不再与冯异交锋。

而这正中冯异下怀。

他趁此良机，率军攻克了上党郡两座县城，又扫平了河南成皋周围的地方割据势力，招降部众十万余人。

看到如此情形，洛阳城中的武勃害怕冯异势力越来越大，急忙率一万兵马出城攻打已投降冯异的部队。

士乡，在今河南省洛阳市东。

冯异等的就是武勃，他探听到武勃出洛阳城的消息后，深知李轶绝不会出兵驰援。于是立刻率军冲到**士乡**，将武勃军队杀得片甲不留，并将武勃杀死，洛阳由此军心动摇。

冯异见时机成熟，便派人报告刘秀，开始实施离间计。

刘秀大喜，他故意向朱鲔泄露李轶与冯异通信的内容。朱鲔听说李轶有反叛之心，非常震怒，当即派人刺杀了李轶。

洛阳转瞬之间失去了两位主将，军心大乱，朱鲔为求立功，匆忙之间派遣苏茂率军攻打温县，自己则率军进攻平阴。

没想到，苏茂军队被寇恂联合冯异的援军击溃，朱鲔也被冯异率军打败，只得狼狈地退回洛阳。

至此，洛阳的更始军队再也无法给刘秀部众造成威胁。于是，刘秀在鄗邑称帝。此后，刘秀为麾下诸将领论功行赏，冯异受封阳夏侯。

平定关中

公元26年，赤眉军在关中地区作乱，大司徒邓禹无法平定他们，刘秀就派冯异代替邓禹去讨伐。

冯异领命出征后，在华阴一带与赤眉军相持六十多天，降服了五千多人。

公元27年的春天，刘秀正式任命冯异为征西大将军，让他全权负责平定关中的事务。

紧接着，邓禹、邓弘与冯异合兵进攻赤眉军，出人意料的是，邓禹、邓弘都被赤眉军击败，冯异也被逼得弃马奔逃。

不同于邓禹因征战不顺而军心涣散，这次的失利没有给冯异造成太大影响。

他认真分析敌我形势之后，重整旗鼓，集合各地败逃的将士，利用换装之计，成功迷惑了赤眉军，终于在崤底将数万赤眉军击溃。

此次作战后，赤眉军逃往宜阳，面对冯异大军的威慑，终于投降。

至此，关中一带的赤眉军之乱被彻底平定，冯异厥功至伟。

得知冯异此次行军的遭遇，光武帝笑道："真可谓是'**失之东隅，收之桑榆**'啊！"

失之东隅，收之桑榆，汉语成语，原意是早晨丢失了，傍晚得到了。后世用来比喻开始时或暂时在某一方面失利，但最终在其他方面得到了补偿。

赤眉军被扫平以后，关中地区还盘踞着多股割据势力。这多股势力如一团乱麻，给刘秀平定关中造成了不小的阻力。

冯异采取边走边战的策略，一边急行军一边与其他割据军队交战，行军至上林苑时，他终于停下了脚步。

看着上林苑这个前朝无比繁荣，如今无比破败的皇家园林，冯异不禁悲从中来。他下令："全军在此驻扎。"

他以上林苑为暂时的根据地，屯兵于此，并在此开垦荒地，修建防御工事。

在接下来的三年时间里，他打败了前来抢地盘的

上林瓦当图纹

延岑，并借助同僚赵匡送来的谷物衣物，熬过了最困难的时期。

他一面经营上林苑，招抚各地难民和流亡的军人，一面多次领军巡视关中，将反抗汉军的势力逐个击破或赶出关中地区。

渐渐地，上林苑开始恢复生机，原本的断壁残垣，逐渐变为繁荣的城市。

看着眼前生机勃勃的上林苑，冯异心中渐渐生起了不安之感。深厚的军事素养提醒他，有些事情现在必须得做了。

他写了封信，派人交给刘秀，信中说道："我在朝廷外经营的时间太长了，内心因为想念朝廷而缺乏安定，希望陛下将我召回。"

他原本以为刘秀会痛快答应，没承想居然遭到了拒绝。

他内心的不安逐渐加重。

果然，没过多久，朝中同僚传来消息，说有人向刘秀上表奏章，弹劾冯异在关中独断专行，被百姓称为"咸阳王"。

更让他毛骨悚然的是，刘秀居然派使者将那封奏章送到了冯异的面前。

他看着眼前这封状告自己的奏章，实在不确定刘秀究竟作何感想。难道“兔死狗烹”的悲剧要在自己身上上演吗?

他沉思许久，再次提笔写了封信，请使者带回朝廷，交给刘秀。

刘秀拆开冯异寄来的书信，只见信中说道：“我本来是一介书生，得陛下大恩，出将受封，并奉命经营关中，这些都是为了国家的利益。当年，天下大乱，各地形势杂乱，难以明了，我尚且不会有过失差错。如今天下平定，陛下给了我莫大的恩宠，我又怎会生出二心呢？此刻，我看到陛下送来的奏章，内心惶恐不安，但我深知陛下身为一代明主，一定知道我愚钝的心性，所以在此将心迹表明。”

看着冯异情真意切的文字，刘秀感慨万千。作为朋友，冯异对自己讲义气；作为部下，冯异对自己讲忠诚，冯异对自己的帮助实在太多，是国家需要的栋梁。

随即，刘秀下诏回复冯异：“将军对于我们大汉朝，功不可没。既有君臣的情义，也有如父子的恩情。哪里会有什么嫌疑而令你害怕呢？”

公元30年的春天，冯异入朝拜见刘秀。

刘秀当着朝廷百官的面，说道：“这位将军是我刚起兵时的主簿，是为我一路披荆斩棘的人，是为我平定关中的人！”

将星不灭

同年夏天，冯异受命前往陇右地区。

梅邑，今陕西省旬邑县。

他趁着隗嚣的部将还没攻取**栒（xún）邑**之时，率急行军进驻栒邑，并击退了前来争夺栒邑的隗嚣军队。

紧接着，冯异又率军沉重地打击了卢芳的割据势力，将上郡、安定郡纳入汉朝版图。

如此一来，刘秀在关陇地区的声望大大提高。

公元33年，隗嚣病死。冯异随即被刘秀任命为天水郡太守。

在这期间，他率军与公孙述部将赵匡的军队战斗一年，将赵匡部众全部扫平后，又着手准备彻底击垮隗嚣的儿子隗纯的残余势力。

公元34年夏天，冯异与同僚在进攻落门之时，病死于阵中。

此前十二年间，冯异基本上都在军营中度过。洛阳宫室的安定与他无关，长安宫室的繁华与他无关。

当他的死讯传到洛阳，刘秀悲痛万分，赐谥号“节侯”，以表彰他一生的功绩。

公元60年，“云台二十八将”画像落成，冯异位列第七。

冯异的长子冯彰继承了“阳夏侯”的爵位，后来又被更封为东缗侯、平乡侯。冯彰去世后，他的儿子冯普继承了“平乡侯”的爵位。

后来，冯普得罪了朝廷，平乡侯的爵位与封地皆被收回。但到了汉安帝刘祜下诏“绍封继绝”之时，又特意恢复了冯异的封地，将冯普的儿子冯晨封为平乡侯，这一切，都源于冯异做出的贡献。

据守孟津，直接促成光武帝刘秀登上帝位；平定关中，为“光武中兴”打下扎实基础；经营陇右，将隗嚣势力彻底遏制。

十二年的生死相随，冯异为王朝建立了足以流芳千古的功业。

综观冯异为人，可谓文武双全，他不仅战功卓著，在治理郡县方面也颇有建树，更难能可贵的是，他为人谦逊有礼，居功不傲。

如此种种，使得冯异在那个将星璀璨的时代下脱颖而出，被后世代代传颂。

《后汉书》中范晔在品评“云台二十八将”的功业时，将冯异与岑彭、贾复并列一传。

岑彭

中兴之将

蜀宫招降

公元35年，成都，公孙述坐在行宫内，双眼无神地盯着面前的桌案，桌案上是刘秀派人送来的信函。

他呆坐良久，终于轻叹一声，将信函递给了行宫内的亲信常少、张隆。

常少、张隆看完这封信之后，同样长久沉默着。

然后，二人同时开口："要不，我们降了吧！"

这自然是因为刘秀在其信中表明了招降之意。

毕竟，如今的巴蜀，已被汉军打得支离破碎。

公孙述眼中仍然没有太多神采。听到这俩亲信的话，他缓缓摇头，说道："人生无常，很多事情都是命数。只是，哪里有投降的天子呢？"

沉默良久，**公孙述**双眼露出疑惑之意，他眉头微皱，问道：“岑彭究竟是什么神人？”

公孙述，字子阳，东汉割据势力，初为清水县长，熟练吏事，治下无奸盗；王莽篡汉时，任蜀郡太守，后自称辅汉将军，领益州牧。刘秀称帝后，公孙述在蜀称帝，光武帝派兵征讨，攻破成都，纵兵大掠，尽杀公孙氏。

常少、张隆互相看着对方，不明白陛下问的究竟是什么意思。毕竟，岑彭，刘秀的征南大将军，此人早已名扬四海，如今更是让整个巴蜀闻风丧胆。公孙述不可能没有听过这个名字。

公孙述随即又问道：“这究竟是什么神啊？”他看似在询问，又像是在自言自语。

常少、张隆再次叹息，“岑彭”，这个让整个巴蜀闻风丧胆的人，说他是“神”，倒也合情合理。

毕竟，他可是做出了让巴蜀所有人都不敢相信的事！

永恨于心

岑彭，字君然，南阳郡棘阳县人。王莽秉持朝政时，岑彭担任棘阳县长。

公元22年，刘縯率军攻克棘阳，岑彭带着家属投奔同为王莽麾下的南阳太守甄阜。

然而，面对逃难而来的岑彭，甄阜却作威作福，怪罪岑彭没有守住棘阳，将他的家人扣留，命岑彭戴罪立功。

岑彭无奈，只得带着手下宾客与刘縯军队交战。

然而，岑彭根本不是刘縯的对手，很快就败下阵来。

南阳被刘縯攻下以后，甄阜被杀，岑彭也在交战中身负重伤，他好不容易逃到宛城，与守将严说会合，共同镇守宛城。

刘縯带兵将宛城围了个水泄不通，岑彭与严说面对刘縯大军一波接一波的进攻，奋力坚守。几个月后，城中粮食都吃完了。这下可苦了百姓了，为了填饱肚子，街道上居然出现了人吃人的惨剧！

岑彭对此心如刀割，为保一方百姓，他说服了严说，一起向刘縯投降。

刘縯的部将对岑彭恨之入骨，毕竟这个人曾以顽强的意志给刘縯大军造成了极大的损伤，他们都想将岑彭杀之而后快。

看着眼前丝毫没有胆怯之色的岑彭，刘縯生出爱才之心。

他对更始帝刘玄说道："岑彭作为宛城守将，恪尽职守是他的职责。我们既然图谋大事，更应当嘉奖如此忠义之人。不如就封他为官吧。"

刘玄接受了刘縯的意见，便封岑彭为归德侯，并

将领

归入刘縯麾下。

看着救命恩人刘縯向自己露出的笑容，岑彭郑重抱拳致谢。

后来，更始政权中官员们争权夺利，昔日的同僚竞相反目，刘縯被刘玄设计杀害，岑彭又被分配到朱鲔麾下。

朱鲔倒是待他不薄。在协助朱鲔拿下了淮阳郡后，朱鲔推荐他做了淮阳都尉。

后来，岑彭因镇压徭伟叛乱有功，升为颍川太守。不久，舂陵刘茂起兵攻下了颍川，走投无路的岑彭只好带着麾下数百人去投奔自己的老乡河内太守**韩歆**。

韩歆，字翁君，中国东汉儒学家、经学家，跟随光武帝刘秀南征北战，立下汗马之功，被封扶阳侯，又任尚书令、大司徒等职；后因事被免官，遣回家乡，不久自杀。

公元24年，刘秀带兵至河内，韩歆打算拥城据守，遭到了岑彭的反对。

此时，更始政权已经让岑彭大失所望，于是，他劝韩歆不要再做无谓的挣扎。韩歆迫于形势，选择了投降。

当刘秀得知韩歆曾经想抵抗自己时，便召见岑彭，表示要杀了韩歆。

岑彭对刘秀说道：“如今赤眉军已经攻入关中，更始政权危在旦夕。这个时候，朝中重臣反而不思进取，放纵享乐，使得各地相继出现割据局面，无辜百姓无所安家。我听说将军平定河北，爱护将士民众，由此开创王化之业，这是上天庇佑汉朝，也是百姓的福泽！韩歆身为南阳名士，正可效力！”

刘秀听了，赦免了韩歆，留下重用。

岑彭又想起当初力排众议救他一命的刘縯，这位德高望重的人居然死于更始帝刘玄之手。

他再难抑制住内心情感，铿锵有力地向刘秀言道：“我深受将军兄长的大恩，还没来得及报答，他却已被小人所害。这件事对于我岑彭而言，一辈子都无法释怀！如今上苍有眼，让我遇到救命恩人的亲人，我愿效犬马之劳！”

刘秀听到岑彭提及过世的兄长，又听到岑彭立下的誓言，悲喜交加。

他将岑彭留在身边，让他同自己共同征战。

公元25年，刘秀称帝，封岑彭为廷尉，并再次将“归德侯”的名号赐予岑彭。

这是当初被刘縯救下后得到的封号，岑彭唏嘘不已。

如今，恩人已逝，自己唯有尽力辅佐恩人的兄弟，以报当初的救命之恩。

光明磊落

刘秀命冯异等部将进攻洛阳，洛阳在守将朱鲔的经营下，久久不能攻克。此时，刘秀即位不久，根基尚未稳固，无法进行持久战。他得知岑彭曾经在朱鲔麾下为官，便吩咐岑彭去洛阳劝降朱鲔。

岑彭接受了这道命令，临行前，岑彭向刘秀郑重地说道：“请陛下放心，臣一定会达成使命。”

他随即启程，渡河而至洛阳。

洛阳城下，朱鲔听说岑彭来到，吩咐将士停止进攻。

故人相见，皆感到格外亲切。

他们二人一个站在城上，一个站在城下，相谈甚欢，仿佛这道冰冷的高墙并不存在，两个人还和当年一起共事一般，没有生疏。

岑彭并没有忘记使命。

他对朱鲔说道：“我时常想着回报你当日的举荐之恩。如今，赤眉军已拿下长安，更始政权已注定失败。陛下恩德广布四方，百姓归心，天下贤才尽皆投诚。这种时候，你死守着洛阳，又有什么意义呢？”

朱鲔短暂地犹豫了下，便开口道：“我也曾有投诚之意，只不过，我曾参与杀害刘縯，与刘秀同朝为官时又曾挤对他，我实在是不敢投降啊。”

岑彭向朱鲔抱拳，表示此番心意一定向刘秀禀报。他随即快马加鞭回到刘秀帐中。

刘秀得知朱鲔的想法后，对着奔涌的黄河发誓：“如果朱鲔真的肯归降，我绝对不会计较之前的事情，还会为他加官进爵。”

岑彭再次来到洛阳城外。

朱鲔看到岑彭，命人从城墙上放下绳索，对他说道：“你若信得过我，就爬上来吧，我们当面商讨。”

岑彭毫不犹豫地沿着绳索爬上了洛阳城头。

由此，朱鲔也确信了刘秀招降的诚意。

五天以后，朱鲔命人将自己捆起来，与岑彭共同离开洛阳，面见刘秀。

刘秀亲自为朱鲔松绑，表示过往一切仇怨，既往不咎，又下令岑彭将朱鲔连夜送回洛阳。

第二天，朱鲔打开洛阳城门，率全部守军出城投降。

刘秀大喜，封朱鲔为扶沟侯。

至此，刘秀全军入驻洛阳，并以洛阳为首都，在此休养生息，整顿吏治，以准备同长安的赤眉军交锋。

邓奉，东汉将领，邓晨（刘秀二姐夫）之侄，曾保护过刘秀的妻子阴丽华及其家人，刘秀称帝后，被封为破虏将军。因吴汉纵兵劫掠百姓，邓奉驱逐吴汉，反叛刘秀。刘秀亲征，邓奉兵败，投降后被杀。

南征北战

公元26年，南方各地多股势力割据，百姓不堪其扰。

刘秀派遣部将吴汉讨伐叛军，没想到吴汉治军不严，汉军在南阳劫掠百姓，使刘秀的声望受损。这时，破虏将军**邓奉**正好请假回乡，看到自己的乡人被吴汉军队劫掠，一气之下被逼反叛，将吴汉赶出南阳，由此也成为光武帝的敌人。

岑彭与贾复、耿弇等人奉命讨伐邓奉，但未能取胜。

公元27年夏天，光武帝御驾亲征，结果在叶县遭到董䜣部将的偷袭，所幸岑彭及时救援，光武帝才转危为安。

后来，岑彭跟随刘秀追击邓奉，邓奉兵败投降。

光武帝考虑到邓奉本是朝中旧将，只因不得已的苦衷而背叛自己，于是想要赦免他的罪过。

岑彭和耿弇进谏光武帝，说："邓奉背弃皇恩，公然反叛，造成了大量不必要的伤亡，贾复身受重伤也由他而起。而当陛下亲征时，他仍然不思悔改。如今如果不杀邓奉，实在难以服众。"

由此，光武帝便杀死了邓奉。

光武帝回京后，另一割据势力秦丰在邓县面对岑彭的攻打，顽强自守，光武帝责怪岑彭行军不力。

岑彭急中生智，以调虎离山、围魏救赵之计打败秦丰。

由此，岑彭被光武帝封为"舞阴侯"。

公元32年，刘秀亲征陇右割据势力隗嚣，岑彭率军攻下天水郡，与吴汉一起将隗嚣围困在西城。隗嚣的军队被汉军打得闭门不出，再也不敢四处闹事。

既平陇，复望蜀，大意是：已经得到陇地，又希望得到蜀地，成语“得陇望蜀”由此而来，比喻贪得无厌。

随后，刘秀班师回朝，临行前写信告诉岑彭：“人就是这么不知足。如今我**既平陇，复望蜀**。每次亲征以后，我的头发胡须都要白很多。”

岑彭明白，困扰刘秀的两股势力，一是割据巴蜀

的公孙述；二是称霸陇西的隗嚣。现在，隗嚣已经被困，刘秀开始惦记着攻打公孙述了。

可是，隗嚣并未彻底失败。

岑彭观察了西城一带的地势，决定采用水淹的办法。

他叫士兵每人背上一个布袋，袋子里装上泥土，然后，将山中的水流堵住，引到西城。

不过，城内的地下水也汹涌而出，使得城墙内外压力平衡，反而没有坍塌。

双方僵持不下，隗嚣派人去向蜀地的公孙述求救，蜀军已经赶到。

岑彭见对方兵将众多，自己则粮草欠缺，便下令退兵。

隗嚣带领兵马一路追击，岑彭亲自断后，掩护汉军顺利东归，避免了损失。

六年时间，弹指即过，岑彭跟随光武帝四处征战，既参与平定荆襄地区，又参与平定陇西一带，立下赫赫战功。

他深知刘秀对自己一直寄予厚望，于是他等待着，等待着一个让他名震天下的良机，借以缔造出让他名垂青史的功业。

神兵天降

公元33年，割据巴蜀的公孙述派遣部将田戎等人占据江州、夷陵、荆门等地，并命人在江面上架起浮桥、斗楼，又在江面下立起巨大的攒柱，借以断绝水道，由此严防刘秀的水军。

公孙述又安排大军在江水两边的山上安营扎寨，借以守卫成都。

公元35年，刘秀任命岑彭为征南大将军，全权负责对巴蜀的征讨事宜。岑彭等将领调集兵士六万余人，会集荆门，准备出征巴蜀。

想要攻下巴蜀，首先需要解决的问题就是如何突破江面上的防御工事。

岑彭在军中以重赏召集敢死队，偏将军鲁奇应召。

鲁奇率勇士驾船逆流而上，直冲浮桥。战船被江中攒柱阻住，难以前行。鲁奇一面率军士死战，一面用火把焚烧攒柱，将浮桥和斗楼烧毁。

岑彭率全军，沿江水疾驰，进入巴蜀。

一路上，岑彭号令全军，不得惊扰百姓，不得接受百姓赠送的酒食，并四处传播刘秀的盛德。由此，巴蜀一带民心开始转向刘秀。

大军行至江州（今重庆市）城下，岑彭探听到田

戎粮草众多，判断短期内难以攻克江州，便留下冯骏围困江州，自己则引兵攻破平曲，收米十万石，为汉军补充足够的粮草。

此时，公孙述任命延岑等将领坚守广汉等地，严防死守岑彭攻入成都。

面对公孙述布下的如铁桶般坚固的防御工事，岑彭经过一番深思熟虑后，分兵通过水路绕回江州，然后绕道至黄石，大破公孙述部将侯丹以后又率军急行

巴蜀

两千余里，一举攻克武阳，然后派精锐骑兵进击广都，一直打到离成都几十里的地方，其势如疾风骤雨，势如破竹。

坐在成都城里的公孙述刚听说汉军攻下平曲，便立刻派大军前往迎击。

但他实在没想到，岑彭的动作居然这么快。

等到岑彭到达武阳，绕到延岑守军的后方时，整个巴蜀之地大为震惊，成都也由此暴露在了汉军的进攻范围之中。

公孙述大惊失色，以杖击地道："是何神也！"

夜间遇刺

岑彭驻扎在**彭亡**。他听到这个地名，心中有些不舒服，想要移营，但天已经黑了，就没有动。

此时，公孙述已经派来一个刺客。刺客谎称自己是逃亡之人，前来投降。

岑彭没有防备，结果在夜间被刺客杀死了。

光武帝接到岑彭的死讯之后，大为悲痛，赐谥号"壮侯"，由此，岑彭亦被称为"岑壮侯"。

公元60年，"云台二十八将"画像落成，岑彭位列第六。

彭亡，今四川省眉山市彭山区。

他的后人岑熙继承了他仁义爱民的风采，在出任魏郡太守的时间里，恪守为官之道，与民秋毫无犯，深受百姓的爱戴。

岑彭以严明的军纪、高尚的品性、宽厚的家风，受到后世人的景仰和传颂。

吴汉

功过参半

初出茅庐

吴汉，字子颜，南阳宛城人。

他曾在宛城出任亭长，这个职位相当于今天的派出所所长。吴汉的家境不至于太穷，但也仅够温饱那种。

王莽掌权时，身为亭长的他，家里宾客犯法，按律他须连坐，只是为了人身安全，他逃到了渔阳郡，隐姓埋名，在燕、蓟之间以贩马为业。

乱世中，马是一种重要的战略物资，而吴汉做生意的地方地处燕赵之地，那是一个猛士云集的地方。吴汉就在这样一个地方，一边卖着马，一边与各路豪杰结交。

他等待着，等待着让他脱颖而出的机会。

公元23年，刘玄称帝，派遣使者韩鸿巡视河北各州郡。

有人告诉韩鸿："吴汉是位奇士，你与他结交，可以图谋大事。"

韩鸿听罢，对吴汉有了兴趣，便派人将吴汉召来。

吴汉的才能很快赢得了韩鸿的器重，于是韩鸿以刘玄的名义委任他为**安乐县**县令。

没过多久，王郎在邯郸起兵，与刘玄争夺天下。而此时的刘秀也已经起事。

河北历来便是兵家必争之地，王郎、刘秀、刘玄都想在这里建立势力范围。

吴汉分析现状，估量形势的发展变化，认为刘秀仁义之名广布天下，相比混乱不堪、不得民心的更始政权、王郎政权，刘秀才是值得追随的人。

于是，他说服渔阳太守彭宠，带着亲兵一同到**广阿**投奔刘秀。

安乐县，今北京市顺义区西北。

广阿，今河北省邢台市隆尧县东。

同韩鸿一样，刘秀看出吴汉定非常人，非常高兴，委任吴汉为偏将军。

公元24年，吴汉参与了刘秀攻破邯郸的战役，因功被封为建策侯。

他为人质朴，虽然不善言语，但热心忠厚，与同僚相处得很融洽，邓禹等人对他的印象都很好。

后来，邓禹向刘秀举荐吴汉，吴汉成为刘秀的亲信，经常跟着刘秀出入军中。

这样一来，吴汉算是正式登上政治舞台了，在那个风起云涌的时代，他将大展身手。

河北扬名

为了应对越来越多的战事，刘秀打算在幽州征兵。他连夜同邓禹商讨："派谁去合适呢？"

邓禹不愧为吴汉的贵人，他说："吴汉为人勇猛，又有智谋，在军中大多数将领都不如他。"

于是，刘秀将自己的兵符交给吴汉，委任他为大将军，派他前往幽州征集兵马。

此时的幽州还算是更始帝的势力范围，幽州牧苗曾奉更始帝之命暗中阻挠吴汉的行动。

吴汉早已预料到苗曾必会阻拦，他在苗曾驻地

无终趁着苗曾还没有戒备时，就将其斩杀，俘虏了他的兵马。

随后，他将刘秀的盛名传给幽州各郡，各郡兵马皆来投诚，就这样，吴汉出色地完成了任务，带着大批兵马与刘秀会师**清阳**。

兵马数量与将军威名有着很大的联系，吴汉因此遭到同僚的嫉妒。

无终，今天津市蓟州区。

清阳，今河北省清河县东南。

同僚看着吴汉带着这么多的兵马回来，都对刘秀说吴汉不一定肯将兵马全部派发。

然而，忠厚老实的吴汉立马将新兵名单上交给刘秀，并表示任由刘秀分配。

刘秀大喜，顺带调侃了其他将领。

此后，吴汉作为刘秀的亲兵，多次随刘秀冲锋陷阵，出生入死。

在刘秀平定河北的大小战役中，他身先士卒，勇猛之名传播三军，获得了同僚的一致认可。

尤其在刘秀攻陷**邺城**的战斗中，吴汉利用反间计，成功将邺城拿下，并杀死了刘秀的大敌谢躬，立下了大功。

邺城，今河北省临漳县。

公元25年，刘秀称帝，吴汉在群臣的举荐下，被刘秀封为大司马，成为全军统帅，并被赐号舞阳侯，至此，吴汉的大名传遍天下。

邓奉之乱

公元26年，吴汉率军在邺城东漳水上扫平了作乱的**檀乡军**，并趁势收编部众十余万人，刘秀非常高兴，封他为广平侯。

檀乡军，新莽末年河北起义军的一支。

当时谁也没有想到，这是吴汉最后一次被赐封，即便后来他立下了更加宏伟的功绩。

短短几年时间，吴汉从一个马贩子变为统率三军的大将，如此高的成就来得太快了，他开始变得骄纵，而接连的战争又使他从原本忠厚质朴的性格变得暴虐无常。

他在南阳郡屯兵时，治军无方，又纵兵劫掠百姓，致使民怨沸腾。

这时，同僚邓奉恰好在南阳郡内，而这里也是邓奉的家乡。看到吴汉军队暴行，邓奉非常生气，率领乡民奋起反抗，将吴汉赶出了南阳郡。而邓奉自己也成了刘秀的敌人。

但如此一来，好不容易安定下来的南阳郡战火重燃，刘秀失去了邓奉这一重要干将，威严大大折损。而接下来发生的一切，更是他从没想到的。

为了尽快解决南阳郡的战乱，刘秀派遣岑彭率领**朱祐**、贾复、耿弇等将领，在南阳郡与邓奉交战，结果出乎所有人的意料。

邓奉的军队战斗力极强，他将岑彭军队杀得落花流水。

不仅如此，此战以后，朱祐被俘虏，贾复重伤，部队伤亡惨重，刘秀再次损兵折将。

朱祐，字仲先，东汉开国名将，“云台二十八将”之一，自幼与刘秀相识，跟随刘秀起兵，参与平河北、围洛阳、镇压起义等战争，官至建义大将军，封鬲侯，后病逝于家中。

公元27年，刘秀亲征南阳郡，终于，邓奉兵败投降。考虑到邓奉之乱源起吴汉，刘秀本想令邓奉将功补过，但是，因为邓奉之乱造成的恶劣影响实在太大，为了给军队树立威信，刘秀不得已斩了邓奉。

邓奉之乱中，吴汉深知自己的过失，他没有参与同邓奉的交战，而是选择在关东各地巡视。

他率众击破多股农民军，只希望能将功补过。

他虽靠着机智与勇猛将关东各郡的农民军尽数扫除，但是邓奉反叛由他而起，汉军伤了元气。在接下来对陇右隗嚣的军事行动中，汉军屡屡受挫，为此，吴汉也招来很多非议。

成都功过

公元35年，吴汉接到光武帝的命令，随同征南大将军岑彭自荆州入蜀，讨伐公孙述。

起初，岑彭用兵如神，在巴蜀地区很好地震慑了敌人，岑彭也将光武帝的恩德在巴蜀传播，为刘秀政权初步招揽了民心。

遗憾的是，岑彭被公孙述派人刺杀。无奈之下，光武帝命吴汉接过了领军的重担。

公元36年，吴汉率军与公孙述大将魏党、公孙永在鱼涪津展开了遭遇战。

吴汉取得了此战的胜利，又乘胜追击，相继拿下了武阳、广都。

加上前期岑彭的功劳，如此一来，公孙述最后的阵地——成都，近在眼前。

在吴汉接管大军时，刘秀曾告诫吴汉："成都兵马众多，又是一个天然堡垒，不可轻视。如果他们坚守不出，你必须吸引他们出城交战，然后消耗他们的军队力量。但一定要记住，绝对不可以强攻成都！"

然而，吴汉已经被胜利冲昏了头脑，也或许是同僚岑彭的死让他对公孙述极为痛恨，他不顾刘秀的告诫，任命**刘尚**在岷江之南屯兵，随时准备战斗，自己则带领两万先锋军进攻成都。

刘秀听说以后，大惊失色，立马传信阻拦吴汉。

然而，已经来不及了。

刘秀的顾忌是对的，成都像是一座堡垒，吴汉的进攻并不顺利。

更要命的是，他被公孙述派出的军队绕后，截断了退路，于是刘尚的军队无法支援。

紧接着，吴汉又被公孙述部将谢丰率军围住并打败。

征战多年，吴汉深知此时已是胜败的关键，他终于清醒了。

他知道公孙述麾下部众的顽强，成都确确实实无法强攻，于是，他与诸将奋力突破包围圈，返回广都，与刘尚会合。

刘尚，汉朝宗族子弟，初为郡县地方官，后任大司马吴汉的副将，逐渐成为独当一面的大将，官至武威将军，参加了平定隗嚣、公孙述的西征，多次平定西北羌族和西南夷等叛乱，后在沅水阵亡。

他上书刘秀，自我检讨的同时，询问了刘秀接下来该如何行军。刘秀表示必须等到公孙述军队困乏时，才能击破。

接下来，吴汉不再强攻成都，他命人将成都重重包围，使成都变为孤城，公孙述不得不多次出兵，但都被他打败了。

公孙述终于成了强弩之末，面对吴汉、刘尚等大军的围困、进攻，他选择赌上全部家当，不成功，便成仁！

公孙述亲自率军冲出成都，与吴汉军队在城外展开最后决战。

火光连天，双方杀伐不绝，风云为之变色。

混战中，吴汉部将高午勇猛异常，在万军之中打伤了公孙述，公孙述终于兵败如山倒，好不容易撤回了成都，终因伤势过重，永远地闭上了双眼。

公孙述一死，成都守军再无一战之心。公孙述部将**延岑**下令，开城投降。

至此，汉军在付出极大的伤亡之后，进入了成都。

因为征南大将军岑彭殉职，吴汉成为了汉军征讨巴蜀的第一功臣。

然而，对于吴汉而言，十年前的邓奉之乱没有让他吸取教训，他纵兵在城中大肆劫掠，所到之处，百姓皆遭杀戮。更过分的是，他命人将公孙述、延岑全族尽数诛杀，将公孙述行宫全部烧毁。

延岑，字叔牙，初归降更始帝，后割据自立，自称武安王，被刘秀大将冯异击败后，依附公孙述，继续对抗汉军。公孙述死后，延岑向汉军投降，被汉军大将吴汉杀死。

巴蜀

刘秀非常生气，他将吴汉谴责了一番，并将他在巴蜀的所有行动定为功过相抵。

只是，被吴汉这么一折腾，巴蜀地区对光武政权始终怀着莫大的怨恨。

公元42年，蜀郡守将史歆在成都获得拥戴，率兵谋反。虽然此次反叛终究没有造成太恶劣的影响，而且还是被吴汉平定的，但归根结底，吴汉对此次祸乱具有不可推卸的责任。

空余遗恨

公元44年，吴汉病危。

在病床上，吴汉反思了自己的一生，终究是流下了悔悟的泪水。

征战大半生，他造了太多不必要的杀业，遥想之前去世的寇恂、冯异，甚至是被刺杀的岑彭，他们将因为宽容仁慈而被世人铭记，因赫赫战功而流芳千古，而自己却犯下了无法挽回的罪恶。

光武帝刘秀亲临探望，问他是否有后事需要交代。

他沉默良久，终于哽咽着说道："老臣愚昧无知，只愿陛下不要轻易赦免天下的罪人。"

刘秀没有治他的罪，或许是希望他通过反思认识到自己究竟罪在何处吧。

终于，吴汉在悔恨交织中闭上了双眼。

吴汉死后，刘秀唏嘘不已，这是一个军功等身，但却罪恶深重的部下。如今，他已死去，如何评价他的一生呢？

想来想去，他赐吴汉谥号为“忠侯”，对于他的赫赫战功不做表彰，对于他的重大过失不做批评。

只不过，对于他的葬礼，刘秀效仿前朝**霍光**死时的规格，这也算是对吴汉的最后恩宠吧。

公元60年，“云台二十八将”画像落成，吴汉位

霍光，西汉权臣、政治家，骠骑将军霍去病异母弟、汉昭帝上官皇后的外祖父，官至大司马大将军。他秉政二十年，遵循法度，一丝不苟，使国力得到一定恢复。

列第二。

后世史家论及吴汉的生平，皆肯定了他为光武帝立下的赫赫战功。只不过，在征讨公孙述的战争中，同样是统军将领，岑彭因用兵如神、待民宽厚，死后在巴蜀一带被百姓立庙祭祀，代代传颂；而这一切，对于接替岑彭执掌领军大权的吴汉而言，却是他无法拥有的殊荣。

盖延

命运无常

拥立明主

盖延，字巨卿，渔阳郡**要阳县**人。

要阳一带，自古便有尚武风俗，当地人都从小学习武术。盖延受地域文化熏陶，练就了一身好武艺。

成年后的他，身高八尺，擅长骑射，能轻松拉开三百斤重的长弓。

要阳县，今河北省滦平县西北。

公元23年，天下大乱。更始政权摇摇欲坠，王郎割据邯郸，企图趁乱夺取天下。

一身武艺的盖延在好友吴汉的劝说下，随吴汉一同前往广阿，投入刘秀的军中。

得知盖延的出身，刘秀大喜，任命盖延为偏将军，赐建功侯。此后，盖延随同刘秀四处征讨，平定河北。

公元25年，刘秀称帝，盖延因军功受封虎牙将军。

在刘秀建立基业的初始阶段，盖延虽作为刘秀的亲信，但他被邓禹、寇恂、冯异、吴汉等人的光芒所掩盖，并没有独自建立多么耀眼的功勋。

但颇具识人之能的刘秀，给了盖延第一次独自领兵作战的机会。

公元26年，刘秀封盖延为安平侯，命他率军拿下敖仓、酸枣县和封丘县。

盖延不负厚望，成功完成了使命。

由此，他向刘秀证明了自己同邓禹、寇恂一样，是大将之才。

刘秀非常欣慰，恰逢**刘永**割据**睢阳**，企图争夺天下。于是，刘秀将攻克睢阳的重任交给了盖延。

刘永，汉朝宗室，东汉初年割据军阀之一，被更始帝刘玄封为梁王，建都睢阳；此后独立，攻占二十八城，与张步等军阀联合，占据东方；更始帝败后，刘永自称天子；后被汉将盖延、吴汉围攻，出逃后，被部将斩杀。

睢阳，今河南省商丘市。

这是极大的信任与鼓励，盖延领命，向刘秀保证定不辱命。

他率领马武、**刘隆**、王霸等部将，集结大军，浩浩荡荡前往睢阳。

刘隆，字元伯，东汉开国元勋，“云台二十八将”之一，西汉宗室；早年投靠更始帝刘玄，之后投奔刘秀，身经百战；东汉建立后，南平江淮，西讨巴蜀，平定交趾叛乱者，律己守法，官至骠骑大将军，封慎侯。

战睢阳

刘永割据睢阳，自称“天子”，他虽有汉朝宗室后裔的身份，但在那个天下大乱、人心思变的时代，一个人的声望只能靠他的人品才能来获取。

显然，刘永并不像刘秀那样德高望重，睢阳城中的刘永，并没有获得多少政治声望，麾下自然也没有足够的战力。

所以，面对盖延大军的进攻，刘永只能龟缩在睢阳城中，眼看着盖延一路高歌猛进，轻松夺取了自己为数不多的领地。

没过多久，盖延已率军围住了睢阳城，睢阳城也因此变为了一座孤城。

正当盖延打算强攻睢阳之时，**苏茂**反叛的消息传来了。

盖延得知后，先是一愣，继而冷笑数声。

苏茂是朱鲔的部将，朱鲔则是更始帝的部将，长期据守洛阳，给刘秀的军队造成了非常大的损失，后因岑彭从中调解，扭转局面，朱鲔率部投降，苏茂也在那时归入汉军阵营。

刘秀承诺朱鲔既往不咎，苏茂也得以在朝中任职，但洛阳一战造成的损失依旧让刘秀的大多数部将

苏茂，东汉将领，为更始帝刘玄麾下讨难将军，后投降光武帝刘秀，不久，又背叛光武帝，投靠梁王刘永，拜大司马，封淮阳王。刘秀多次攻打苏茂，苏茂投奔军阀张步，随后被张步杀死。

耿耿于怀。

如今，刘秀已称帝，天下尚未统一。各部将本应同心协力，为皇帝打下万里江山。但苏茂因受同僚排挤，心有不快，仗着自己手握重兵，不服从朝廷的管理，公然反叛，投靠了睢阳城内的刘永。而刘永，又是汉军的劲敌。这让盖延非常不满。

盖延将目光投向睢阳城，他紧紧握住双拳，暗自发誓，此战必不负刘秀所托。

“苏茂、刘永，新仇旧恨，我们就在这睢阳城一起了结吧！”他内心如此想着。

黑云压城，旌旗猎猎，盖延目光如刀，神色越发坚毅。

他深信，睢阳城，这必是他扬名立万的地方。盖延冷静分析当下局势，料定刘永和苏茂即使联手，对于声势正旺的刘秀政权，也不过是螳臂当车。

他再次将目光投向睢阳城，想到了一个计谋。

盖延深知：战争，不但需要勇猛的军士、足智多谋的将领，也需要足够的物资储备。所以，他计划尽最大努力为刘秀保存战力，毕竟眼下是刘秀统一天下的关键时期，就算强取了睢阳，如果自己的军士损伤太多，那就得不偿失了。而睢阳已经是一座孤城，本就没有强攻的必要。

于是，他下令全军严阵以待，同时每日督促操练军队，等待着睢阳不攻自破。

盖延的判断十分准确。几个月后，睢阳城内粮食短缺，军心涣散。又因为盖延的围困，无法得到外面的支援。

盖延看准时机，命人将睢阳城四面郊区的成熟麦子尽数收割，他深信，刘永再也无法坚守睢阳了。

果然，刘永为求生存，亲率为数不多的将士冲出了睢阳城。

盖延等的就是这一刻，长时间的以逸待劳奏效了，他率领军队不费吹灰之力便打败了刘永。

刘永丢盔卸甲，不顾睢阳城内家属，狼狈逃到**谯县**，盖延一路追击，刘永的势力越发微弱。

这时候，依附刘永的苏茂坐不住了，他伙同刘永另两位部将周建、佼强，率军三万前来救援刘永。

盖延丝毫不惧，他等的就是苏茂，这个朝三暮四的叛徒，早已成为了盖延必须击溃的目标。

他率军与苏茂大军在**沛县**西部展开大战，面对来势汹汹的三万大军，盖延军队同样势如猛虎，取得了压倒性的胜利。

至此，刘永没了外援，只得放弃江南所有领地，远远逃往**湖陵**，苏茂也因战败逃往**广乐**。

虽然盖延此行志在收复睢阳，但对刘永终究没有赶尽杀绝，毕竟刘永有着汉朝宗室的身份。

他原以为，将刘永击溃，赶出睢阳即可，他也确实做到了，但是睢阳城内尚有刘永的亲信与刘永暗中联络。

公元27年，刘永暗自返回睢阳，与城中家眷、

谯县，今安徽省亳州市。

沛县，今江苏省徐州市沛县。

湖陵，今山东省鱼台县东南。

广乐，今河南省商丘市虞城县西北。

亲信等接头，再次占领了睢阳城。

盖延颇感意外，他内心想着："既然你再次送上门来，那就别想回去。"

他故技重施，率军围困睢阳上百日，睢阳城又一次陷入粮食短缺、军心大动的困境。

历史重演，一切都像同一个剧本安排好的那样，刘永再次率军出城企图逃走。

这一次，盖延再没有留情，率军将刘永打了个落花流水，刘永在逃亡无路的情况之下，被其部下杀死。

而睢阳城内，刘永之弟刘防也随即向盖延送来降书。

至此，睢阳城彻底平定，盖延威震天下，他创下了跟同僚邓禹等人同样卓著的功业。

山东大败

公元28年，为了巩固刘秀对南方的统治，盖延率军继续横扫安徽、江苏一带。

刘永的残部苏茂、周建、董宪等人皆被盖延重创，并相继被赶到了山东一带。

没过多久，董宪的部将贲休在**兰陵城**向刘秀称臣，此时董宪驻军郯（tán）县，听说贲休投降刘秀，

兰陵城，今山东省临沂市兰陵县兰陵镇。

十分愤怒，集合残存兵马围住了兰陵，誓要除之而后快。

盖延奉刘秀之命，与同僚庞萌合兵一处，前往兰陵县救援贲休。

刘秀建议盖延采取围魏救赵之计，先攻取董宪的大本营郯县，如此，兰陵县必然脱困。

由于盖延担心贲休在董宪的围困下无法坚持太久，于是没听从刘秀的建议，率急行军赶往兰陵。

他认为，董宪曾是自己的手下败将，此行必定马到成功。

然而，他错了。

董宪吸取了当日盖延击败刘永的经验，在兰陵县城外将盖延的急行军击溃，赢得了胜利。

盖延这时才醒悟过来，他收起了轻敌之心，明白刘秀的建议是对的，于是他率军前往郯县，想尽快拿下郯县，以此解救兰陵。

然而，局势瞬息万变，战场并没有给盖延第二次机会，刘秀得知一切之后，判断盖延已经错失良机，郯县无法被攻克，兰陵已危在旦夕。

结果真如刘秀所料，盖延部众因异地作战，长途奔走，战斗力损耗了大半，无法在短时间内拿下郯县。

结果兰陵失守，贲休被杀，董宪部众的战力得以增强。

兰陵之败，是盖延军旅生涯中的一次重大失误，他还没缓过神来，同僚**庞萌**又自认为受到刘秀的猜

庞萌，东汉将领，初被更始帝刘玄任命为冀州牧，又归降光武帝刘秀，任侍中。庞萌谦逊和顺，但因怀疑光武帝不信任他，而反叛朝廷。光武帝大怒，亲自讨伐，庞萌逃入朐县，因粮尽，率数十名骑兵连夜离开，路上被杀。

忌，突然率众造反，趁着盖延尚未整顿军队时予以偷袭，给了盖延全军毁灭性的打击。

庞萌的突然袭击，极大地击溃了盖延的雄心，他虽在奋战中成功突围，转危为安，但他的部众大多死去。

这些跟随他南征北战的将士，如今大多成为了白骨，被黄沙掩埋。

叹息中，刘秀不得不对他大加责备，毕竟，如果盖延一开始便听从刘秀的安排，兰陵之败必然可以避免，庞萌即使造反，也不会造成如此重大的损失。

随后，刘秀御驾亲征，率领吴汉等名将击败了庞萌、董宪的势力，盖延因罪，功过相抵，再没有被刘秀安排率军出战。

公元30年，他奉命屯兵长安，为刘秀驻守大本营，同时也在等待着再次出征的机会。

壮志难酬

公元35年，刘秀打算收复蜀地，此时蜀地属于公孙述的势力范围，考虑到公孙述部将的强大，刘秀派出岑彭、来歙（xī）、吴汉三位大将，率军踏上征途。

这次行动中，盖延奉命，归入来歙麾下。

终于等到了再次征战沙场的机会，他渴望再次取

来歙，字君叔，东汉将领，刘氏王室姻亲，更始帝时，任小吏，不被信任；更始帝败后，投靠光武帝刘秀，拜太中大夫，此后多次出征；后进攻蜀地公孙述部将，半路遇刺身亡。

得亮眼的成绩，借以报效光武帝。

他在**来歙**的部署下，奋勇杀敌，最终同来歙一起击溃了由公孙述的部将王元、环安率领的蜀军。

然而，上天再次给盖延开了个玩笑，来歙居然被公孙述派遣刺客杀害。

盖延目睹身受致命伤的来歙，失声痛哭。

或许，他的哭声中，也包含着对于命运无常的无奈吧。

来歙临终前表示了不能继续为光武帝尽忠的遗憾，拜托盖延执掌来歙部众，继续他未完成的事。

盖延虽然答应了来歙的嘱托，终因同僚惨死的巨大悲痛而重病缠身，光武帝无奈，只得将盖延召回。

没多久，吴汉在蜀地靠着惊为天人的战术威名远扬，公孙述死去，成都被吴汉攻破，蜀地被光武帝接管，盖延再次错失了报效朝廷的良机。

长安城内，重病缠身的盖延仰天长叹：天意弄人！

公元39年，盖延去世。

自山东败绩以后，光武帝依旧让他领兵，即使在他病重回朝后也拜他为左冯翊，但他十年间再没有立下任何重大战功，这对于一代名将而言，实属落寞至极。

公元60年，皇帝赐封“云台二十八将”，盖延名列第十一，盖延倘若在世，得知自己享如此殊荣，想必会感慨“命运无常”吧！

耿弇

志存高远

临淄之功

公元29年，光武帝刘秀走出洛阳行宫，率亲兵亲自前往临淄。

他知道，临淄正在上演一场大决战，无论胜负，他都要到场。胜了，他就直接参加庆功宴；败了，他就接替前方将领，完成对方没完成的壮举。

还没到临淄，前方战书送到，临淄一战，汉军大胜。

刘秀意气风发，很快就到达了临淄，接受群臣的觐见，为胜利的将士举行庆功宴。

宴会上，觥筹交错，群臣相乐。刘秀举起斟满酒的青铜酒杯，向着这场宴会的真正主角说道："当年**韩信**在此地为高祖开出万世基业，如今，耿将军你同韩信一样，立下了同等的功劳。更何况，韩信袭击的是已经投降的敌人，而你击败的是更为彪悍的敌人，韩信之功实在比不上你。当初，你在南阳为我献上奇策，我曾认为这个计策难以完成，但我忘了一个道理：有志者事竟成！只要有坚定的毅力和远大的志向，有什么事是做不成的呢？"

刘秀看着众位将士个个英武不凡，再也抑制不住胸中豪气，继续说道："耿将军的威名一定会被万众所景仰！"说罢，他将杯中浊酒一饮而尽。

韩信，西汉开国功臣，早年曾寄人篱下，受胯下之辱；农民起义爆发后，投靠刘邦，横扫魏、赵、代、燕、齐诸国，参与垓下之战等著名战役，获封楚王；因功高震主，被汉高祖刘邦贬为淮阴侯，后被吕后与萧何杀死于长乐宫。

得到了陛下至高无上的认可，被唤作“耿将军”的人激动万分，他同样干了杯中美酒，高呼：“天佑大汉！”

此人不是别人，正是被刘秀赐封“好畤侯”的建威大将军——耿弇。

胸怀大志

耿弇，字伯昭，父亲耿况与王伋（jí）是同学，而王伋又是新朝皇帝王莽同宗的弟弟，由此，耿况具备了极为丰富的政治资源，后来顺利被王莽任命为上谷太守。

耿弇自小聪明好学，他经常跟着父亲学习**老子**

老子，姓李，名耳，字聃，春秋时期思想家，道家学派创始人，与庄子合称“老庄”；曾担任周朝守藏室之史，以博学而闻名，孔子曾专门向他问礼。春秋末年，天下大乱，老子弃官归隐，骑青牛西去，至函谷关，受关令尹喜之请著《道德经》。此书对中国哲学史具有深刻影响。

所著《道德经》，视野开阔，头脑机敏。

此外，他还经常跟着同乡的长辈学习骑射与兵法，可谓文武兼备。

公元23年，绿林军攻入长安，王莽被杀。之后，刘玄称帝，是为更始帝。

耿况由于曾是王莽的亲信，时常担心被更始帝排挤。耿弇知道了父亲的心思，决定亲自带着贡品前往长安，朝见更始帝，以免去父亲的担忧。

当他走到宋子县时，听说王郎在邯郸自立为帝。

王郎自称是汉成帝的儿子，名为刘子舆。耿弇的随从孙仓、卫包信以为真，打算投奔王郎。

耿弇冷笑着对他们说："王郎，流贼而已。等我到了长安，请求更始帝发兵将这帮人全部击败。你们二人不清楚天下大势，离死不远了。"

紧接着，长安动乱，耿弇因路途受阻，又听说了刘秀正在卢奴，他一番思索，决定绕道到卢奴，拜见刘秀。

此时的刘秀尚未与更始帝为敌。耿弇前来拜访，刘秀便热情接待了他。

看着这位虽初出茅庐但眼神异常坚毅的年轻人，刘秀判断耿弇绝非常人。

果然，交谈中，耿弇说："邯郸有异动。将军可以派出亲信朱祐带领兵马，将邯郸流贼王郎击败，以此作为基地。"

刘秀听罢此言，笑着说道："小小年纪便有如此大志，实在是不容易。"

这一年，耿弇二十一岁，如果在今天，还是大学没毕业的孩子。然而自小便文武兼修的耿弇，这个年纪已经胸怀天下，有了大志向。

此次会面，成为耿弇与刘秀君臣之缘的开始。

随征河北

公元24年，耿弇回到上谷郡昌平县，成功说服父亲耿况归附刘秀。

耿况经过一番思索，决定派属下上谷郡功曹寇恂前往渔阳，约时任渔阳太守的好友彭宠一起发兵，如此，双方会师后便能更加顺利地与刘秀会合。

于是，耿况派耿弇和寇恂、景丹率上谷郡的兵马，与彭宠部下吴汉所率的渔阳郡兵马成功会师，并一路南下。

一路上，他们相继打败了几批王郎的部众，并将沿途王郎的地盘全部夺下，然后，在广阿追上了刘秀。

这时，刘秀也正发兵与王郎交战，看到故人前来，还带着大批生力军，非常高兴。

就此，耿弇正式投入刘秀的麾下。

有了耿况、彭宠派来的将士，刘秀的军队战斗力大大增强，很快，邯郸城被攻破，刘秀的声望得到了极大的提高。

如此一来，远在长安的更始帝刘玄开始担心刘秀成为他的威胁。刘玄发出诏书，封刘秀为萧王，并命令刘秀立即罢兵，带领麾下将士回到长安城。

同时，更始帝任命苗曾为幽州牧，韦顺为上谷太守，蔡充为渔阳太守，企图瓦解刘秀在河北一带的势力。

刘秀接到了刘玄的诏书以后，内心明白，他已经成为了更始帝的心腹大患。

当晚，刘秀在邯郸王郎的行宫里难以入睡。

这时候，殿外传来响动，刘秀命人将殿门打开后，耿弇急匆匆地走了进来。

耿弇早已猜到刘秀今晚必定彻夜难眠，所以，他趁着夜深人静时夜访刘秀。

主从二人行过礼后，耿弇开门见山地说道："更始政权混乱不堪，朝廷没有作为，百姓的日子也过不下去，连刚推翻没多久的王莽政权都比不上。如今赤眉军、铜马军等流贼并起，都想要争夺天下。可是，这大好江山岂能不姓刘？我们平定了河北，你又有宗室身份，声望早已超过了刘玄。四方百姓都盼着有一位明君，将军如果能够起兵，那么天下百姓必定会来支持你、投靠你。我听说长安方面命令将军罢兵，将军千万不要听从！"

听着这位二十来岁的年轻人有理有据的陈述，刘秀陷入了沉思。

良久，他开口道："按照现在这个情况，如果立马与刘玄为敌，我担心战斗力不够。"

耿弇再次抱拳道："我愿前往幽州一带招兵买马！"

刘秀终于下定决心，正式与更始帝为敌。他拜耿弇为大将军，并拜托他与吴汉一起前往幽州征集兵马粮草。

耿弇出色地完成了任务，并与吴汉约定，由自己暗中杀死韦顺、蔡充，吴汉则将苗曾的头颅割下。

就此，更始政权更加摇摇欲坠。

此后，刘秀的声势日益增强。而耿弇也因为过人的胆识和魄力，成为了刘秀的亲信，随同刘秀在河北一带东征西讨，击破了多股农民军，为日后刘秀称帝奠定了扎实的基础。

南阳奇策

公元25年，耿弇因功被刘秀赐封建威大将军。

紧接着，耿弇与同僚景丹、陈俊合作，在敖仓击破了长期困扰洛阳的流贼，于是在公元26年被赐封"好畤侯"。

公元27年，耿弇再立战功。他在穰（rǎng）县率军赶走了前来挑事的延岑部众，并俘虏了五千兵

马，再次为汉军增加了有生力量。这使刘秀距离彻底平定天下的日子越来越近了。

此时，曾经的同僚彭宠因为受人挑拨，拥兵自立，自称燕王，涿郡太守张丰起兵响应。

耿弇击败延岑部众以后，跟随刘秀来到了南阳郡舂陵乡，借机觐见，提出了“定彭宠于渔阳，取张丰于涿郡，还收富平、获索，东攻张步，以平齐地”的战略。

这是一个非常宏大的战略构想。富平、获索，指的是北方地区的农民军。张步自王莽末年起便占领了山东一带，是刘秀统一大业中必须面临的劲敌。

如果刘秀要夺下张步的领地，必须先解决彭宠、张丰的部众，再消灭富平、获索两支农民军。

如果顺序打乱，以张步的见识，若与彭宠、张丰等人联手，那么刘秀在山东的扩张必定难上加难。

君臣二人一番商议以后，刘秀接受了这个计划。

公元28年，刘秀下诏命令耿弇攻取渔阳。因为渔阳太守彭宠是耿弇的父亲耿况的好友。为避免光武帝猜忌，耿弇上书请求暂驻洛阳，由其他同僚征讨彭宠。

刘秀此时表现得极有明君风范，他亲自下诏，表示君臣一体，相互信任，交代耿弇不必为了避嫌而放弃征讨彭宠，让他暂且与王常一起驻扎在涿郡，再商量下一步的谋略。

于是，在接下来的时间里，耿弇在获得刘秀极大

祭遵，字弟孙，东汉名将，“云台二十八将”之一；少爱读书，曾为县吏；投奔刘秀后，执法如山，平定渔阳，讨伐陇蜀，协助刘秀开创东汉，任征虏将军，封颍阳侯。

信任的前提下，勇猛奋进，大大挫败了彭宠部众，又与同僚**祭遵**、刘喜合作，彻底瓦解了张丰的势力。

紧接着，公元29年，耿弇与吴汉合作，将富平、获索两支农民军击败。

由此，时机成熟，到了进攻张步的时候了。

用兵如神

张步定都**剧县**，占据齐地，企图争夺天下。

为了应对耿弇的征讨，他派大将军费邑屯兵**历下**，又分兵屯**祝阿**，又在泰山钟城列数十座军营。

耿弇得知张步的部署，深知遇到了强敌。

经过反复思索，他决定先攻取祝阿，再利用祝阿的逃兵拿下钟城。

一切照计行事，祝阿的逃兵影响了钟城守军的士气，钟城守军纷纷狼狈逃跑，于是耿弇不战而胜，顺利夺取了钟城。

然后，耿弇采用“声东击西”的计谋，扬言下一步将攻打巨里，成功引诱费邑带兵前来。

耿弇以逸待劳，在巨里城外设伏兵，极为轻松地打败了前来救援巨里的费邑部众，并斩杀了费邑，不费吹灰之力便拿下了巨里。

由此，张步的势力范围大大缩小。

张步决定破釜沉舟，他派出重兵驻扎在临淄，又派自己的弟弟张蓝率领精兵二万驻守临淄西北的**西安县**。

耿弇再次声东击西，扬言下一步将进攻西安县，然后率领急行军马不停蹄地前往临淄，以勇猛无比之

剧县，今山东省寿光市南。

历下，今山东省济南市东南部。

祝阿，今山东省德州市齐河县。

西安县，今山东省淄博市临淄区西北。

势，仅用半天时间便拿下了临淄。

张蓝深知耿弇锐不可当，为保全所剩不多的兵马，他率亲军回到了剧县。

临淄是剧县最后一道门户，耿弇拿下了临淄，逼得张步不得不与之决战。

张步经过一番深思，决定写信向汉军叛将苏茂求救。然后，为了保存剧县，他亲自率领大军前往临淄，打算趁着耿弇部众的补给还未运来，将耿弇一举拿下。

耿弇先示敌以弱，再次以逸待劳，引诱张步大军深入临淄腹地，然后亲自率领亲兵与张步展开正面交锋。

这是一场惨烈无比的攻防战，敌我双方都铆足了劲。

激战中，耿弇被飞矢射中，身负重伤，张步的部众也受到极大的损失。

当晚，被伤痛困扰的耿弇得知刘秀已在前来临淄的路上，他奋力从病榻上坐起，对副将**陈俊**说道："陛下马上就要到了，我们应该设一个庆功宴迎接。难道我们要让陛下亲自跟这群反贼交战吗？"

将士们受到耿弇的鼓舞，士气再次高涨。第二天

陈俊，字子昭，东汉名将，"云台二十八将"之一；初为县中小吏，后跟随刘秀参加攻打起义军、平定关东等战争，任强弩将军、琅邪太守等职，封祝阿侯。

清晨便主动集结向张步部众发起了又一波进攻。

于是，又是一整天的大战，张步终于支持不住，他的手下大半战死，可谓元气大伤，灰头土脸地率领残部逃回了剧县。

平寿县，今山东省潍坊市西南。

几天后，刘秀来到临淄，设宴慰劳耿弇大军。

庆功宴以后，耿弇整顿大军，以风卷残云之势进攻剧县，张步心知大势已去，放弃了剧县，逃往**平寿县**。

此时，苏茂率军前来救援，得知张步被打败，只能叹息，深知齐地必然不保。

后来，张步为求活命，杀死了苏茂，向耿弇递出投降书。

至此，山东一带归入汉朝的版图。

自公元27年起，耿弇严格按照在南阳定下的谋略，一步一步，将洛阳以东全部地区的流贼、割据势力彻底清扫，为刘秀统一天下做出了巨大的贡献。

流芳千古

公元36年，刘秀终于统一天下，安稳地坐在了洛阳皇宫内。

这一年，耿弇之父耿况病逝，耿弇及诸位兄弟获得了光武帝极大的恩宠。

公元37年，天下安定，因再无征战的必要，耿弇交出了大将军印绶，仅仅以“好畤侯”的身份入朝参政。

光武帝对耿弇信任有加，每每遇到难以决策的时

候，都会下诏让耿弇入宫，专门听取他的意见。

公元58年，耿弇安详地闭上了双眼，与世长辞，享年五十六岁。

耿弇少年好学，青年立志，以过人的智慧和胆识拥护刘秀，就此开启了波澜壮阔的名将生涯。

他征战大半生，以极高的军事才能定下南阳之谋，为刘秀确立了平定王朝以东的英明方针，他在山东以出神入化的战术，将“南阳之谋”彻底实现。

有志者事竟成，汉语成语。耿弇攻克祝阿后，光武帝刘秀夸奖他：“从前你在南阳曾请求平定张步，我当时以为你口气太大，恐怕难以成功，如今才知道，有志者事竟成啊！”

他经历大小数十场战役而未尝一败，为后世贡献了“**有志者事竟成**”的名句。

耿弇以高潮迭起的传奇经历，鼓舞着一代代青年学子：人生一世，应该要志向远大，有自己的人生目标，并为之勤奋努力。

铫期

猛士无双

急中开路

公元23年，王郎在邯郸称帝，企图争夺天下。

这年冬天，刘秀路过**蓟县**，王郎发出檄（xí）文，命人捉拿刘秀。蓟县作为王郎的势力范围，刘秀由此陷入困境。

蓟县，今天津市。

刘秀听到风声，觉得此时孤军在外，不适合同邯郸方面正面交兵，于是决定紧急率部撤出蓟县。

有趣的是，刘秀为人仁义的事迹早就传遍了四方，蓟县也不例外。所以，在撤离过程中，蓟县的居民为了一睹刘秀的风采，纷纷前来观望，一来二去，把刘秀一行人围了个水泄不通。

前来缉拿刘秀的部队必然不远，偏偏刘秀一行人被蓟县人堵在了大路中间，寸步难行。

急迫间，只见刘秀部众中一位身材高大的将军纵马急速冲到人群边，然后勒马停住。

战马嘶吼，马上之人英气非凡，以不容置疑的语气命令路上的行人让开。

虽说此时的刘秀还没有皇帝身份，但听到这位将军不容置疑的命令，百姓即便不知道发生了什么事，也都自觉地让出路来。

捉拿刘秀的檄文早已传到了蓟县，守门之人紧闭大门，企图拦住刘秀。间不容发之际，又是刚才那位开路的将军，纵马冲出，率左右侍卫强行破门。

就这样，刘秀在整个蓟县百姓的注视中，率部威风凛凛地走出蓟县，往**信都郡**方向奔去。

信都郡，今河北省衡水市冀州区。

路途中，刘秀对开路的部下笑道："次况，你刚才可真是大胆啊！"

"次况"就是铫（yáo）期的字。

脱颖而出

铫期是颍川郡**郏（jiá）县**人。史书上说他"长八尺二寸，容貌绝异，矜严有威"，大意是个子很高，容貌出色，仪表矜持威严。铫期的父亲铫猛是**桂阳郡**的太守。在今人眼光看来，铫期是一个妥妥的"高富帅"。

郏县，今河南省郏县。

桂阳郡，今湖南省南部。

铫期的父亲铫猛去世以后，铫期服丧三年。在那个天下动荡的年代，铫期的举动，为他赢来了乡里乡亲的称赞。

后来，刘秀率部路过颍川郡时，听说了铫期的事迹，非常赏识他，认为此人是个人才，于是将铫期纳入麾下。

当时的刘秀并没有想到，这是一位日后为他立下

赫赫战功的猛将。

在蓟县，铫期的果敢表现让刘秀刮目相看。

此时的刘秀已经有了问鼎天下的雄心，铫期的行为使得刘秀开始意识到，此人日后一定会有一番大作为。

所以，当刘秀到达信都郡后，刘秀一边着手准备与邯郸王郎的战事，一边任命铫期为邓禹的裨（pí）将，吩咐邓禹暗中考量铫期。

邓禹同样因为铫期在蓟县的表现而对他青睐有加。一番思量之下，邓禹命铫期外出征兵。

铫期接受了任务后，在房子县为刘秀征来了数千兵马。

刘秀得知后大喜，当即命令铫期率军攻取真定、宋子，铫期顺利地完成了任务，后又顺带拿下了乐阳、槁和肥累等地。

如此一来，刘秀的势力范围得以扩大。铫期为刘秀对抗王郎积累下了雄厚的资本，就此在英才云集的刘秀麾下崭露头角。

血战四方

公元24年，刘秀开始进行夺取邯郸的计划。

这年三月，刘秀率大军来到巨鹿城，打算趁势拿下巨鹿。

巨鹿是邯郸的重要门户，一旦拿下巨鹿，邯郸即是孤城。

王郎也判断此刻巨鹿的形势迫在眉睫，派出麾下猛将倪宏、刘奉率精兵前来救援。

刘秀决定暂时不强攻巨鹿，他亲自率领铫期、**景丹**的部众，在巨鹿城外迎击邯郸的援军。

任命谁率领先锋军迎击敌方大军的第一波攻势呢？刘秀陷入了沉思。

景丹，字孙卿，东汉开国功臣，“云台二十八将”第十位；早年游学长安，颇有学识；更始帝时，任上谷郡长史，又跟上谷太守耿况归顺刘秀，授偏将军；参与灭王郎、平河北、镇压流民军等战争，拜骠骑大将军，封栎阳侯，后病逝于任上。

铫期果断走到刘秀的面前，表示自己愿意作为先锋军，为巨鹿一战立下首发之功。

于是，刘秀任命景丹为预备队，隐藏在巨鹿城外树林中，命铫期率领数千步兵为先锋军。

倪宏、刘奉收到王郎的死命令，必须将巨鹿城保住。

面对来势汹汹的援军，铫期丝毫不惧，他率亲信部队高呼着冲向敌阵，麾下士兵看着主帅如此勇猛，士气高涨。于是，一场在巨鹿的大战就此拉开序幕。

两军交锋，刀光剑影，血肉横飞，厮杀声、惨叫声、兵刃碰撞声不绝于耳。

这是一场惨烈的攻防战，双方大军铆足了劲，誓要将对方兵马尽数抹杀。

激烈的混战中，铫期亲自杀死了数十人，自己也负伤多处，尤其额头上的伤势最严重。然而，他并没有因伤退出战斗，依旧纵马突击，他浑身带血，左右砍杀，气势十分勇猛。

倪宏、刘奉的军队看着他四下杀伐，惊叹中被吓破了胆。

景丹看出敌方气势已然受挫，他判断时机成熟，果断率预备军从林中杀出，突袭敌军左翼。

早已自顾不暇的敌军终于溃败，四散奔逃。

铫期、景丹联军，获得了这场大战的首次大胜利。

巨鹿成为了刘秀的囊中之物，被轻易拿下。

巨鹿失守，邯郸成为强弩之末，后被刘秀率军攻下，王郎被杀，这个乱世枭雄就此结束了他的政治生涯。

而铫期因为灭王郎一战的亮眼表现，被刘秀拜为虎牙大将军。

拿下邯郸以后，铫期独自面见刘秀，说："河北一带，自古便是兵家宝地。如今王郎覆灭，更始政权不得民心，将军何不据此大好山河，顺应百姓的心声而登上帝位呢？"

刘秀笑道："看来，你在蓟县的作为就要见效了。"

拿下邯郸以后，河北一带的农民军成为了刘秀的主要威胁。此时，数十万铜马军在河北一带的活动越发猖獗（chāng jué），铫期再次奉命征讨。

在与铜马军的大战中，铫期再次化身修罗，即便双方兵力差距悬殊，他依旧亲自上阵，大杀四方，后在刘秀的支援中，铜马军被严重挫伤。

紧接着，铫期以负伤之身，跟随刘秀征讨青犊军、赤眉军，交战时依然奋战在最前线，被他亲自杀死的敌人不计其数。

至此，河北一带的农民军被铫期的神勇彻底吓破了胆，河北各地相继被平定。

刘秀在山呼“万岁”中登上帝位，铫期也因卓著的战功，被封为安成侯。血战四方，一将功成。

魏郡风云

公元25年，汉军攻下邺城，斩杀了更始政权的将领谢躬，趁势占据了魏郡。

考虑到魏郡刚刚依附，郡中豪强人心不稳，刘秀任命铫期为魏郡太守，主持魏郡大小事宜。

此时，魏郡中有许多因遭受灾害而流亡到这里的人，他们偷抢百姓的东西，百姓不堪其扰，更始政权在魏郡的残存势力依然盘根错节，更始部将卓京密谋在邺城起兵反叛。

铫期到任以后，仔细审视了眼下的局势，他判断魏郡诸豪强对更始政权还抱有幻想，于是他立刻发兵征讨卓京。

在将卓京部众打败以后，他又在繁阳县、内黄县将檀乡贼、五楼贼等流民尽数剿灭。

由此，魏郡得到了初步的清平，太守铫期得以扬名。

解决了更始残存势力和主要的流贼以后，铫期开始整治魏郡中不肯效忠刘秀的豪强。他把目光投向了魏郡的督盗贼——李熊。

督盗贼是一郡之内主管巡察禁防盗贼、流寇事宜的官员。铫期做出判断，李熊作为郡中的豪门大族，而魏郡百姓长期受流民侵扰，必然与时任督盗贼之人有千丝万缕的联系。

果然，有人向铫期告密，说李熊之弟李陆勾结檀乡贼残存势力，企图争夺魏郡。

此时，铫期展示出了非常高超的政治手腕。

他对这样的告发置之不理，表示当下应以安抚为主。

后来，秘密告发李陆的人越来越多，铫期终于命人将李熊带到了自己的面前。

面对铫期这样一位在战场上杀伐果断的人，李熊磕头认罪，表示自己老母亲尚在，愿以自己和母亲两人的性命来赎罪。

铫期亲自将李熊扶起，他非常坦诚地对李熊说道："如果阁下认为在朝为官不如在外为流寇，那么，请你带着自己的母亲去投奔你的弟弟吧。"

紧接着，他派人为李熊准备马车，示意李熊可安稳出城，自己绝不阻拦。

面对铫期的仁德，李熊感动得无以复加，他出城后找到弟弟李陆，严厉训斥了一顿后，将李陆绑到了铫期的面前。

听闻铫期此前对李熊的处置以后，李陆羞愧难当，当即自刎。

铫期大发感慨，命人将李陆厚葬，并表示不再追究李熊一家的罪责，依然命李熊担任督盗贼。

就这样，铫期凭借高明的政治手段，软硬兼施，在魏郡树立了威信，使得魏郡全郡向新生的大汉政权彻底归附。

公元29年，刘秀巡视魏郡，看到此处百姓安居，政治清明，对铫期大加赞赏，他将铫期调回朝廷，任命他担任太中大夫之职。

不久之后，刘秀又命铫期担任卫尉，负责处理宫廷禁卫军的事宜。

自始至终，铫期都是刘秀最得力的干将。

忠侯长风

无论在首都还是在各郡为官，铫期始终把信义当作为官之本。

起初，他跟随刘秀逐鹿中原，在战场上杀伐决断，不怒自威，但在行军打仗之外，他从不劫掠百姓，赢得了全军上下的尊敬。

公元29年以后，他进入洛阳为官，依然没有忘记为人臣的义务。他心系朝廷，每当刘秀有了过失，他必然直言进谏。

某天，刘秀想悄悄带侍卫离开皇宫巡视各县，铫期听说了以后，在皇宫门口拦住了刘秀所乘的马车。

他叩首言道：“我经常看到史书上说，变乱往往在不经意间产生，我实在不愿看到陛下如此轻率地出行啊。”

看着眼前叩首的铫期，刘秀仿佛看到了当年蓟县为自己开路的铫期，白云苍狗，世事变化，铫期一如当年，忠心护主。

刘秀再没有说什么，下令回宫。

公元34年，铫期病逝。

刘秀大为悲痛，他亲自为铫期盛殓。

看着棺木中铫期枯黄的面容，刘秀感慨万千。

昔日同自己征战四方的部下相继离世，刘秀双目含泪，将铫期的谥号定为“忠侯”，以此肯定了铫期一生的功业。

如果要为东汉初年的将领做一个排名，铫期在勇猛方面绝对名列前茅。无论是在巨鹿迎击邯郸援军，还是在随后征讨河北一带流寇时，他都亲自奋战在死亡边缘，即使身负重伤，依然肩负起了将军的责任。

在史书上，每次读到关于他的征战行动时，必然能看到他身负重伤而越战越勇、奋勇杀敌的英姿。

铫期无愧于猛将本色。后来，“云台二十八将”画像落成，铫期位列十二，他的名将之风，与世长存。

王霸

疾风劲草

初识刘秀

公元22年，刘秀在宛城起兵，打着“复高祖之业，定万世之秋”的旗号，正式与王莽新朝决裂。

当刘秀率军路过**颍阳**时，侍卫来报：“前方有人自称来自长安，请求面见将军。”

长安是刘秀之前求学的地方。当时，刘秀结识了不少有识之士，“难道此刻求见之人是当年的故人吗？”刘秀心下疑惑，当即吩咐侍卫，将此人召来。

只见一位年轻人带着若干随从来到了自己面前，很快，刘秀便确定来的人当中没有一个是曾经认识的。

颍阳，今河南省许昌市西。

只见为首的年轻人向自己躬身行礼，然后不卑不亢地说道："晚生名为王霸，听闻将军起兵，晚生不自量力，同诸位门客前来拜见，希望加入您的队伍！"

看着眼前仪态不凡的年轻人，刘秀当即颔首，他问道："你来自长安？"

对方说："是，受我父亲的引荐，去长安学习。在求学期间听闻将军的仁德，所以心生向往。"

刘秀瞬间生出亲切之情，回答道："我自始至终都渴求着贤能之士，希望同他们共同开创辉煌的功业。欢迎你的到来！"

知遇之情

王霸，字元伯。王莽当政时，王霸的父亲担任颍川郡决曹掾，这是主管司法事宜的官员，受此影响，王霸从小就表现出对律法的兴趣。

他的父亲觉得王霸是个可造之才，便将王霸派到都城长安中游学。

长安是王朝的首都，也是天下人才交汇的地方。王霸在此处游学时，不经意间听闻了一个名字：刘秀。

这是一位名扬长安的王室中人，虽然这时的刘秀早已家道中落，但他游学长安时留下了盛名。

王霸在同学们对刘秀的赞叹中结束了求学生活，并在心中下了一个决心：总有一天要认识那位传说中的人物。

于是，当刘秀起兵后路过颍阳时，王霸喜出望外，率领自己的门客前往投靠，并全程参与了随后的昆阳之战，随大军一同击败了王莽的大军。

就此，王莽新朝覆灭，刘秀返回宛城，在更始帝的麾下做事，王霸便回到了故乡。

临别前，二人相约，日后必定会合。

王霸并没有等太久。刘秀被更始帝任命为司隶校尉，再次路过颍阳。王霸听到消息，当即对父亲表示，希望父亲随自己一起归附刘秀。

父亲面对着热情高涨的儿子，沉静地说道："我已经老了，军旅生活不适合我。现在是你们年轻人的时代了，你去吧，好好跟着刘将军。为父这边你就不用操心了。"

王霸含着泪，告别了父亲，再次与刘秀见面。

这次的故人相见，刘秀非常高兴，将王霸留在了身边。

随后的数月间，跟随王霸依附刘秀的宾客渐渐转投了其他的人，刘秀得知此事后，与王霸进行了一番叙旧。

言谈之间，二人回顾了昆阳之战前的相识，如今虽没有过去太久，但刘秀的境遇有了翻天覆地的改变。

感慨中，刘秀对王霸说道："当初在颍阳投靠我的那帮人都走了，只有你留了下来。努力吧，**疾风知劲草**！"

只有在狂风肆虐的时候，才能辨别出生命力强劲的苗草。这是刘秀对王霸的殷切期盼，也是日后王霸为官一生的真实写照。

疾风知劲草，汉语成语。"疾风"指猛烈的风；"劲"指强劲有力，大意是只有经过疾风的考验，才会知道什么是劲草，也指危险和困难往往能够真正考验出一个人的意志和品质。

智勇仁义

公元24年，王郎在邯郸拥兵自立。此时更始政权动荡不安，天下到处是流民、贼寇，王郎在邯郸起兵，很明显，他是想做天下共主。

王郎称帝后，得知刘秀正在蓟县，立刻发布檄文，企图捉拿刘秀。

刘秀一行人在铫期的帮助下，撤出了蓟县。而四方传言王郎派出的追兵也已赶到了蓟县。于是，一行人加快速度前往信都郡。

途中，他们即将路过滹沱（hū tuó）河，侦察兵禀告刘秀，说前方水流湍急，并且没有船只借以渡河。

前无退路，后有追兵，刘秀一行人开始恐慌。

刘秀沉吟片刻，叫来王霸，说道：“你再去前方探查一下。”

此时正是严冬，万物萧瑟，寒风凛冽。王霸与刘秀早已有了默契，二人心照不宣，想着眼下之急必须稳定军心。

于是，他一番视察后，返回刘秀身前，说道：“河水已结冰了，可以渡河。”

刘秀大笑道：“侦察兵果然在乱说。”

于是，一行人振奋精神，继续上路，等到了滹沱河边，奇迹发生了，河水当真结了厚厚一层冰。刘秀当即下令全军快速渡河。

或许冥冥之中自有天意，等到刘秀一行人渡过滹沱河后，河面上的冰融化了。如此一来，就算后方有追兵，也无法追上来了。

刘秀笑着对王霸说道：“全靠你，才让我能安心度过此劫。”

王霸笑道："这是上天有感于您的仁德，所以才让我们有如此的好运气啊！"

刘秀心生豪气，对诸位将士宣告道："王元伯的权宜之计确保了我们的安危，这是上天的保佑！"

随后，刘秀一行人来到了信都郡，与这里的大部队会合，随即准备攻打邯郸。

刘秀率大军前往巨鹿，在铫期、景丹的得力辅佐下打败了邯郸方面派出的援军，拿下了巨鹿，邯郸成为孤城。

随后，刘秀率众攻破邯郸城，王郎趁夜逃出邯郸城。

王郎本以为刘秀大军会因为连战连捷放松戒备，没想到，王霸早已被刘秀吩咐等在了邯郸城外。当看到王郎的残军时，王霸跃马追击，顷刻间追上了王郎，然后手起刀落，王郎就此身首异处。

王霸将缴获的王郎的印绶交给了刘秀，刘秀十分高兴，封王霸为王乡侯，命他率军与自己共同征战河北各地。

自公元22年王霸投靠刘秀以后，数年行军间，王霸并没有表现出太亮眼的军事才能。即便王郎是由他斩杀的，但相比在巨鹿大战中的铫期、景丹，王霸的功绩也稍显逊色。

但王霸在领军途中，极度爱护自己的士卒，每场战争过后，凡是他麾下的士兵，战死的他亲自装殓，负伤的他亲自照护。他虽没有勇冠三军，但因朴实和仁爱获得了全军的爱戴。

公元25年，刘秀称帝，考虑到王霸的仁爱与温厚，拜王霸为偏将军；公元26年，刘秀又封王霸为富波侯。在王霸的身上，彰显着一股“仁者无敌”的风采。

垂惠之战

公元27年，东汉王朝的劲敌刘永覆灭。刘永的部将苏茂、周建立刘永之子**刘纡**为梁王，在**垂惠**拥兵据守。

刘纡，汉朝宗室梁王刘永之子，刘永败亡后，自称梁王，割据一方，被刘秀大将王霸、马武打败，后被部下高扈杀死。

垂惠，今安徽省亳州市蒙城县北。

公元28年秋天，刘秀任命王霸与马武率军两万余人进攻垂惠。

此时，垂惠由周建镇守。王霸与马武考虑到汉军现有的有生力量不多，打算闭营固守，收清粮食，围困敌人。敌人无法攻进阵地，既不能立足，也抢不到物资，到时候，垂惠就不攻自破了。

只是，就连王霸和周建都没想到，这么一围，就围了七个月。

汉军由于补给充足，倒是愉快地在垂惠城外过了个年，只是城内的刘纡确实叫苦不迭，毕竟城中粮食不足，甚至出现人吃人的局面了。

此前，苏茂正在寻求各地割据势力的支持，听闻汉军的行动后，顿感大事不妙，他集结起四千大军，

马武，字子张，东汉军事将领，“云台二十八将”之一；初归顺更始帝刘玄，后归顺刘秀，南征北战，功勋卓著，又驱逐羌军，使羌人再也不敢犯边，曾任捕虏将军，封“杨虚侯”。

急匆匆地向垂惠赶来。

苏茂听说了垂惠被围困后，决定要掐断汉军的补给线，以此扰乱汉军军心。

于是，他派出了自己的精锐骑兵，前去抢夺**马武**的军粮。

马武得到消息，心下大乱，不顾原本的计划，居然亲自率军救护粮草，结果被苏茂前后夹击。

而马武又指望着王霸会派出援军救援自己，所以交战中没有用上全力，就此军心涣散，马武部众被苏茂击败。

马武率军回撤，路过王霸的军营时，他派人向王霸求救。王霸判断此时苏茂来势汹汹，正是士气大盛的时候，没必要与他死战，于是不理睬马武的求救。

王霸的部将都劝说王霸出击，王霸说道："苏茂的军队战斗力很强，马将军本应与我对等，却不顾原定计划，才有了现在的局面。马将军看到我拒绝出兵救援，为求自保，一定会奋勇杀敌。而垂惠守军看到我们没有动作，必定会打开城门与苏茂会合。所以，我们只需趁着敌军会合疲惫之时，一举将他们打败。"

后面发生的事果然与王霸所说分毫不差。

周建率军冲出垂惠，与苏茂会合，马武率军全力冲杀，周建、苏茂的军队气势受挫，王霸派遣自己的精锐部队冲向战场，与马武军队一同将敌人打败。

第二天，周建、苏茂集合残部，冲到王霸阵前挑战。

王霸的部将又请求出战，王霸拒绝了。

他说："敌军现在已经消耗了太多力量，根本无法与我们打持久战。如此挑衅不过是想一决胜负而已。我们要懂得不战而屈人之兵，这才是战场上最高明的智慧。”

王霸命令自己的部众在阵中饮酒作乐。周建、苏茂见王霸并不应战，只得无奈退往垂惠。

此时巨变突起，垂惠城在王霸、马武的围困中，民心躁动，进而走向了彻底的崩溃。

周建的侄子周诵赶走了刘纡，打开垂惠城门，向汉军投降。

周建、苏茂见状，明白此处已再无争夺的可能，率军撤走。

王霸依靠准确的判断，料敌先机，以极低的代价完成了刘秀的嘱托。

边关岁月

公元37年，更始政权的残存势力卢芳与匈奴、乌桓等部族联合，侵扰汉王朝北部疆界，当地百姓由此愁苦不已。

光武帝刘秀下诏，命王霸领囚犯六千多人，北上与边境处的杜茂会合，然后修整飞狐道，借以防范匈奴、乌桓的掠夺。

王霸自**代县**开始，直至**平城**，与**杜茂**合力筑起三百多里长的飞狐道。

在此塞外之地，大漠孤烟，长河落日，王霸站在王朝的边境之上，看着远处橘红色的落日缓缓沉入黄沙深处。

代县，今河北省蔚县东。

平城，今山西省大同市。

杜茂，字诸公，东汉名将，“云台二十八将”之一，跟随刘秀平定河北，辅佐刘秀建立东汉；曾任骠骑大将军，封参蘧乡侯。

他听着那百年前便诞生的歌谣："失我焉支山，令我妇女无颜色；失我祁连山，使我六畜不蕃息。"意思是"失去了我们的燕支山，使我们的妇女无胭脂；失去了我们的祁连山，我们的牲畜怎能繁衍"。

一时间，他的心中不禁生出无限苍凉之感。

这首歌原本是匈奴人唱起来的，汉人将它翻译成了汉语，就此传唱汉朝边境。可见，天下百姓，无论什么民族，对于战争的憎恶与对和平的向往都是同样的。

"但愿眼前这条飞狐道，能够拦住前来扰乱我朝边境的敌人吧。"王霸内心这样想着。

他早已有了预感，这绵长的边境线，这千里黄沙的边关，就是自己一生的归宿吧。

事实果然如此。

自公元37年起，王霸在边境任职二十余年。他将后半生完全献给了王朝的边防事业。

二十余年中，他与匈奴、乌桓等军队屡次交战，为汉军培养出了强力的边防将士，为王朝的安稳、边境百姓的安定做出了无与伦比的贡献。

后来，南匈奴、乌桓相继归附汉朝，王霸殊荣加身，于公元54年被光武帝下诏封为淮陵侯，可谓实至名归。

公元59年，王霸病倒了，塞外风沙终于吹倒了这位王朝的名将。

他最后一眼看向飞狐古道的方向，那是自己后半生的心血，他希望这条古道能长存于世，将前来攻城略地的蛮夷永远挡在王朝的门外。

王霸，这位东汉名将，后来位列“云台二十八将”第二十三位！

邓禹

一生高义

云台第一将

公元60年，汉明帝刘庄登上云台阁，看着脚下巍峨的宫阙，天色苍茫，清风送爽。

他不由得想起了先皇——光武帝刘秀。这位必将被万世交口称赞的开国君主，他一生征战四方，创下无数丰功伟绩，开一代皇家基业。

在父皇的领导下，有着无数仁人志士，历尽艰险，众志成城，为父皇恢复汉家天下立下了汗马功劳。

想到这里，他心念一动，吩咐身旁的人道：“我

要在此阁中，挂上为父皇立下杰出功绩的诸位将军的画像。”

正所谓“天子无戏言”，皇帝金口一开，皇宫中要悬挂功臣的画像，对于画中之人，包括其整个家族来说，都是莫大的殊荣。

帝国的画师立刻领命，着手准备绘画事宜。

突然，他心念一转，恭敬地向皇帝行礼，问道：“请问陛下，第一张应该画谁？”

汉明帝思索良久，看着远去的流云，轻轻说了一个名字：邓禹。

一生相随

公元2年，邓禹出生在南阳新野。

他十三岁就能诵读《诗经》里的篇目，并被家里人送到千里之外的长安接受更好的教育。

多年后的他，回首这段离家求学的经历，一定会感谢他的家人。因为这一年，他在长安认识了同样在此游学的刘秀。

少年即能诵读《诗经》的邓禹，已具备非凡的见识，而刘秀那不同于常人的英武之相，让邓禹产生一种莫名的钦佩感。

他确信，眼前这浓眉大眼之人，绝非池中之物。于是他与刘秀结下了深厚的友谊。

公元23年，天下豪杰并起，酝酿着一场翻天覆地的变动。邓禹听闻刘秀带兵在河北活动，果断前往投靠，二人相会于邺城。

看着远道而来的故人，刘秀很高兴，情难自禁，他故意说道："你专程到我这里，想必是来谋求一官半职的吧？"

面对老友的热情，邓禹淡淡地回答道："不是。"

刘秀又问道："那你过来做什么？"

邓禹继续从容地说道："我希望能效忠你，帮助你成就大业。"

听到这句话，刘秀会心一笑，当年长安城中的小弟，如今同样还是知己。

在这急需用人的节骨眼儿上，邓禹的到来，对刘秀而言是莫大的欣慰。

邓禹进一步对刘秀言道："如今更始政权早就已经没有了威望，天下豪杰四起，形势瞬息万变。你虽有辅佐王室的功劳，但这种王室终究难成气候。不如你招揽英雄，顺应民心，以此创立同汉高祖一样的伟业，进而拯救天下苍生。以你的才能，一定能干一番大事业的！”

刘秀看着眼前意气风发的朋友，进一步深信：天下大势，尽在我手！

名震关西

邓禹的到来，大大提高了刘秀部众的战力。没多久，王郎在邯郸建立赵汉政权。邓禹受刘秀之命组建急行军，攻克乐阳县。

后来，刘秀麾下另一部将盖延在清阳被铜马军打败，邓禹接到消息，率军支援，击破铜马军。

除了强大的军事能力，作为刘秀的左膀右臂，他还为刘秀举荐了诸多人才，所推荐的人都能很好地完成分内之事。

公元24年，刘秀任命邓禹为前将军，率精兵两万越过太行山，意图夺取关中。

公元25年正月，邓禹攻破箕关进入河东郡，进而围攻**安邑**，一连几个月都没能攻下。

此时，更始皇帝命大将军樊参领精兵数万前来支援安邑。

邓禹丝毫不惧，勇往直前，他亲自率队在解南迎击樊参部众。

安邑，今山西省夏县西北。

王匡，东汉绿林军首领之一，拥立刘玄为更始帝，更始帝封他为比阳王；后被更始帝猜忌，便投靠赤眉军，后又转投刘秀，但半路上打算逃跑，被刘秀手下将领杀死。

刀光剑影，黄沙漫天，邓禹以少胜多，不但打败樊参部众，还斩杀了樊参。

至此，更始政权彻底认清了邓禹的名将之实，命**王匡**、成丹、刘均等合军十余万，攻打邓禹。

邓禹同样不惧，率军与敌方大军交手。一整天下来，邓禹军队被重创。

邓禹的军师韩歆由此劝说道："我们不如趁着天黑撤军，敌军远道而来，实力很强大，千万不要与对方硬碰。"

这个时候，邓禹的军事天赋彻底显露。他仔细分析了眼下的局势，认定王匡等人的军队属于临危受命，如此奔命必定会消耗大量体力。所以，他们只需稍作休整，以逸待劳即可。

敏锐的洞察力是成为名将的必然条件。果不其然，第二天，敌方的军队停止了猛攻，于是邓禹重新调整队伍配置，等候着反攻的时机。

第三天清晨，当微风吹过，朝阳初升时，敌方将领王匡已经等不了了，毕竟君命在身，需要他在最短的时间内打败大敌。他亲率全部军队，向着邓禹的军营狂奔而来。

望着眼前尘土漫卷以及气势汹汹的大军，邓禹下令，任何人不得妄动。

八百米，五百米，四百米……

到了，终于到了，邓禹大手一挥："击鼓！"

如雷的鼓声瞬间响起，邓禹麾下所有兵士于此刻如虎狼一般冲向敌军。

局势瞬间逆转，王匡大军被邓禹击溃，他本人率亲卫部队逃走，又被邓禹追击，斩杀数员部将。

至此，河东郡一带被纳入刘秀的势力范围。

此时，刘秀已在鄗邑称帝，邓禹立下此战功，刘秀授予他大司徒印绶，并封他为酂侯。

夏阳，今陕西省韩城市南。

如此重大的胜利并没有让邓禹沾沾自喜，他继续前进，率军占领**夏阳**，赶走了前来挑事的更始中郎将左辅都尉公乘歙。

这个时候，长安剧变。赤眉军攻破长安，在城内到处掠夺，十分残暴，四方百姓苦不堪言。

而邓禹治军极严，所到之处不仅不扰民，更在一路行军中对路过的百姓予以照顾，就此留下了仁义之名。

于是，各地百姓纷纷归入邓禹治下，邓禹名震关西。

将无常胜

这时候，邓禹的部众提议，攻取长安。敏锐的洞察力再次使邓禹作出准确判断。

他说："如今我部队的人数虽多，但有作战经验的人并不多。何况，战争不是一天就能打完的，如果没有足够的物资保障，绝对不可轻易行动。赤眉军刚刚占领长安，必然财富充实，士气锐不可当。"

面对部下的疑惑，他不无自信地继续说道："然而他们只是一群乌合之众罢了，哪里坚守得了长安？上郡、北地、安定三郡，地广人稀，谷物牲畜充足，

我们可夺取这些地盘后养精蓄锐。”

就此，邓禹大军进入栒邑，伺机而动。

然而，邓禹对长安城的判断虽然很准确，但他却低估了整个关中的混乱程度。

长安被赤眉军攻下以后，整个关中的局势再次天翻地覆，延岑趁机在三辅地区割据。

刘秀见此局面，下令邓禹尽快攻取长安。可邓禹因为过于谨慎，他一味秉持养精蓄锐、徐徐图之的战略谋划，只出兵前往上郡，命部将冯愔、宗歆坚守栒邑。

让他始料未及的是，冯愔、宗歆二人不和，在数次争权夺利中他们终于反目，冯愔杀了宗歆，并率军进攻邓禹。

邓禹面对左右夹击，预感到大事不妙，坚守阵营的同时派心腹向刘秀求救。

刘秀对着前来问计的人询问道：“平时冯愔在军中同谁关系最好？”

对方回答道：“黄防。”

刘秀便招降了黄防，命黄防抓捕了冯愔。邓禹终于转危为安。

公元26年春天，刘秀改封邓禹为梁侯。这时，赤眉军败走长安，邓禹终于率军进入长安。

长安是前朝的都城，虽然饱受战火，但是仍不失帝都气象。邓禹祭祀了汉高祖，并派人将前朝十一位皇帝的神主带给远在洛阳的刘秀。

此时，关中三辅地区在延岑的占领下民不聊生，邓禹渴望尽快为刘秀创下霸业。但他急于求成，在没有充分准备的情况下，和延岑在蓝田交战，无奈实力差距悬殊，邓禹被击败。

罕见的失败让邓禹一时乱了心智。这时，汉中王刘嘉向邓禹投降，刘嘉的部下李宝为人傲慢，邓禹居然将他斩首。如此一来，李宝的弟弟将原本李宝的兵士召集，再次反叛，邓禹的得力部将耿䜣也被杀了。

连遭两次反叛，邓禹的威望大大折损，军心由此动摇。

更不幸的是，赤眉军再次进攻长安，此时的邓禹大军再也不是当年的虎狼之师，他再一次被打败，而且是被流寇打败后被赶到了高陵。

在高陵，邓禹的残军没有足够的粮食，士兵们都吃枣子度日，由此军队战斗力再次降低。此后的邓禹，虽有心再次为刘秀夺取领地，但都没能如愿。

邓弘，东汉将领，官至车骑将军。公元27年，邓弘与赤眉军大战，赤眉军假装战败，丢车而逃。车上装着豆子，邓弘的士兵苦战一日，饥饿难忍，争抢豆子充饥。赤眉军趁机返回，邓弘军死伤惨重。冯异和邓禹联合救助，方才救下邓弘残部。

公元27年春，赤眉军放弃长安，前往渑池。邓禹判断这是彻底击败赤眉军的良机。他率军前往湖县，邀请冯异共同迎战赤眉军。

冯异认为此时赤眉军还有足够的战斗力，不能强攻。

但邓禹求功心切，他派出**邓弘**率部与赤眉军大战整日，被赤眉军用计打败，邓禹、冯异合力救下邓弘残部，邓禹再次失去理智，擅自出击，结果又被赤眉军打败，这次他败得很惨，混乱中只带着二十四人逃回宜阳。

连续几次的失利大大伤害了邓禹的身心，他内心难安，主动交出了大司徒、梁侯印绶。

只不过，数年的沙场征战到底锻炼出了他的韧劲，他等待着，等待着一雪前耻的机会。

名将不灭

公元28年，延岑企图再次进入关中。邓禹敏锐地意识到，这是他雪耻的机会。刘秀仍然完全信任邓禹，他命邓禹率领邓晔、于匡出击。

双方在顺阳遭遇，仇人见面，分外眼红。

此刻，名将的热血再次燃起，邓禹率大军击溃了延岑部众，又亲自带人追赶逃窜的延岑，他太渴望用一场胜利来证明自己了，于是拼命追击，追到了武当。

延岑彻底被打残，灰头土脸地退回了老巢汉中。

自冯愔反叛后，数年间邓禹再无辉煌战功。但即使如此，刘秀仍对他给予了充分的信任，这一次，他做到了。正所谓在哪里跌倒，就在哪里爬起。

“延岑，这一次，是我赢了！”邓禹班师途中，看着满地的敌军尸首，终于笑了。

公元37年，天下彻底平定，刘秀加封功臣，封邓禹为高密侯。

公元56年，邓禹跟随刘秀巡视山东，到泰山筑坛祭天。

邓禹站在泰山之巅，看着齐胸而过的流云，回望半生征战，胜败皆是自己的经历，他看着前方高台上刘秀魁梧的身影，一如自己十三岁那年在长安见到的少年。

公元57年，光武帝刘秀与世长辞，灵堂上的邓禹望着故人的棺椁，心想：到了谢幕的时候了。

同年，太子刘庄即位，是为汉明帝。他深知邓禹是先帝一生的朋友与部下，对邓禹极度尊重，他拜邓

禹为太傅，每日朝见时请邓禹站在东向，这是极高的尊崇。

公元58年，一生征战消耗了邓禹的精力，他病倒了。大病中，皇帝数次亲自探望。他看着眼前年轻的君主，恍然间又看到了自己十三岁时在长安见到的刘秀的场景，随后，他安详地闭上了双眼。

这一年，邓禹五十七岁，汉明帝赐谥号为元侯。

公元60年，汉明帝在云台阁下令为追随先帝立下战功之人临摹画像。邓禹居其首，加上后面皇帝钦点的二十七人，画像悉数画成后，皇帝命人将二十八幅长期挂于云台阁，是为“云台二十八将”。

作为最早追随刘秀的一批人之一，邓禹一生征战四方，虽有败绩，但功勋卓著。

张奂

急流勇退

危机四伏

公元104年，北匈奴派遣使臣来到洛阳，为在位的**逢侯单于**请求和亲，希望再现一百多年前呼韩邪单于迎娶王昭君的历史，与汉朝重修于好，并得到汉

逢侯单于，北匈奴末代单于，原为南匈奴贵族，后被北匈奴人拥立为单于，在西河郡叛乱，被汉军打败。逢侯单于逃出塞外，迁到朔方郡，多年以后，再度归汉。

朝的保护。

毕竟，这时的北匈奴部族，可谓势单力薄。

自从公元前52年呼韩邪单于归附汉朝以来，匈奴人经过一百年的风云变幻，于公元48年分化为南匈奴和北匈奴两派，双方一直内斗不绝。东汉王朝趁着他们内斗，运用外交和军事手段，进一步折损了两派匈奴人的实力。这期间，长期与汉朝交恶的北匈奴成了汉军重点打击的对象。

公元89年，窦宪率军出塞，猛烈进攻北匈奴，大批北匈奴人往西迁至阿尔泰山附近。

北匈奴为求生存只得向南匈奴投降。

公元94年，北匈奴降部不满南匈奴侯鞬单于的统治，立逢侯为单于，再次与南匈奴决裂。

汉和帝趁此机会，派遣邓鸿率四万大军出征，又一次将北匈奴打了个落花流水。此后，北匈奴再次西迁，彻底远离东汉疆域。

如今，汉和帝看着突然冒出来请求和亲的北匈奴使臣，哭笑不得。他懒得与这帮人纠缠，以“礼数不周”为理由，将使臣打发走了。

公元105年，逢侯单于再次派遣使者来到敦煌进献聘礼请求和亲，告知当地太守，说自家部落因连年征战，积蓄不够，无法拿出齐备的和亲聘礼。

这一次，他们希望将单于的儿子派入洛阳，侍奉大汉天子，以求得汉朝的庇护。

这时的东汉王朝由邓太后临朝称制。掌权不久的邓太后不想多生事端，看在北匈奴两次远道而来的面子上，赏赐了大批财物。

当然，一个来自塞外的单于的儿子，她觉得实在没有意义，便再次拒绝了北匈奴使臣的和亲请求。

使臣在黯然中打道回府。

这时候，在不远处的**渊泉县**，一个刚出生没多久的婴儿正在襁褓中睁着双眼，好奇地打量着这个世界。没有人知道，在未来，他将与匈奴人多次在战场上交手。

他名叫张奂，字然明。

渊泉县，今甘肃省玉门市西北。

三辅地区，京畿之地，今陕西省中部一带。

朱宠，字仲威，东汉大臣、学者，曾率军抵抗羌族进攻；汉顺帝时，任太尉、录尚书事，封安乡侯，因事被罢官，回乡教书，后病逝家中。

才学过人

张奂的父亲张惇（dūn）曾任天水郡太守。所谓虎父无犬子，在那个注重家风家教的年代，作为地道的官宦子弟，张奂在十多岁时被父亲送到**三辅地区**游学。

自汉景帝开始，三辅地区便是天下人才汇集之地。张奂在这里拜入著名学者**朱宠**门下，跟着老师认

牟长，字君高，东汉经学家，光武帝时，为博士，又迁河内太守、中散大夫，后隐居教书，有弟子千人。

真研读《尚书》。

在研读《尚书》的数年间，他渐渐得到了老师朱宠的真传。他觉得前辈**牟长**给《尚书》作的注解《牟氏章句》实在烦琐难通，便决定以原来的注解为基础，为《尚书》作更加精简易懂的解释。

于是，四十五万字的《牟氏章句》，在张奂的笔下缩减为九万余字。老师朱宠捧着张奂的学术成果，热泪盈眶，心想一生才学终于有了传人。

汉桓帝在位期间，早已长大成人的张奂受到权臣梁冀的征召，将那套删减版的《牟氏章句》呈给皇帝过目。

汉桓帝看后赞不绝口，他将张奂的呈书存入皇宫中存放文献典籍的地方，张奂由此在朝廷中扬名。

文治武功

朝廷与匈奴时战时停，张奂在交战与罢兵间度过了数年时光。

他预感到，边境也许将是他施展平生所学的地方。

果然，公元155年，朝廷下旨，任命张奂为安定郡属国都尉。

美稷，今内蒙古自治区准格尔旗西北。为西河属国都尉治所，光武帝时南匈奴单于居住于此，为使匈奴中郎将治所。

张奂到任不久，南匈奴将领左薁（yù）鞬（jiàn）台耆（qí）与且渠伯德合伙，率七千兵马起兵反汉，进攻**美稷**。东羌人在南匈奴叛军的蛊惑下，打算分一杯羹，于是他们集结军队，进攻张奂的所在地安定郡。

张奂得到消息，当即检阅驻地的亲兵，发现只有二百多人。

他非但不恐慌，反而成竹在胸，当即下令：出击，往长城进发！

这二百多人当即魂飞魄散，有的人直接下跪，请

求张奂不要带着大家去送死。

张奂毫不理会，严令众人听命行事。

于是除了张奂，这二百多人都哭丧着脸前往长城，心想，过不了多久，就要死在那里了。

张奂一行人到达长城以后，立马切断了南匈奴与东羌人的交通要道。

张奂驻扎在长城之下，他一面派人沿着长城四处招兵买马，一面派出心腹将领王卫前去招降东羌人。

东羌人看着张奂带着区区二百余人竟然深入天水郡边境，又快速切断了己方与南匈奴人的联系，被张奂过人的胆识所震惊。

于是，他们在王卫动之以情晓之以理的劝说下，纷纷向张奂投降。

张奂集结了万余人的军队，亲自率军同左薁鞬台耆叛军交战，极为轻松地将叛军击败。

且渠伯德听说了张奂的事迹以后，果断选择投降。

张奂与南匈奴交手的第一回合，张奂胜。

在这之后，东羌人担心张奂秋后算账，献出了战马二十四、**金鐻**（jù）八个给张奂，希望张奂不念旧恶。

金鐻，黄金铸成的鐻，鐻是古代的一种乐器。

看着本不富裕的东羌人送来的大礼，张奂感慨万千。

他深知战乱对于百姓的摧残，他命人备好美酒，将东羌人的诸位族长全部召集。

当着他们的面，他将酒杯倾酒，说道："使马如羊，不以入厩；使金如粟，不以入怀。"意思就是，"诸位的战马不必牵入我的马厩中，诸位的财宝不必收入我的口袋中，这些东西从哪儿来就回哪儿去吧"。

东羌人真切感受到张奂为官清廉，仁义无双，当场感动得下跪。

雷霆之击

公元158年，张奂被调为使匈奴中郎将，进驻美稷，代表汉朝中央处理汉、匈之间的事务。

张奂到任没多久，南匈奴中休屠各部落伙同北方少数民族乌桓部落起兵造反。

消息传到美稷时，张奂正在与弟子讲习儒家经典，诸位官吏看到张奂如此镇定自若，也不再慌乱。

了解了事情的前因后果之后，张奂判断休屠各部落纯属狐假虎威，看着来势汹汹，其实不堪一击。

他命人前往乌桓部落，许下报酬之后，将乌桓与休屠各离间，紧接着以雷厉风行之势出兵杀死了休屠各的诸位将领。

紧接着，张奂得知鲜卑族人率军侵犯汉朝边境，他下令南匈奴单于与他共同出击，将鲜卑族的军队打回了老家。

张奂与南匈奴交手的第二回合，张奂胜。

从此以后，南匈奴老实了许多。

这位汉朝派来的使臣，文武兼备，杀伐决断从不犹豫。周围的少数民族部落短时间内也不敢兴风作浪。

由此，安定郡北部一带再次安定下来。

宦海沉浮

公元159年，汉桓帝在单超等宦官集团的帮助下诛灭梁冀一党。朝政大权逐渐落入宦官集团手中，他们为了铲除那些反对自己的人，心狠手辣，什么事都能做出来。

张奂由于早年做过梁冀的门客，被单超视作梁冀一党，从而被罢免。

在家四年，昔日的同僚基本上与张奂断绝了来

皇甫规，字威明，东汉名将、学者，与张奂、段颎合称“凉州三明”。皇甫规多次击败羌人，缓和汉、羌矛盾，他一生清正，刚烈仁义，不畏权奸，开设学馆十四年，教授《诗经》《易经》。

往。唯有**皇甫规**，这位刚正不阿的正义之士，前后七次上书汉桓帝，举荐张奂。

公元163年，张奂终于被任命为武威郡太守。

在任期间，他勤于政事，爱民如子，结合当地实际情况，上报朝廷，调整了当地的赋税政策。

紧接着，张奂得知了武威郡内有一种残酷的民俗，即二月、五月及与父母同月出生的孩子被认定是妖邪，必须杀死。

张奂耐心地向武威郡百姓解释没有妖邪，从而将这歪风邪气彻底废除。

由此，张奂受到了全郡百姓的爱戴。

公元166年，张奂被调至权力中枢，担任大司农。

汉朝北部边境上的鲜卑部落听说张奂离开了武威郡，便勾结南匈奴、乌桓部族中有反叛之心的将领，数次带兵侵略汉朝边境。

后来，鲜卑部落越发大胆，直接集结九千骑兵联合北部边境其他部族，进攻武威、张掖等地。

汉桓帝深知张奂在处理汉朝与诸多少数民族部落的关系上具有非凡才能，于是他任命张奂为护匈奴中郎将，全权负责王朝北部边境所有战事。

张奂的威名早已给意图谋反的贼寇留下了巨大的

鲜卑族人

心理阴影。南匈奴、乌桓等部落中谋反的人听说张奂又回来了，立马率众投降。

到任以后，张奂深知目前的状态当以安抚为主，于是他赦免了除鲜卑以外的所有谋反部族，将鲜卑人彻底赶出了王朝边境。

公元167年的春天，羌人中东羌与先零羌两部集结六千骑兵，进攻关中地带，企图劫掠物资。

一路上，他们烧杀抢掠，给百姓带来了极大恐慌。

张奂果断命令部将尹端、董卓二人率兵进击，将谋反的羌人部队歼灭，俘虏了万余士兵。

因此次功劳，张奂申请把他的家迁到弘农郡**华阴县**，得到了朝廷特许。

华阴县，今陕西省渭南市华阴。

归隐

公元168年，汉灵帝即位，因为年幼，无法震慑百官，窦太后把持朝政。张奂因功被召回洛阳。

大将军窦武与太傅**陈蕃**密谋，计划带兵铲除宦官集团。

陈蕃，字仲举，东汉名臣，与窦武、刘淑合称“三君”，曾任太尉。陈蕃年少时有大志，为官时，为流民山匪得罪权贵；陈蕃七十多岁时，与大将军窦武谋划，欲杀宦官，事泄，被围攻。陈蕃率学士八十人抵抗，被害。

不料，事情泄露，张奂被宦官曹节假托皇帝发布的诏书所蒙蔽，误认为窦武造反，率亲军围住窦武部众，窦武被迫自杀，陈蕃也被杀死。

适逢洛阳遭遇罕见的冰雹和雷雨天气。张奂据此上书，表示朝政被妖邪之人祸乱，希望圣上明察秋毫，为冤死的人洗刷冤屈。由此，张奂彻底得罪了宦官集团。

早年，张奂在处理汉朝与羌部落之间的关系中，因为与同僚段颎（jiǒng）政见不合，二人结下了矛盾。

汉灵帝即位以后，朝廷的大权落入宦官集团手中，段颎为求自保，依附宦官集团，得以重用。

宦官集团判断张奂日后必然成为他们掌权路上的绊脚石，决定利用段颎与张奂往日的仇怨，命段颎将张奂暗中杀死。

张奂得到消息后，深知段颎良心未泯。他早已看出了灵帝无能，朝政日益黑暗，在数次沉浮中，他萌发了退休之意。

于是，他写信给段颎，信中言辞切切，饱含真情，希望段颎莫要做出不义之事。

段颎看完信件以后，大受感动，终于拒绝加害张奂。

得知张奂有了退出官场的想法，宦官集团也就不再与张奂为难。他们批准了张奂递来的辞呈。

从此，张奂辞去了一切职务，回到了家中。

高风亮节

张奂回到华阴县以后，一身清贫，靠着微薄的办学收入颐养天年。

在人生的最后时光里，他闭门谢客，远离所有政治纠纷，他教授弟子上千人，为华阴县的文化事业做出了极大贡献。

闲暇时，他捧起《尚书》，沧桑的眼中泛起些许泪光："从哪儿开始的，便从哪儿结束吧。"

他查阅各家文献，写出了三十万字的《尚书记难》，将他一生所学尽数记载于书中。

公元181年，七十八岁的张奂躺在家里，与世长辞。

逝世前，他留下遗书，希望家人将自己简单入葬。

他将自己一生的兴衰荣辱归结为天命，从不怪罪于谁，也绝不记恨于谁。

张奂，自年少游学三辅时便胸怀大志，他时常说"大丈夫处世，当为国家立功边境"。他的确做到了。

晚年，他被卷入政治斗争，心中愤愤不平，拒绝封侯，成为了东汉功勋卓著而无侯位的少数名将。也由此，他得罪了掌权者，差点死于非命。后来他急流勇退，终于得以善终。

授学

为官一生，无论是作为文官还是武将，张奂都尽心尽力，报效朝廷，善待百姓，得到了同僚的交口称赞。

即便是他的对手，那些屡次反叛朝廷的少数民族部落，对他同样敬重有加。

当张奂的死讯传到武威郡以后，当地百姓悲痛不已。他们怀念张奂的仁德，为他建起祠堂，年年祭祀，香火不绝。

段颎

毁誉参半

出身将门

段颎，字纪明，武威郡**姑臧县**人。段颎的祖上是西汉名将段会宗。受家风影响，段颎从小就学习骑马射箭。

自小习武的他，在成长中越发崇尚自古便流传下来的游侠之风，于是他自小便乐善好施，结交朋友，在这样的成长经历中，他逐渐养成了敢爱敢恨、果断的行事风格。

姑臧县，今甘肃省武威市。

段颎成人后，开始研习先秦的经世学问。当学有所成之时，他被举为孝廉，担任阳陵县令。

虽官职不大，但在任期间他尽职尽责，积累下从政经验，也获得了一定的政治口碑。由此，他因功升为辽东属国都尉。

惊天之计

段颎还没到达辽东郡，就传来了鲜卑族人进犯辽东的消息。段颎得知后毅然率军前往辽东。

一路上，他不担心自己如何才能免于战事，反而担心鲜卑人是否会逃走。

于是，他想了一个非常危险且阴险的计策。

他命人伪造诏书，假装朝廷命令自己撤兵。后在与鲜卑军队交战途中，他有意将假诏书内容泄露，然后假意撤退，吸引鲜卑军队追击。

鲜卑人果然上当，一路追击，却没想到落入了段

颎设下的埋伏圈中，由此，进犯辽东的这伙鲜卑族人，被段颎尽数消灭。

此次辽东的战事传入朝堂之上，所有人都震惊了。

段颎伪造诏书是重罪，但满朝文武考虑到他是忠良之后，又确确实实在辽东立下了功绩，于是段颎得以免死，但还是被送进了监狱。

段颎的这次牢狱之灾，完完全全是他自己造成的。

据此也能得出结论：段颎是那种为了达到目的不择手段的人。这个性格也为他人生终点的悲剧埋下了祸根。

段颎刑满释放以后，刚好碰上东郭窦、公孙举率领大批流贼在泰山、琅琊二郡四处掠夺百姓。

公元156年，刚出狱不久的段颎得到了尹颂的推荐，被汉桓帝封为中郎将，率大军奔赴琅琊郡。

段颎也不负众望，在决战中以非常迅猛的势头杀死了东郭窦、公孙举，然后纵兵屠杀，杀死流贼上万人。

段颎由此被封为列侯，并得到了丰厚的赏赐，任命他的一个儿子为郎中。

平定西羌

公元159年，段颎被朝廷任命为护羌校尉，入驻**凉州令居县**，全权负责处理汉朝与西羌部族之间的事宜。

西羌是羌部落中较大的一支。汉明帝以后，居住在河西走廊一带的西羌人多次侵略汉朝疆界，由此拉开了以西羌为首，联合诸多大小羌部落与东汉政权之间百余年的争斗。

段颎到任时，正值烧当、烧何、当煎、勒姐等八个西羌部落侵犯陇西、金城边关。

偏偏段颎本人是个以硬碰硬的主。他上任以后，为了立威，立刻率兵与长期臣服汉朝的湟中义从羌部落的骑兵会合，集结一万二千大军，将陇西、金城一带的西羌军队击败。

然后，他乘胜追击，命人追击渡黄河而逃的西羌各部，再次杀死两千余西羌人，并俘虏一万余人，大大折损了西羌的有生力量。

公元161年，段颎受同僚郭闳的排挤，被诬告入狱。

段颎一走，凉州一带的西羌人再次猖獗，大肆扰乱各郡县。

凉州令居县，今甘肃兰州市永登县西北。

到了公元163年，凉州全境几乎落入西羌人手中。

正值燃眉之时，朝廷中数位官吏为段颎澄清了冤屈，汉桓帝刘志亲自赦免了段颎，恢复了段颎护羌校尉的身份。

公元164年的春天，良多、滇那等羌部落将领率三千兵马向段颎递交了降书。

随后，段颎听闻当煎、勒姐等部落还在集结兵马，于是在那一年的冬天率领一万大军把他们击溃，并将四千余俘虏尽数斩杀。

由此，汉军与西羌各族的仇怨越来越深。

公元165年春天，残余的勒姐部落被段颎彻底歼灭。

夏天，气急败坏的当煎部落倾尽全力，趁着段颎带少数兵马巡视边境之时，将段颎围住，但经不住段颎军队勇猛反攻，最终撤往武威郡方向。

公元167年，当煎等羌部落再次集结四千多人，与武威郡内东羌与先零羌联军里应外合，企图占领武威。

段颎得知消息后，立马率领亲军，一路追击，在武威郡**鸾鸟县**将当煎部落彻底歼灭。

至此，困扰汉军百余年之久的西羌之乱暂时告一段落。

鸾鸟县，今甘肃省金昌市永昌县一带。

段颎自第一次出任护羌校尉以来，不到十年的时间里，杀死西羌人两万三千多人，俘虏数万，缴获牛羊八百万头，投降的部落近万。

由此，段颎被赐封都乡侯，得享荣华富贵。

然而，不远处的武威境内，张奂得知了段颎的所作所为，微微叹了口气。

他只觉段颎造下了太多杀业，深知羌人之乱必然再现，于是他将自己的家迁到了弘农郡华阴县，希望远离凉州这个是非之地。

不予招抚

受封都乡侯以后，段颎趁着与汉桓帝商议如何处理东羌人时提出建议，认为羌族所有部落皆是狼子野心，不能以王化之风安抚，希望朝廷拨出巨额军费，一次性将这帮匪徒彻底剿灭。

建议中，段颎还弹劾了张奂，认为张奂优柔寡断，不能为朝廷解决心腹大患。

由此，张奂对待东羌部族的安抚之举，与段颎企图彻底消灭羌各部的狠心完全相反，不同的政见使得这两位同僚分道扬镳。

段颎的激进派作风深得朝廷赞许。

公元167年，汉恒帝驾崩，汉灵帝刘宏即位。

公元168年的春天，段颎受命，率精兵一万余人，携带十五天的粮草，从彭阳直往高平，与先零羌诸部在**逢义山**展开决战。先零羌赌上了一切，可谓生死决战。

逢义山，今宁夏回族自治区固原市西北部。

即使兵力不及对方，但段颎依然胜券在握。

他在列阵中发出战前号令，激发全体将士的必胜决心，由此，先零羌部落被汉军击败，阵亡八千余人，俘虏不计其数，加上牛、马、羊等牲畜二十八万头全部被汉军缴获，先零羌元气大伤。

临朝当政的窦太后亲自下诏，对段颎大加赞赏。

由此，段颎在对羌人的战事中越发激进。他立誓在有生之年彻底杀灭羌部落反贼，借此名垂青史。

随后，段颎得封“破羌将军”，他越战越勇，四处追击着羌部落中各个反汉的部族。

汉军所到之处，农田生产荒废，百姓开始出现怨言，即使是段颎所率领的军队也渐渐生出厌战情绪。

夏天，张奂上书，为免生灵涂炭，节省国家军费开支，希望对东羌等羌部落实行招降的策略。

段颎听说之后，随即上书，表示东羌人同先零羌人一样，冥顽不灵，无法招降。

窦太后思前想后，决定综合他们二人的意见，对真有归化之心的羌人采取招抚政策，对东羌人则尽快扑灭。

公元169年的春天，朝廷派遣冯禅劝说汉阳郡一带四处流窜的羌人投降。

段颎认为此时正是百姓劳作时间，即便这些羌人真的投降，也一定会再次成为盗贼，不如一举将他们歼灭。

夏天，他率军进入汉阳郡内，派遣心腹将领田晏、夏育、司马张恺率精兵包围羌人的驻扎地，在隔绝羌人水源之后，突然杀出，将羌人打了个措手不及。

在汉阳郡内的行动中，前后被段颎杀死的羌人接近两万。

冯禅费尽心思，招降了四千余人，将他们分别安置在安定、汉阳、陇西三郡，于是东羌全部平定。然而其后数年，羌人对汉朝的仇恨只增不减。

公元159—169年，十余年间，段颎南征北战，先后平定了西羌、先零羌、东羌等羌人部落。

与其说是“平定”，不如说是“屠杀”，段颎以残酷的杀伐实现了他理想中的“功业”，牺牲无数将士的生命，羌人由此与汉朝结下了无法调解的血海深仇。

东汉末期，政权动荡，这个曾经雄厚一时的王朝不可避免地走向了灭亡。在它灭亡的那段时间里，经历了百次战争，其间总能时不时地看到羌人的身影。他们成功地为当年被汉军屠戮的先祖报了血仇。

凄然辞世

公元170年的春天，朝廷下诏命段颎班师回朝。

汉灵帝派大鸿胪持节迎接，段颎受到了极高的尊崇，被封为河南尹，总管洛阳一切事务。

没过多久，先帝汉桓帝冯贵人的墓冢被盗贼毁坏，段颎受到牵连，但因此前功劳极高，朝廷没有对他过多责罚，只是把他贬为谏议大夫，后来又将他封为司隶校尉。这是掌管京城监察大权的官职，手中权力极大。

但也正是由此，段颎终于卷入权力之争。

这时的东汉王朝被宦官集团操控。由于皇帝的宠信，宦官集团开始了对文官集团的打压，一场持久的党争正在洛阳上演。

在这场斗争中，宦官集团全面压制了文官集团，不择手段地排除异己，凡是站在宦官集团对立面的，大多都被下狱处死。

而担任司隶校尉的段颎，自然成为了两大集团都想争取的盟友。

段颎回顾过往诸事，前后三次牢狱之灾，加上混乱不堪的朝政，磨损了他身为王朝名将的骨气。

他认真思量之后，认清目前的局势，若与宦官集团相斗，自己最终肯定不会有好下场。

为保长期荣华富贵，段颎深思熟虑后，终于选择

阳球，东汉大臣，熟弓马，有才学；为官时，治理手段极为严酷；汉灵帝时，任司隶校尉，拷问宦官王甫等人，王甫父子皆死于杖下，使京师震骇；后被下狱杀死。

杨彪，东汉名臣，大学者杨震曾孙，汉灵帝时，任京兆尹，揭发宦官王甫罪行，后任尚书令等职；反对军阀董卓入京，忠诚护卫汉献帝，不被曹操所容，后差点儿被杀。

向宦官集团低头，他向宦官王甫递出了投名状。

此后，段颎彻底依附王甫，协助王甫玩弄朝政，对付那些与自己政治立场不同的人。

至此，一代名将，彻底堕落。

公元179年，文官集团中坚力量**阳球**、**杨彪**在长期蛰伏中获得了王甫的罪证，这一权倾朝野的权臣终于倒台，段颎不可避免地被牵连入狱。

阳球上奏诛杀王甫，并派人审问段颎，段颎在狱

中羞愧难当，选择了服毒自杀。

不世之功臣，奸猾之恶贼，就此走完了他的一生。

毁誉参半

段颎在长期与羌人的作战中，勇猛无双，却又激进无比。他是名将，更是“杀手”，在他前后十年的征战生涯中，太多人失去了性命。

但身为汉朝将领，食君之禄，忠君之事，为朝廷剿灭叛贼，理所应当。

他在边关十余年间，为了王朝的安定，费尽心思，用尽精力。

他体恤部下，从不摆出高高在上的架子，与将士同甘共苦，他治军有方，麾下所有将士都愿与他同生共死。

他做的这一切，足以证明他是王朝的栋梁之材。他的战功确确实实值得被后世代代传颂。

只不过，当皇帝昏庸，任用宦官集团祸乱朝纲之时，段颎的勇猛激进不见了。先后三次牢狱之灾成为了他的阴影，他选择了那个为保富贵而攀附权贵的道路。

所以，段颎最后的凄凉下场，完全是他咎由自取的。

段颎也确实青史留名。同样是在凉州一带立下功业，他与皇甫规、张奂并称“凉州三明”。史书上他也与此二人合列一传。

只不过，皇甫规一生廉洁，不畏强权，数次遭宦官集团陷害而毫不畏惧，至死都刚正；张奂亦是在党争严峻时辞官回乡，甘受清贫之苦，在边关的数年间，他甚至获得了敌人羌部落的尊重。

皇甫规、张奂在晚年皆教书育人，并为后世留下了皇皇巨著，真正意义上实现了立德、立功、立言这“三不朽”。

而反观段颎，由于贪慕荣华富贵走错了路，最后在凄凉中饮下毒药，为后人所不齿。

皇甫嵩

智勇双全

临危受命

东汉后期，宦官、外戚轮番把持朝政，横征暴敛、买卖官职、铲除异己，使得朝政日益腐败。

数十年间，朝廷内部深受党锢之祸的困扰，外部又同西羌等部族连年征战，朝政混乱不堪，许多百姓流离失所，无家可归。

东汉王朝的国力大大降低，亡国的征兆逐渐显露出来。

公元184年，巨鹿人张角打出“苍天已死，黄天当立，岁在甲子，天下大吉”的口号，自称“天公将军”，和亲兄弟张梁、张宝相约，在冀州起兵反叛朝廷。一起造反的百姓，一律用黄巾包着头，人称“黄巾军”。

黄巾军所到之处，焚烧官府、捕杀官吏，官员们纷纷逃难，这场严重挫伤东汉国运的农民起义，史称“黄巾起义”。

天下大乱的消息传入洛阳皇宫后，汉灵帝刘宏意识到这是一场非常严重的祸乱，不可轻视。

他急忙下诏，加强守卫，准备各种攻防器械，并任命何进为大将军，集结重兵镇守洛阳，又在洛阳附近各个关口广布精兵，严阵以待。

紧接着，他命令全国各州郡，整理战略物资，训

练兵马，征集义兵。

然而，黄巾军扩散的速度实在太快了。仅仅一个月的时间，全国七州二十八郡相继发生战事，各州郡连连失守，本就难以生存的百姓受猛然间爆发的战火影响，瞬间如在地狱。

汉灵帝心急如焚，集结百官商议对策。

这时，听其中一人朗声说道：“当前正是火烧眉毛之时。臣恳请陛下，解除党禁，任用良才，拿出皇家财产犒劳军士，以此振奋军心，剿灭叛贼，显示我

卢植，字子干，东汉名臣、经学家，参与平定黄巾起义，后被宦官诬陷下狱，经皇甫嵩力荐，任尚书。董卓入京后，想废黜皇帝，卢植挺身抗辩，险些被杀，后为袁绍军师。卢植为人刚直，文武兼备，品性高洁，去世时，仅一件单衣。

大汉王朝的威严。”

汉灵帝闻言，眉头深锁，他看向了说出这番话的臣子，此人名为皇甫嵩（sōng），字义真，安定郡朝那县人氏。

汉灵帝沉思，道：“命**卢植**为北中郎将、皇甫嵩为左中郎将、朱儁（jùn）为右中郎将，三人各自带着兵符，率领精兵出征，荡平黄巾贼子，收复失地！”

皇甫嵩、朱儁各自率领精兵冲出长安，前往颍川郡，那里是黄巾军的大本营之一。

朱儁部众首先与张角部下将领波才交战，但因波才率领的军队人太多，才刚一交战，朱儁就被击败。皇甫嵩退守长社城。

波才见朱儁和皇甫嵩他们败下阵来，决定乘胜追击。他率领黄巾军将长社城围得水泄不通，打算将皇甫嵩部众吞并。

虽然皇甫嵩率领的部众人数远远低于波才的兵马，但皇甫嵩并不担心。他得知敌军一路上沿着草地安营扎寨后，随后计上心来。

皇甫嵩对将士们说：“兵法讲究谋略，战场上的胜负并不是完全由人数决定的。兵法中有正、奇的分兵概念，正兵负责主攻，奇兵负责突袭。敌军在草地里结营，而草地很容易着火。我们可以趁着夜色，顺风纵火，那些贼寇肯定慌乱窜逃。到时候我们再乘机四面进攻，不怕他们不投降。”

傍晚时分，大风忽起，皇甫嵩命令亲信部队出城纵火，然后命人在长社城中外大喊：“起火啦！起火啦！”

波才的部众缺少战争经验，眼看军营即将被大火席卷，瞬间阵脚大乱。

皇甫嵩乘机率领将士们杀出城，冲向敌阵，黄巾军惊慌失措，四处逃窜。

就在这时，骑都尉曹操奉洛阳方面的命令率兵前来助战。

皇甫嵩大喜，与**朱儁**、曹操联手，将长社城外的数万黄巾军尽数歼灭。波才在乱战中逃往阳翟。

长社之战大胜以后，皇甫嵩、朱儁乘胜追击，将汝南郡、陈国郡的黄巾军歼灭，并将阳翟、西华两地的黄巾将领波才、彭脱杀死，由此，黄巾起义得到初步平息。

此时，北中郎将卢植受谗言所害被囚车押往洛阳，朝廷拜董卓为东中郎将，接替卢植在冀州的战

朱儁，字公伟，东汉将领，出身寒门，好义轻财，受人敬重。黄巾起义爆发，朱儁与皇甫嵩等镇压黄巾军，“威声满天下”。董卓把持朝政时，想用朱儁为副手，被朱儁拒绝，后入京任太尉、录尚书事。京中大乱时，朱儁因悲愤发病而死。

事，然而，**董卓**在与张角、张宝的作战中接连失利。

皇帝下诏让皇甫嵩北上冀州，必须将黄巾军尽数击败。

皇甫嵩与黄巾军将领张梁在广宗县展开残酷的遭遇战。

张梁骁勇善战，血与火之间，双方大军互相杀伐，僵持不下。

皇甫嵩决定先示敌以弱，等到张梁大军懈怠之时再伺机而动，于是下令先关闭营门，休整一天。

计谋果然奏效，黄巾军以为皇甫嵩兵力不足，需要好好休整，于是放松了警惕。

皇甫嵩看准时机，趁着黎明之色，率全军冲向张梁营中。

双方从黎明大战至下午，皇甫嵩大破黄巾军，斩杀张梁，并杀死黄巾军三万余人，又追着剩下的五万多人一路砍杀，将他们全部赶进河里，投水自尽。

接着，皇甫嵩又焚烧了三万辆敌军的车辆。那些跟着黄巾军的家属也全部被擒获。

此时，黄巾起义的首领张角已因疾病死了。但皇甫嵩为泄愤，命人打开张角的棺材，将尸体一顿鞭打，然后把张角的脑袋送往洛阳。

董卓，东汉军阀、权臣，生于凉州，与羌人结交，参与镇压黄巾起义、凉州之乱等。董卓粗猛有谋，屡建战功，任并州牧时，受密诏进京，诛杀宦官，之后，废少帝刘辩，立献帝刘协即位，又杀少帝、何太后，专断朝政，世人皆恨。司徒王允设反间计，挑拨吕布杀死董卓。

张角、张梁都死了，黄巾军已如风中残烛，就剩下张宝部众了。

皇甫嵩将目光投向**曲阳**，那里是张宝的所在地。他下令大军驰往曲阳，与临时受命并前来助阵的巨鹿太守郭典合兵一处，顺利攻下曲阳。

曲阳，今河北省石家庄市晋州市。

皇甫嵩的部下将张宝绑至他的面前。他怒不可遏，当即拔出佩剑，一声大喝，砍下了张宝的头。

伴随着四周将士的齐声欢呼，这场历时半年多的黄巾起义彻底平息！

皇甫嵩厥功至伟，朝廷赐封槐里侯。

汉灵帝大喜过望，他坚信黄巾起义平息后，王朝在自己的统治下必然再度焕发生机。但他万万没想到，黄巾之乱只是东汉王朝走向彻底灭亡的第一步！

凉州战事

皇甫嵩平定黄巾起义以后，考虑到冀州受战争摧残，奏请皇上免除了冀州一年的田租。他体恤部下，爱护百姓，在军营中每到饭点，他都要在确信所有人吃完以后自己才开始吃饭。

他手下小吏有人因为某事受贿，皇甫嵩就拿出自己的钱财，给受贿的小吏。小吏感到无比惭愧，甚至为此羞愧自杀。

就这样，皇甫嵩凭着伟大的功绩与仁德爱民获得了百姓的交口称赞，人们为他作歌并争相传唱，以此表达对他的尊敬。

虽然皇甫嵩的名声威震天下，但王朝走向衰败的气象依然没有好转。

原信都县令**阎忠**劝说皇甫嵩："世界上最难得又最容易失去的，是时机。时机一旦到来，转瞬就会逝去，这就叫作'时运'。聪明的人懂得把握时运。如今，将军的时运到了，将军要是不能抓住这个时运，如何保全自己的名声呢？"

阎忠，东汉信都县令、凉州名士。凉州军阀韩遂、马腾等人胁迫他背叛朝廷，他坚决不肯，内心愤慨，发病而死。

皇甫嵩问道："这是什么意思？"

阎忠说："百姓都是追随有实力、有权力的人。如今将军名声大振，百姓都信服你。但如果继续侍奉昏庸的君主，恐怕日后自身难保。"

皇甫嵩明白了，阎忠是想让自己不再追随皇帝，但他不可能做这种背叛之事。阎忠知道皇甫嵩听不进自己的劝说，只能离开。

公元184年，凉州的韩遂、边章、王国等人起兵叛乱。皇甫嵩受命平叛，后因朝政混乱，平叛失利。

汉灵帝听信了宦官张让的谗言，将皇甫嵩召回并没收了将军印绶。

凉州反叛由此愈演愈烈，于公元187年，彻底占领凉州。

公元188年十一月，凉州叛贼王国率部众包围**陈仓**，局势再次告急。

陈仓，今陕西省宝鸡市东。

因为陈仓东面不远就是长安，这是王朝西部的一大门户，危急之际，汉灵帝再次起用皇甫嵩，任命他为左将军，与董卓各率两万兵马出征。

董卓心胸极小。早在黄巾军起义时，他就受命平定叛乱，但出师不利。皇甫嵩剿灭黄巾军后，董卓对皇甫嵩心有不满。此次与皇甫嵩合作出兵凉州，他早已打算抢占全部功劳。

董卓决定迅速驰援陈仓，皇甫嵩不同意。

董卓说道："聪明的人绝不会错过良机，勇敢的人不应该犹豫不决。如果现在快速赶去营救，城池还可以保全，一旦耽误了时间，错失良机，城池就保不住了。是胜是败，在此一举！"

皇甫嵩则说道："陈仓有重兵把守，王国军队即使勇猛，但异地作战短时间内必然无法攻克陈仓。而陈仓有足够的补给支持，即使被围半年八个月也没有问题。我们何必那么快就冲过去呢？"

结果真如皇甫嵩所料，陈仓在王国大军的包围下从十一月坚守到次年春天，前后八十多天，宛如磐石，屹立不倒。

王国的兵马极度困乏，终于下令撤离陈仓。

皇甫嵩等的就是现在，正所谓“以逸待劳”，他算准了王国必然下令撤军，果断率领两万大军奋力追赶。

但是董卓却有不同的意见，他说：“兵法上说，穷寇莫追。否则那些退兵如同困兽，奋力反抗，到时候恐怕对我们不利。更何况，他们虽然退兵，但兵力依然很强大，不能小看。”

而皇甫嵩则言道：“对方人困马乏，早已失去了斗志，此时不追，更待何时？”

一切仍然与皇甫嵩的预料分毫不差。

皇甫嵩在率部追击中仿佛割草一样将王国部众轻松歼灭，王国也由此兵败被杀，陈仓之危由此解除。

董卓也越发嫉恨皇甫嵩。

沉浮人生

汉灵帝意识到，董卓凶狠残暴，将来必然酿出灾祸。于是他命董卓把麾下兵马尽数交给皇甫嵩统领，董卓阳奉阴违，不肯实施。

皇甫嵩的侄子**皇甫郦**对皇甫嵩说道："本朝的政治已经失去控制，能够安定天下、拯救国家的人，只有您和董卓。但现在，董卓和您已经结下怨恨。董卓心怀不轨，凶残暴戾，将士们都不愿归附于他。您担任统帅，何不依仗国威，加以讨伐，一来显示对君主的忠心，二来也为百姓除去凶残暴徒。"

皇甫嵩摆摆手，说道："不行，董卓虽然独断专横，但不奏明圣上，私自将他处决，实为不妥。不如向朝廷奏明，由朝廷裁决吧。"

于是，皇甫嵩如实禀报给了朝廷，汉灵帝斥责了董卓。从此，董卓对皇甫嵩更加怨恨了。

公元189年，汉灵帝刘宏驾崩。汉灵帝的长子刘辩继位，是为汉少帝。

不久，何进与袁绍合谋诛杀宦官一党，董卓趁势带兵冲入京城，利用部将吕布杀死了执金吾丁原，掌握了洛阳的军权，继而权倾朝野，将刘辩赶下了皇位。

然后，董卓立刘协为帝，是为汉献帝。

董卓表面上听命于汉献帝，实际上早已将洛阳城内所有大权全部夺下，由此权倾朝野。

皇甫郦，东汉名将皇甫嵩之侄，任谒者仆射。因董卓擅权，皇甫郦劝说叔叔皇甫嵩讨伐董卓，皇甫嵩未听；后得罪董卓的部将李傕。汉献帝担心他被李傕害死，便派人叫他离开。李傕命虎贲士兵王昌追杀他，王昌知他忠诚正直，放他逃走，声称自己没追上。

各地势力知道后，联合起来，推举袁绍为盟主，进京讨伐董卓。

董卓为了躲避袁绍联军的锋芒，迁都长安。之后，他下令将皇甫嵩关入大牢，企图随意捏造罪名，将他杀死。

皇甫嵩的儿子皇甫坚寿与董卓有些交情，他从长安逃回洛阳，投奔董卓。

皇甫坚寿趁着董卓大摆宴席，招待宾客时来到董卓面前，叩头哭号，历数皇甫嵩昔日之功。在座的宾客大受感动，纷纷进言董卓，为皇甫嵩求情。

董卓考虑到皇甫嵩名声在外，强行诛杀恐怕激发朝廷上下的怨气，于是难得发了一次“善心”。

他将皇甫坚寿扶起并同坐，当即命人释放皇甫嵩；又拜皇甫嵩为议郎，后来又改任御史中丞。

之后，董卓来到长安，朝中的官员都在路旁迎接董卓。董卓又暗示御史中丞以下的官员前来拜见，以此折服皇甫嵩。

董卓看着皇甫嵩，拍手大笑道：“怎么样，义真，服不服？”

皇甫嵩哈哈大笑，随即向董卓谢罪。董卓这才消了心头的怨恨。

公元192年，司徒王允设反间计，利用吕布杀死了董卓。

董卓死后，王允试图将董卓生前的麾下部众凉州兵尽数解散。

之前，有人建议王允派皇甫嵩统领董卓的旧部，因为皇甫嵩在凉州有功，凭他的声望，可以收服凉州兵队。然而王允一意孤行，终于酿出大祸。

凉州军中的将领李傕和郭汜得知王允的作为后，立马起兵反叛，攻入长安，王允由此丧命。

之后，李傕把持朝政，任命皇甫嵩为征西将军，又转任车骑将军。这一年的秋天，李傕拜皇甫嵩为太尉。不过很快，皇甫嵩就被罢免，改任太常。

不久，李傕作乱，皇甫嵩在家中病逝。一代名将，就此陨落。

回顾皇甫嵩的一生，为人谨慎，做事勤勉，礼贤下士，对作战毫不畏惧，对政事多次谏言，为朝廷立下了功劳。

少年读史

谢冕 解玺璋 主编

小后汉书

第二册 王朝重臣

太源 编著

文化发展出版社
Cultural Development Press
·北京·

图书在版编目（CIP）数据

小后汉书 / 太源编著. — 北京 ：文化发展出版社，
2024. 12. —（少年读史 / 谢冕，解玺璋主编）.
ISBN 978-7-5142-4560-8

Ⅰ. K234.204.2-49

中国国家版本馆CIP数据核字第20246PX525号

序

《后汉书》由南朝宋范晔编撰而成，全书结构谨严，文采斐然，语锋犀利，善于裁剪，与《史记》《汉书》《三国志》合称“前四史”。

本套《小后汉书》遴选《后汉书》中的主要人物和精彩故事，进行白话新译，为了便于小读者阅读，进行了适当的改写，捕捉细节，渲染气氛，让小读者能够感同身受地理解当时的人物及其境况。

北宋大学者司马光说：“人之患，在于不读史。”历史是人创造的，读史就是认识人本身，认识祖先的根、民族的根，进而认识世界，由此才能把握好现在，选择好未来的路。希望小读者在阅读《小后汉书》时，能够拥有不一样的阅读体验。

本套书体量大，难免有错失遗漏之处，欢迎读者批评指正。

目录

赵憙

三朝长者

班固

大才粲然

杨震

“关西孔子”

李固

社稷之心

杜乔

以卵击石

陈蕃

志在天下

周举
静穆之风

李膺
天下楷模

蔡邕

一代文豪

荀彧

难救天下

赵憙

三朝长者

主持丧礼

公元57年，光武帝刘秀去世，皇宫内外都沉浸在天子驾崩的莫大哀痛之中。大家都在为天子的丧礼忙碌着。

光武帝刘秀开创东汉后，王朝百废俱兴。那时候，天下还没有得到统一，各地仍有反对势力。刘秀一面应对来自各方的战事，一面应对朝廷内外的事务，但他毕竟能力有限，所以直到去世的时候，王朝的各项礼仪制度还没能得到全部完善。

这也就造成了刘秀葬礼上，即将继位的皇太子刘庄与各**藩王**在皇宫大殿内随意同坐的现象，没有尊卑高低之分。

藩王又称蕃王，指地方官吏与天子之间的统治者，有自己的王国。他们可能是宗室成员、功臣，或地方割据势力。

正当刘庄有些尴尬但又不便发作的时候，只见一位胡须和头发都雪白的老者面色严肃，目光如刀，佩剑走到大殿之中。

在如此沉重严肃的场合，这样一个人自然瞬间就成了焦点。

还没等皇太子发话，此人便拔出利剑横在身前。

“老臣受先帝大恩，原本不敢造次。只是先帝遗诏，命老臣主持丧礼。皇太子天资聪慧，受先帝无上宠爱，朝廷内外无不交口称赞。现在，太子即将登基，为免不合礼法，老臣恳请诸位王公离席。”他声音洪亮，不怒自威。

诸位藩王你看看我，我看看你，都不说话。

此人再次说道：“请诸位王公离席！”

诸位藩王只得向太子刘庄道歉，并离席。

太子刘庄接受了诸位藩王的致歉，他的座席间再无人与他并列。

那人将宝剑收回鞘中，向刘庄行礼并退出大殿。

藩王们离席后，有人指着那个带剑的背影，问道：“这是谁？”

“他就是赵憙（xǐ）！”

年少报仇

赵憙，字伯阳，生于南阳郡**宛县**。

两汉之际，南阳郡内赵氏家族已经有了一定的影响力。受家风影响，赵憙自小便受到严格的教育，史书上说赵憙“少有节操”，就是指他家教严格，从小自律。

赵憙十五岁那年，家族中的一位族兄被人杀死。血气方刚的赵憙悲痛不已，立誓为哥哥报仇。

他叫上一帮好友，全副武装地冲到仇人家里，本

宛县，今河南省南阳宛城区。

以为会遭到仇家的反抗，没想到仇家所有人都染上了重病，别说抵抗，连起床都做不到。

赵憙看着这一家子病号，认为趁别人生病时把他杀了，实在丢脸，不是公平仁义的行为，便决定暂时将报仇的事先放一放。

他怒喝一声，说道："等你们病好以后，最好不要遇到我！"随即转身离去。

只此一句话，让对方所有人都羞愧地低下了头。

考虑到赵氏家族在当地的声望，加上赵憙此次的仁爱之举，这家人决定将杀死赵憙哥哥的凶手绑到赵

憙家门口，任凭赵憙处置。

于是，赵憙杀死了仇人，了却了一桩心愿。

初生牛犊

公元23年，更始帝刘玄打算将南阳郡全部纳入势力范围，但受到了很大的阻拦，其中以**舞阴县**的情况最为严重。

舞阴县，今河南省驻马店市泌阳县。

舞阴县被当地名门李氏家族占领。考虑到不能与名门世家兵戎相见，更始帝派出心腹将领李宝到舞阴劝李氏族人归附。

然而，无论李宝怎么劝说，李氏族人都拒绝归附更始帝。

后来，看在李宝诚意满满的分上，这家人对李宝说："宛城赵氏是当今的名门望族。他们家中的赵憙虽年纪不大，但以诚信、讲仁义闻名于世。如果他代表刘玄来劝我们，我们就愿意归附。"

当李宝将这一消息报告给更始帝后，更始帝第一时间将赵憙召到身边。

看着眼前二十岁不到的赵憙，更始帝满是轻蔑之色。他嘲笑着说道："初生牛犊，怎么可能担当如此重任？"

随后，他抱着看戏的心态，将赵熹派往舞阴县。

让更始帝意想不到的事情发生了。没过几天，李宝再次传来消息：李氏家族率舞阴县全部归附！

震惊之余，更始帝大喜过望，他随即拨出小股兵马，命赵熹担任领头人，带着这部分人进入颍川郡，将不服从更始政权的流民尽数击败。

当赵熹圆满地完成任务，回到宛城之后，更始帝改变了对赵熹的看法。

他特地打听了赵熹的生平，彻底不再轻视他，并表扬赵熹说道：“爱卿好比是千里良马，有大才，日后请努力、勤勉地做事。”

乱世逃难

没过多久，王莽派遣部将王寻、王邑统领精兵与刘秀在昆阳展开决战。此时的刘秀还属于更始帝的部下，更始帝派遣赵熹带兵前往昆阳，支援刘秀。

在昆阳之战中，赵熹活跃在两军交战的最前线。他身先士卒，勇猛杀敌，为刘秀赢得昆阳之战立下了战功。

由此，他被更始帝任命为中郎将，又被封为勇功侯。

昆阳一役，让赵憙崭露头角，他从中获得了极高的声誉和政治资本。他在更始政权不仅名利双收，也获得了刘秀的关注。

公元25年，更始帝刘玄被赤眉军杀死，更始政权覆灭。

赵憙与韩仲伯等几位朋友，带着部分更始政权残余的百姓，历经艰险逃出了赤眉军的势力范围。

在逃亡路上，韩仲伯考虑到自己的妻子过分美丽，担心因此节外生枝，便打算将妻子抛弃。

他将这个想法告诉了赵憙，以为赵憙会为了大局而赞同他的想法。

没承想，赵憙怒不可遏，当着整个队伍的面对韩仲伯大加责备。

随后，他用泥涂在韩仲伯妻子的脸上，又将自己乘坐的车子让了出来，请韩仲伯的妻子躺在车上装病，自己则亲自推着车前进。

一路上，每当他们遇上四处劫掠的贼寇，赵憙就说她患了很重的传染病。

就这样，韩仲伯担心的事情始终没有发生。韩仲伯羞愧不已的同时，对赵憙越发敬重了。

当赵憙一行人进入丹水县，摆脱困境以后，他们遇上了更始帝的亲属。

曾经风光无限的皇帝亲属，如今为了活命，沦为了四处窜逃，吃不饱、穿不暖的难民。赵憙看着眼前这番光景，感慨不已。

为了报答昔日更始帝刘玄对他的知遇之恩，赵憙把自己随身带的所有粮食和衣物全部送给了这群人，并一路保护他们回到故乡。

堪称「长者」

公元26年，光武帝刘秀的下属邓奉在南阳造反，给汉朝政权造成了较大损失。

赵憙与邓奉同为南阳郡人，私底下关系不错，当他听说邓奉之乱以后，大为震惊。他多次写信给邓奉，在信中提出严厉批评，而刘秀声望名扬四海，爱民如子，正是明君之姿。

有人利用赵憙与邓奉通信之事，向刘秀进谗言污蔑赵憙与邓奉是同党。

刘秀对此将信将疑，毕竟他曾与赵憙打过交道，认为以赵憙的德行不会做出如此谋逆之事。

后来，邓奉之乱被平定，刘秀见到了赵憙写给邓奉的书信，被其中情真意切的文字深深打动，他对朝中诸臣表示："赵憙德行高尚，堪称'长者'。"

于是，赵憙得到了刘秀的征召，被刘秀派往江南招抚民众。

他智勇双全，不带一兵一卒便完成了刘秀安排的任务，并将王朝的威望远播于江南一带；他忠贞仁厚，短时间内便获得了地方百姓的交口称赞。

不畏权贵

刘秀越发赏识赵憙，命赵憙担任河内郡怀县的县令。

怀县中有一李姓世家大族，当家人叫李子春。因为此人曾在琅琊郡做过大官，所以当他退休以后，丝毫不把当地百姓放在眼里。他放任家族中的人在怀县作威作福，百姓早已苦不堪言。

当赵憙到任怀县后，听说李子春的两个孙子私自杀人却没有受到刑罚，大为震惊。

他亲自逮捕了李子春，对李子春严加审问。

李家人听说了赵憙的生平后，心生恐惧，李子春的两个孙子畏罪自杀了。

李子春知法犯法，管教不严，足以问罪。即便朝中诸多同僚写信给赵憙，替李子春求情，赵憙依然选择执法如山，他将李子春关进了监狱。

消息一传出，怀县百姓拍手称快，刚正不阿的赵憙得到了所有人的拥戴。

李子春与刘秀的叔父刘良私交甚好。此时刘良病重，躺在床上奄奄一息。刘秀探望刘良时，刘良恳请刘秀网开一面，赦免李子春。

当刘秀得知事情的前因后果后，拒绝了叔父的请求，他说："官员应该依法行事，法律毕竟不可违背。"

没过多久，刘良病逝，光武帝因为思念叔父，下诏赦免了李子春，严令李子春以后要谦逊做人。

同时，刘秀表扬了赵憙，将赵憙提拔为**平原郡**的太守。

平原郡，今山东省德州一带。

此前，张步长期占据平原郡，与汉王朝为敌。这时的平原郡虽已没有战乱，但郡内流寇四起，百姓的生活难以安定。

赵憙到任以后，以雷厉风行之势将各地流寇全部缉拿，并将带头人全部处死。

考虑到大部分民众实在是因为生活所迫才沦为流寇，于是，赵憙上书光武帝，说明情况，希望赦免这些流寇的死罪。

刘秀大感欣慰，他同意了赵憙的请求。

由此，赵憙的仁德之名开始在平原郡流传。

在平原郡为官期间，赵憙赏罚分明，提携后进，并重视农桑。在他的治理之下，平原郡内政治清明，庄稼年年丰收，赵憙受到了当地百姓的爱戴。

建议封禅

公元50年，赵憙因为政绩卓著，被刘秀召至洛阳，担任太仆。

随后，在公元51年，赵憙被赐封关内侯，这对于没有立下重大军事功劳的赵憙而言，是极高的政治荣誉。

这时，南匈奴与汉朝重修旧好，乌桓、鲜卑二族归附汉朝，赵憙又被刘秀安排主管边疆事务。

考虑到汉朝边境的治理情况，赵憙上书刘秀，请求恢复边境一带各州郡的设置。

刘秀果断采纳了赵憙的意见。于是，汉朝增设了幽州、并州这两处行政区。

公元54年，河清海晏，天下清平。作为朝中资历极高的文臣，赵憙上书光武帝，劝他到泰山行**封禅**（shàn）大典。

封禅，封为“祭天”，禅为“祭地”，封禅指古代帝王举行的祭祀天地的大型典礼，一般由帝王亲自到泰山上举行。远古时期就有封禅的传说。

看着赵憙递上的文书，刘秀大喜。

毕竟历来行封禅大典的皇帝，都是文治武功极高的天之骄子，此前只有秦始皇与汉武帝举办过这个仪式。

赵憙的此次上书，可以说代表满朝文武的意见，刘秀已具备同秦始皇和汉武帝并列的资格。

于是，公元56年，刘秀在文武百官的陪同下，豪情万丈，昂首登上泰山之巅，行封禅之礼，昭告五湖四海，天下大治！

公元57年，光武帝驾崩，留下遗诏，让赵憙主持丧礼。

赵憙使整个丧礼的过程充分展现出皇家的富贵豪华的气魄，让满朝文武尽数敬服。而太子刘庄也在赵憙的诚挚拥戴下，登上皇位，是为汉明帝。

德高望重

公元60年春天，中山简王刘焉的国相薛修入狱，赵憙被卷入其中，汉明帝无奈之下免除了赵憙的官职。

冬天，汉明帝需要资历高的文臣辅佐朝廷事宜，再次起用赵憙，命他担任卫尉。

公元65年，赵憙又被任命接管太尉事务，位列三公，掌管帝国军务。

后来，赵憙的母亲逝世，赵憙在上朝时恳请刘庄同意他辞官回乡，为母守丧。

刘庄极为不舍，他请侍卫脱去赵憙身上的丧服，真诚地挽留赵憙，朝廷百官也请求赵憙暂时不要离开朝堂。

于是，赵憙同意继续留在朝中。

赵憙外行宰相之责，内掌皇宫禁军，兢兢业

业，未曾懈怠。皇帝对他礼让有加，同僚亦对他心悦诚服。

汉明帝去世时，德高望重的赵憙再次主持皇帝丧礼。

丧礼之上，秩序井然，赵憙神色非常庄重。此时的赵憙已经80岁了，仍然没有丝毫疲惫的样子，令在场的人都暗自佩服。

随后，太子刘炟（dá）在以赵憙为首的百官的

簇拥下，登上皇位，为汉章帝。

百官楷模

辗转世间多年，赵憙作为辅佐皇帝的臣子，无论在朝堂上还是在各州郡，他严于律己，一直严守为官之道。

他虽生于贵族之家，但也曾流落江湖，因此，他深知民间疾苦。感同身受之下，即使官居一郡太守，赵憙也时时刻刻挂念着地方百姓，成了名副其实的父母官。百姓为他作赞歌，歌颂他的仁义美德。对于地方官而言，没有什么比这个更高的评价了。

在汉明帝刘庄的那场葬礼上，赵憙看着刘庄入土为安，不胜感慨，这是他送走的第二位帝王了。赵憙心知自己的大限或许不远了。

公元80年，赵憙躺在病榻上，在亲友的哀痛与汉章帝刘炟的亲自探视中安详地闭上了双眼，享年84岁。

汉章帝十分悲痛，亲自来到赵憙的葬礼上，致辞凭吊，并赐谥号“正”，表彰了赵憙一生的功劳。

或许，这时的赵憙早已不需要什么谥号了。光武帝刘秀曾经称赵憙为“长者”，这两个字已经足够评价他的一生了。

班固

大才粲然

笃志求学

班彪，字叔皮，东汉史学家、文学家，出身显贵，从小习儒，光武帝时，任徐县令，因病免官。班彪学博才高，写成《后传》60余篇，纠正了前史的很多错误。他的儿子班固著《汉书》，史料多来自他的收集。

班固，字孟坚，他的父亲**班彪**是当时著名的大儒。

说起班氏家族，这是两汉时期的名门望族。西汉后期，班彪的祖父班况、父亲班稚、叔叔班伯都在朝廷里当官，而班彪的姑母是汉成帝的妃子，也就是那位才华横溢、鼎鼎有名的班婕妤。

所以，班氏家族在朝廷中影响非常大。

而班彪也是不甘平庸之人，他在仕途上虽没有做出什么厉害的成绩，但他很喜欢读历史。太史公司马迁所著的《史记》深受班彪喜爱。班彪将《史记》反反复复地阅读，同时也开始好奇没有被司马迁记录下的历史。毕竟，《史记》记事只写到汉武帝太初年间。

好学的班彪找来司马迁之后的诸多学者写的历史作品，本以为能满足他的求知欲，结果却大失所望。

"除了司马迁，其他人写的史书压根看不下去。"班彪得出了这个结论。心高气傲又不甘心《史记》记载不全的班彪，在脑海中萌发了继承司马迁衣钵的愿望，他想将司马迁没有记录下的历史补全。

于是，班彪终日沉溺在书卷之间，奋笔疾书，开始了《史记后传》的创作。

班婕妤

公元32年的一天，同往常一样，班彪正在房里伏案写书。家里仆人突然来报："老爷，夫人生了！"

班固就在这样一个书香门第中发出了他在世上的第一声啼哭。

班固自小便受到父亲严格且完善的教育，九岁时便能写文作诗，颇有"神童"之风，之后更是博览群书，不管是哪方面的知识都无所不学，年纪轻轻就已将各家学说融会贯通。

不过，班固为人谦逊，从不以才学高超而沾沾自喜。他因而得到了同乡诸多同窗的钦慕，逐渐扬名扶风郡。

受班彪的影响，班固对汉王朝的历史产生了浓厚的兴趣。父亲整日翻阅的资料成了班固最熟悉的读物，而向父亲请教历史也成了班固最喜欢做的事情。

公元44年，著名学者**王充**到洛阳游学，拜访班彪。当他与班固有过短暂交流后，立刻对班固的才学欣赏有加。

他慈爱地抚摸着班固的后背，对班彪笑道："你的儿子以后一定能完成记录汉史的重任。"

小小的班固还不知道，他已得到了当世顶级学者的认可！

王充，字仲任，东汉思想家，出身孤门，博览群书，勤学强记，过目成诵，擅长辩论，师从班彪，常游洛阳市肆读书。王充为人不贪富贵，不慕高官，为官时，与上司主张不合被贬，后汉章帝下诏征召，被他拒绝。王充写的《论衡》，探讨了宇宙运作、传染病等科学问题，受到英国科技史学家李约瑟推重。

被捕入狱

公元54年，班固迎来了人生中最悲痛的事——父亲班彪去世了。

正在洛阳太学学习的班固专程回到故乡安陵县，为父亲守孝。

居住在安陵县，没有了以往在洛阳时人来车往的喧嚣，虽然清静不少，但是也再没有人与班固畅谈古今之事了。

当班固翻开父亲尚未完成的《史记后传》时，父亲的音容笑貌浮现在他的心头，他仿佛又看到了当初与父亲尽情议论前朝兴亡的画面。

父亲的遗志通过《史记后传》再次传达给了班固，班固第一次以审视的目光翻阅着《史记后传》，他决定完成父亲没能完成的事业。

于是，班固利用家中丰富的藏书，再结合父亲的遗作与自己平生所学，开始了撰写**《汉书》**的工作。

他尽心尽力，整日与书本笔墨为伍，简直到了浑然忘我的地步。然而，出乎他意料的是，自己还没写多少，就有人向朝廷告发他私自修订国史。

汉明帝大为震怒，命人将班固捉拿入狱，他的手

《汉书》，中国第一部纪传体断代史，其中的八表由班固的妹妹班昭补写，天文志由马续补写。马续为伏波将军马援侄孙、经学家马融之弟。《汉书》与《史记》《后汉书》《三国志》合称“前四史”。

班固

稿也一并被查抄了。

当时，私自修订国史是一项很重的罪名。别说私自修订了，就连想阅读都很难。汉成帝在位时，东平王刘宇就曾上书想借一套《史记》来阅读，被汉成帝拒绝了。由此可见，帝王对于本朝历代先皇的名声看得很重。

班固下狱以后，班固的弟弟班超以最快的速度赶到洛阳，面见汉明帝，陈述了哥哥班固其实是在继承父亲班彪的遗愿，私自修史是为了宣扬汉家威德。

与此同时，扶风郡的官员也派人将班固所写的书稿送到了汉明帝的面前。

班超等人真诚的解释引起了汉明帝对班固的兴趣。汉明帝翻开班固的书稿，仔细地阅读起来。

也就是这么一翻，便极大地改变了班固的命运。

班固那斐然的文采与栩栩如生的叙述深深吸引了汉明帝。汉明帝看着眼前的书稿，被班固的才华深深折服，他有种预感，此书若修成，必将与太史公司马迁的巨著《史记》并驾齐驱！

为了进一步施展班固的才华，汉明帝发出了令所有人都惊讶的诏令：召班固进京，任命他为**兰台令史**，参与《世祖本纪》的编纂工作。

兰台令史，负责掌管书奏及印工文书、校对皇家藏书。

班固在有惊无险中走出了监狱，他再次来到洛阳。与之前不同的是，这一次他进入了皇宫，进入那无数人梦寐以求的地方。

修国史

班固终究没有辜负汉明帝的期望。他与同僚合作，修成了《世祖本纪》，受到了汉明帝的嘉奖，被任命为校书郎。

紧接着，班固在《世祖本纪》的基础上，博览群书，独立完成了光武帝朝中东汉功臣及诸多大事的记述，前后共二十八篇。

当他将这二十八篇书稿全部呈给汉明帝时，他的才华再次让明帝折服。明帝确信班固有过人的才华，于是下诏，让班固继续编撰未完成的史书。

如此一来，班固得到了正式的“修国史”的任务。

在洛阳皇宫中任职，就意味着班固从此有了无比丰富的图书资料可以供他查阅，加上他从“私修国史”变为“受诏修史”，可谓名正言顺地为皇家写书，这些都为他的《汉书》编纂工作提供了极大的便利。

于是，在接下来的日子里，班固在完成他本职工作的基础上，将所有精力全部投入撰写《汉书》之中。

扬名天下

自光武帝刘秀定都洛阳以后，朝中便有诸多非议之声。大部分祖籍在长安一带的官员皆认为长安更适合作为王朝的都城。即便刘秀逝世后汉明帝刘庄即位，朝中这样的呼声依然很高。

班固认为，就汉朝目前的状况而言，刘秀定都在洛阳的决策是最合适的，而如果任由迁都的想法在朝堂中肆虐，将会引起不必要的恐慌。

于是，班固奋笔疾书，为刘庄呈上《**两都赋**》。

这是一篇流传千古的文学作品。

作品中，班固称赞西都长安的险要、优越，更是以极高的热情、富丽的文笔称赞东都洛阳皇宫规模之宏大、都城礼法制度之完备，歌颂了光武帝建都洛阳、中兴汉朝的功绩，以此打消了朝堂中那些不切实际的迁都言论。

《两都赋》使班固再次扬名洛阳，不仅为他进一步获得政治资本奠定基础，也使他在中国古代文学史

《两都赋》，分《西都赋》《东都赋》两篇，文章内容丰富、开阔，引人遐想，运用排比、对偶，音调和谐，读之娓娓动听。

最能代表汉代文学成就的文体，称为“辞赋”，而赋体中文学最难写的便是汉大赋。自西汉枚乘写出《七发》，为后世确立了汉大赋这一文体范式以后，司马相如以《子虚赋》《上林赋》两篇汉大赋作品，奠定了汉代辞赋第一人的地位，也为后世树立了极高的汉大赋写作楷模。

上得到了一处宝座，使他成为继司马相如以后又一位卓越的大赋作者。

《汉书》问世

公元75年，汉明帝驾崩，汉章帝刘炟即位。汉章帝同汉明帝一样，十分敬重文采斐然的人，因此非常器重班固。

每当皇帝外出打猎时，班固时常跟随在狩猎队伍

中，为皇帝献上诗赋作品助兴。而当朝廷有重要事宜协商时，班固虽然职位不高，仍然获准进入朝堂，参与讨论。

后来，班固因为觉得自己官职不高，内心抑郁之下，写出了作品《答宾戏》，汉章帝被其中蕴含的真切情感所打动，便让班固担任**玄武司马**。

玄武司马，掌管皇宫玄武门事宜，同时裁夺礼制事宜。

公元79年，校书郎杨终上书汉章帝，请求召开一场学术会议，借以修正朝堂与地方学府中关于儒学、经学的学术分歧。

汉章帝采纳了杨终的建议，将当时天下的诸位大儒全部集中在皇宫内的白虎观中，对儒家经典中的义理展开讨论。

班固作为会议记录者全程参与了这场学术研讨会。会议结束后，汉章帝吩咐班固将此次会议的主要内容编纂成书，于是，就诞生了《白虎通义》这部经典。

公元82年，历时二十余年编纂的史学作品《汉书》初稿完成。这是一部足以同《史记》并驾齐驱的伟大作品。

二十余年间，班固夙兴夜寐，博览群书，接过父亲班彪的遗志，写出了让整个汉家王朝为之动容的皇

皇巨著。

就此，班固成了整个中国文化史上又一颗耀眼的明珠，散发出璀璨的光芒，穿越历史的尘埃，闪耀于中国文化的星空之上。

受辱而死

班固同父亲班彪一样，有记录历史的伟大决心。为了这个决心，班固也曾废寝忘食地埋头于书案之间。

但父子两人不同的是，班彪在晚年写作《史记后传》时，对于功名利禄已经看得十分淡然；然而，翻开班固的著作，无论《答宾戏》也好，《两都赋》也罢，其中都能看出班固不甘寂寞，有建功立业的决心。

所谓“人生三不朽：立德、立功、立言”，那个二十余年间兢兢业业埋头写书的班固，那个名满天下却官职不高的班固，内心始终都充斥着难以立功的抑郁与苦闷。

当然，班固曾多次得到皇帝的器重，但他在朝堂中所任之职终究无法与那些出将入相的同僚相比。

他的弟弟班超在西域立下的惊世功业也刺激着班固，他在无数个日夜中盼望着能有一个让他建功立业的机会。

于是，当汉章帝逝世，年幼的汉和帝即位，外戚窦宪趁机把持朝政以后，班固有了一个选择。

作威作福的窦宪在朝中大肆扶植自己的势力，此时的班固正在家中为过世的母亲守孝。听闻朝堂的变故，班固敏锐地意识到这是个千载难逢的机会。

窦宪作为名将之后，对王朝的老对手北匈奴一向是主战不主和，而只要自己依附窦宪，就可能获得随军出征的机会。

但是，班固不会不知道依附权臣将要面临的压力，甚至可能因此遭万人唾骂。但数十年的寂寥苦闷还是让班固决定铤而走险。

他派人与窦宪取得了联络，就此成了窦宪的党羽。

公元89年，窦宪率军出征匈奴，班固随军征战，被窦宪任命为中护军，可以一起研讨军事事宜。

此次对匈奴的征战中，窦宪以无比勇猛的姿态重创了匈奴。

班固随同窦宪登上燕然山，受窦宪之命，勒石记功，这便是闻名后世的“燕然勒石”。

班固终于得偿所愿，也由此与窦宪更加亲密。

当窦宪班师回朝以后，班固大笔一挥，为窦宪呈上《窦将军北征颂》。

击败匈奴的功业，加上当朝第一文人的歌颂，窦宪越发不可一世，朝中同僚对窦宪也越发不满。

公元92年，窦宪谋乱失败，被革职回乡，后自尽身亡。窦宪的党羽也遭到了不同程度的清算，班固由此被株连入狱。

而审理班固案件的官员**种兢**因为与班固有仇，趁班固入狱时，对班固严加拷问和陷害。

> 种兢，东汉大臣，曾任洛阳令。班固有一奴仆曾辱骂过种兢，种兢敢怒不敢言，心中衔恨。后来，种兢有机会逮捕班固，趁机严刑拷打，使班固死于狱中。

班固不堪受辱，死于狱中。

一代文人，不世出之大才，就此殒命。

譬如朝露

班固的死可说是出乎所有人的预料。汉和帝听闻他的死讯后，怒不可遏，第一时间下诏谴责种兢公报私仇，又将拷打班固的狱吏全部赐死。

后世史学家范晔对班固有这样一句评价：“智及之而不能守之。”大概是对班固依附窦宪之事感到惋惜吧。

班固有经天纬地的才华，也有建功立业的志气。所谓“学而优则仕”，班固希望将自己一生所学付诸实践，自是无可厚非。他在朝堂之上担任着不起眼的官职，长期的抑郁不得志让他倒向了权臣窦宪。但即使身为窦宪的党羽，他也没有做出伤天害理的事。

窦宪北征匈奴，班固得以随军同行，在燕然山上为窦宪完成了刻石勒功之事，这是何等地威风凛凛。这时候的班固，内心必然是愉悦的。

或许，当他决定依附窦宪时，脑中回荡着的是他笔下《汉书·苏武传》中借李陵之口说出的那句话吧：人生如朝露，何久自苦如此？

纵观班固的一生，兴衰荣辱也正如朝露一般，转眼即逝。唯有那部《汉书》，千年来，仍令无数读者感动肺腑、潸然泪下。

杨震

『关西孔子』

名门之后

杨宝，东汉名儒，名士杨震之父，因不愿做官，而避世隐居。成语“结草衔环”中“衔环”典故的主角就是杨宝。传说杨宝九岁时，救下一只黄雀放飞。夜里，有黄衣童子自称西王母使者，衔来四枚白环，答谢杨宝，并预言杨宝的后代将位列三公。

如果有人问起，在中国封建社会中，极富传奇色彩的大家族都有哪些？那么，“弘农杨氏”必然榜上有名。

自西汉至唐，数百年间风云变幻，“弘农杨氏”不仅屹立不倒，反而越发显赫。

无论是谁家天下，这个家族都不断地为朝廷输送文臣武将，并与帝王家人联姻，甚至还走出过一位开国皇帝——隋文帝杨坚。

秦末楚汉战争时期，刘邦率领无数骁勇善战的士兵纵横四海，杨喜便是其中之一。后来，杨喜参与斩杀西楚霸王项羽，由此立下大功。刘邦开创汉朝后，杨喜被封为赤泉侯。

到了汉昭帝时代，杨喜的玄孙杨敞出任丞相，后被赐封安平侯，弘农杨氏成为世人公认的名门望族。从此，弘农杨氏的名字就登上了历史的舞台。

杨敞有位举世闻名的岳父，名为司马迁。

春秋荏苒，物换星移。建武年间，弘农杨氏由杨喜的七世孙**杨宝**当家。

汉哀帝、汉平帝在位期间，杨宝不满于朝政昏暗，拒绝了朝廷发出的征召诏令，隐居于弘农郡华阴

县，选择教书作为自己的职业。

后来，王莽夺取朝政大权，急于得到世家大族的支持，再次下诏让杨宝入朝。

为保家族安危，杨宝假意接受诏令，后在前往长安途中趁机逃跑，开始流落江湖，就连他的家人也不知道他身在何处。

直到刘秀称帝以后，杨宝才回到家里。

光武帝刘秀听说杨宝的事迹以后，对他敬重无比。

他也发出诏令，邀请杨宝入朝为官。

遗憾的是，杨宝已到了油尽灯枯的时候。

面对刘秀送来的诏令，虚弱的杨宝将年幼的儿子杨震唤到病榻之前。他以慈爱目光最后看了一眼杨震，随后便安详地闭上了双眼。

“如今正是开明治世，朝堂之上，一定有你的用武之地。”这或许是杨宝弥留之际想对杨震说的话吧。

不管怎样，还不理解“生离死别”的杨震从此进入了世人的眼中。

桓郁，字仲恩，东汉大臣，敦厚笃学，长于《尚书》。汉明帝时，为皇太子刘炟老师，任屯骑校尉等职。汉和帝时，任太常卿等职。

君子长风

杨震，字伯起，生于弘农郡华阴县，是杨宝的独子，自幼深受杨宝喜爱。

还在幼年时期，杨震就拜入当时著名学者**桓郁**的门下，学习《欧阳尚书》。

孔子

学富五车的桓郁成了杨震的榜样，他在桓郁的引导下开始博览群书，除了《尚书》之外，许多儒家经典也被他钻研得无比透彻。

依靠深厚的儒家学养、谦逊的品德，再加上身为“弘农杨氏”中人，杨震得到了“关西孔子”的盛名，以此扬名弘农郡。

同父亲杨宝一样，成年后的杨震多次拒绝了朝廷的征召，仍以讲学为业。

这样持续了数十年，当杨震的亲朋好友都劝他可以入朝为官时，杨震却依然拒绝了，只说是“时机未到”。之后的某一天，杨震一如既往地在讲堂中读书，突然见到一只雀鸟衔着三只鳣鱼飞进讲堂。

讲堂中的学员见到以后，惊喜地向杨震表示：“鳣鱼是当朝大夫官服上的图案，这是吉祥之兆，先生此后必能平步青云。”

杨震意识到时机已经成熟，终于接受了诏令，开始在弘农郡担任官职。

此时的杨震，已经五十岁了。

果然，没过多久，大将军邓骘（zhì）听说杨震终于不再隐居，于是向皇帝举荐。杨震得以入朝为官，几次升迁之后，被任命为东莱太守。

却金暮夜

在前往**东莱郡**的路途中，曾经受杨震知遇之恩的王密趁着夜色来到杨震的住所。

东莱郡，今山东烟台一带。

杨震见到曾经的老朋友，自然是很高兴，想与王密共叙友谊。

结果，让杨震没想到的是，王密拿出了十斤黄金，他立刻明白了王密此次见面的目的。

杨震非常失望，说道：“你我是多年的老朋友了，难道你还不知道我的为人吗？”

王密不以为意，说道：“现在正是深夜，四周无人，不会有人知道的。”

杨震正色言道：“什么叫‘不会有人知道’？天知，神知，你知，我知！”

面对好友义正词严的拒绝，王密羞愧难当。他匆匆行礼，慌乱地离开了杨震的住所。

《礼记·中庸》有言：“莫见乎隐，莫显乎微，故君子慎其独也。”大意是，从最隐蔽、最细微的言行上能看出一个人的品质，所以，君子慎独。由此可见，杨震不愧为“关西孔子”。

因为这件事，世上还诞生了一个成语——却金暮夜。说的正是杨震的清廉为官。

后来，杨震因政绩卓著，被调到涿郡担任太守。

在涿郡期间，杨震一如既往，公正无私，而且清廉有加。他的子孙也在他的教导下节衣缩食，丝毫没有官宦弟子的奢侈做派。

杨震的同僚曾经劝杨震为子孙置办房屋、农田等产业，杨震断然拒绝。

他说：“将清白之名留给后世子孙，是最为丰厚的遗产。”

由此，杨震获得了同僚与治下百姓的交口称赞。

上书弹劾

公元120年，杨震因功升为司徒，位列三公，执掌王朝，成为朝廷重臣。

公元121年，执掌大权的邓太后去世，朝政由此陷入混乱局面。汉安帝刘祜的奶娘王圣仗着自己抚育安帝有功，骄横跋扈，开始干涉朝政。

王圣的女儿伯荣也靠着王圣的权势擅自出入皇宫，开始收受贿赂，培植党羽。

面对这一局面，杨震痛心疾首。

他第一时间上书皇帝，向皇帝说明后宫干政的危害性，恳求将王圣与伯荣从皇宫内驱逐，并劝谏汉安帝勤理政务、关爱百姓生活，由此使国家再现政治清明之象。

杨震万万没有想到，汉安帝竟将他的奏疏拿给王圣过目，由此，王圣、**伯荣**等人开始对杨震怀恨在心。

> 伯荣，汉安帝刘祜乳母之女，与母亲王圣煽动内外，奢侈暴虐。汉安帝多次以她为“中使”，前往先帝甘陵祭拜，她恃宠而骄，仪仗前呼后拥，有如帝王，后被流放雁门，丈夫刘瑰被贬为亭侯。

后来，伯荣为了扩张自己的权势，与王室中人刘瑰结为夫妇。刘瑰也由此得到安帝的宠信，被安帝封为朝阳侯。

杨震对此再次提出反对意见。

他继续上书，说明“朝阳侯”本是刘瑰堂弟刘护的爵位，刘护虽然去世，但是刘护的同胞弟弟刘威尚在人世，加上刘瑰于朝廷没有立下任何功业，所以，他无论如何都没有资格受封朝阳侯。

然而，鬼迷心窍的皇帝并没有采纳杨震的意见。

初心不改

公元123年，杨震出任太尉一职，总揽王朝的军政大权。

皇帝的舅舅耿宝为了加深自己在朝中的势力，私底下联络杨震，希望杨震提拔宦官李闰的哥哥。

耿宝说：“提拔李闰兄弟的事情，是圣上的意见，我不过是向你传达指令而已。”

杨震当然知道这一切究竟是怎么回事，果断地拒绝了。

由此，杨震再次招来朝中小人集团的厌恶。

此时，汉安帝受到宦官樊丰等人的蛊惑，拿出巨额资金为乳母王圣修建宫室、园林，大肆向百姓征发徭役。

杨震预感到国将不国，他不顾自身在朝中的安

危，再次向皇帝上书，希望皇帝停止如此大规模的建筑工程，为国库省钱的同时重视恢复农业生产。

同以前一样，杨震的上书如石沉大海，丝毫不见效果。

王圣等人的党羽反倒越发骄横，以致朝政混乱不堪。

其实，王圣、耿宝在培植自己势力的时候，也曾想拉拢杨震。但一身正气的杨震多次拒绝了他们。

杨震坚信，自己能成为匡正朝廷风气的那个人。他也坚信，皇帝刘祜终究能够被他的诚心所感动，最后悬崖勒马。

然而，即使杨震名满天下，即使杨震多次想力挽狂澜，朝中也已经遍布王圣、耿宝等人的党羽了。杨震本人也因为多次违逆皇帝的意愿而引起皇帝的不满。

但是，从小饱读诗书，以天下事为己任的杨震仍然不屈服，仍然选择了直面朝政的黑暗，他向皇帝递出了自己的第四封奏疏，恳请皇帝停止重用宦官和外戚。

终于，王圣、耿宝等人对杨震的不满达到了极点。他们急切地盼望着一个彻底扳倒杨震的机会。

慨然赴死

汉安帝在位的最后几年，繁重的徭役、劳役加重了人民生活的负担，混乱的朝政、外敌的入侵，加上频繁发生的自然灾害，大大损耗了王朝的国力。

在杨震不断尝试修正安帝之过的时候，河间郡一位名叫赵腾的平民百姓直接到宫门上书，指责朝廷过失。

汉安帝听说以后怒不可遏，毕竟，杨震的几封奏书已经让他大为恼火，但杨震好歹是朝廷重臣，又是当世鸿儒，上书批评朝政实属他的分内之事。而赵腾一个平民百姓居然也干出此等逾越礼法之事，实在让安帝怒不可遏。

于是，汉安帝下令，将赵腾关入诏狱。

刚正不阿的杨震听说赵腾的事迹以后，陷入了两难。

他深知皇帝对他的态度，担心自己如果出面干涉此事，极有可能再次触怒安帝。但如果自己不出面，赵腾必难逃一死。

恍然间，杨震仿佛回到了自己少年求学的时光，他仿佛看到了那个拿着古书典籍认真阅读的自己。

明君贤臣，是杨震一生的追求，如今，圣上受奸臣蒙蔽，自己当驱散黑暗，还天下百姓一个清明盛世，这是杨震的信念。

冥冥之中，杨震感到赵腾此人与自己有着相同的愿望，那便是希望朝政清明、天下太平。

于是，他再次上书汉安帝，请求皇帝赦免赵腾，以此彰显明君气度。

可悲的是，恼羞成怒的皇帝依然不顾杨震的建议，命人将赵腾斩首示众。

公元124年，早已视杨震为眼中钉的宦官**樊丰**趁着安帝巡视泰山之际，上书弹劾杨震。

樊丰，东汉宦官，汉安帝时为中常侍，依附外戚耿宝，与皇帝乳母王圣等人干涉朝政，又假作诏书，建造府邸苑囿，被太尉杨震发现后，诬陷杨震，致使杨震自杀，后被阎太后处死。

樊丰诬陷杨震因为赵腾之死而心有怨恨，又诬陷杨震因为邓骘之死而对皇帝心生不敬。早先向皇帝举荐杨震的邓骘因被宫女诬陷改封罗侯，回封国后不久死去。

早已忍受不了杨震的汉安帝趁此机会将杨震的官印收走，杨震为免节外生枝，决定闭门谢客。

而樊丰不肯罢休，居然趁机再次上书，诬陷杨震不服皇帝的处置。由此，杨震被安帝遣返回乡。

心灰意冷的杨震落寞地离开了朝堂，或许，他早已预料到会有这么一天。

当他走到洛阳城西的几阳亭外，看着一路随行的百姓时，忍不住落下泪来。

他转头对自己的儿子与学生说道：“我受圣上的赏识入朝为官，却无力铲除奸臣，如今有何面目立于天地之间。”

于是，杨震决定以死明志。

他不顾儿子的阻拦，再次说道：“人人皆有一死。我死之后，葬礼必须节俭，且不准设置灵堂供人祭祀。”

说罢，杨震拿出早已准备好的毒药，一饮而尽，告别了这片他曾深爱的土地。

洛阳一带，加上杨震故里弘农郡的百姓听闻杨震死讯，人人都痛哭流涕，感叹苍天无眼，竟使如此忠臣含冤受辱。

沉冤得雪

公元125年，汉顺帝刘保继承大统，此时，樊丰等奸臣早已在激烈的党派斗争中被杀。

杨震的门生虞放、陈翼等人上书汉顺帝，陈述了杨震之死确实有冤。

汉顺帝查明情况，明白杨震一生忠良，便亲自做主，下令将杨震的墓葬迁到华阴县的潼亭边上。

潼亭是华阴县内的一处有名的风水宝地，杨震的墓葬被迁到此处，可见朝廷对于杨震的死是十分愧疚的。

紧接着，汉顺帝发出诏书，肯定了杨震对于朝廷的功绩，并承认朝廷对于杨震之死的过失。

至此，杨震的冤情终于得到了平反。

据说，杨震下葬潼亭之前的十多天内，每天都有大鸟盘旋在潼亭周围，哀鸣不绝。当地百姓认为这是上天显灵，怜悯杨震。想到杨震之死，他们再次泪如雨下，于是自发为杨震祭祀。直到杨震下葬潼亭之后，大鸟终于飞走。

百姓悲痛万分，在杨震墓前立起了一座大鸟模样的石像，希望此石像能够显灵，可以一直陪着杨震，让杨震不至于太寂寞。

纵观杨震的一生，宦海艰难，依然不灭胸中热血。

他谨记圣人之言，坚信为官真正应该要做的，便在于扶危济困，无论是朝廷之危还是百姓之困，都是自己分内之事。

杨震身居高位而清廉有加，无论在庙堂上还是在州郡，他始终忧国忧民，刚正不阿。

他拒绝同朝中奸臣同流合污，多次向皇上表明自己为国为民的想法，不惜触怒皇帝，真可以称得上是光明磊落。

后来，杨震得以昭雪，而历朝历代中，到华阴潼亭祭祀杨震的人一直源源不断，大家都没有忘记这位“关西孔子”，其中便包括千古一帝唐太宗。

唐太宗李世民

李固

社稷之心

敢于"毁谤"

刘续，东汉安平王，曾祖父是汉章帝刘炟；黄巾之乱时被活捉，朝廷花费赎金将他赎回，不久因"大逆不道"罪被杀，废除安平国。

公元184年的春天，黄巾之乱爆发。这场残酷的浩劫让大汉政权陷入了风雨飘摇之中。

动乱中，冀州安平王**刘续**被黄巾军俘虏。

消息传到洛阳，汉灵帝刘宏瞬间觉得很是丢脸，毕竟，王朝的藩王成为囚犯，这种事实在有损王朝的权威。

于是，汉灵帝下令，花费重金将刘续从黄巾乱贼手中买了回来。

紧接着，朝廷决定恢复刘续安平王的身份。

没想到，议郎李燮（xiè）上书，认为刘续此前身为安平王，不仅毫无政绩，又在黄巾之乱中任由乱军扰乱冀州，最后自己还被俘虏，实在丢人现眼，哪里有资格再次成为藩王呢？

汉灵帝看着李燮的奏疏，哭笑不得。他突然想起李燮的父亲，无奈中摇头叹道："真不愧是那个人的儿子啊。"

后来，刘续仍然被立为安平王，李燮则被人弹劾"毁谤宗室"。

汉灵帝倒也没有给李燮定罪，只是罚他做了几天苦工。

李燮上书批判安平王的事迹很快传遍了洛阳城，由此也就有了一句俗语："父不肯立帝，子不肯立王。"

也不知坐在皇宫内的汉灵帝听到这句俗语，该作何感想。至于李燮，必然会想到当初父亲李固去世时的样子吧。

对策第一名

李固，字子坚，汉中郡**南郑**人。他从小就勤奋好学，为了请教名师甘愿走上千里的路，只为了让名师指点一下自己的学问。

南郑，今陕西省汉中市南郑区。

李固十分健谈，加上他饱读诗书，所以成年后也成了别人眼中的名师。

但是李固给人的第一印象绝不是谦逊有礼、温文尔雅之类的，而是容貌奇异，让人过目不忘。

根据史书记载，李固的头骨就像犀牛角一样，向上隆起隐于发际，脚底上还有龟背纹。

公元133年，天下接连出现地震、山崩、火灾等灾害。很多人在面对那些自然灾害时，很自然地认为这些灾祸轮番上演必是因为天子治国不力。汉顺帝刘保也是这么认为的。

对策，古代科举制诞生以前的一种考试形式。应考的人要回答皇帝所问的治国策略。

于是他召开了一场对策。李固得到了朝中大臣贾建的推荐，参与了这场**对策**。由此，李固开始在官场上崭露头角。

对策中，李固尽情展现了他的才华，将自己的博学之风显露无遗。他引经据典，慷慨陈词，转眼之间答出上千字的策论。

总结起来，他认为天下接连发生灾害，确实是因为当朝者的过失，而过失的原因就在于皇帝刘保过分尊崇他的乳母宋娥，并且大肆任用宦官，使得朝纲混乱，百官不得尽心尽力辅佐圣上治国。

皇帝听着李固热血十足的演说，当即表示李固为此次对策的第一名。

随后，他下令将乳母宋娥遣送出宫，任命李固为议郎。

弃官读书

初出茅庐的李固瞬间扬名朝廷内外，但也大大得罪了宋娥和大批宦官。

于是，这群人伪造匿名举报信，污蔑李固多条罪状。

皇帝刘保不明就里，认为李固表里不一，人品不行，打算治他的罪，幸好朝中多位重臣为李固担保，终于使李固转危为安。

但是，朝中的宦官都非常害怕李固的影响力，他们暗中做了手脚，免去了李固议郎之职，转任为广汉郡**雒（luò）县**县令。

从在京为官，到离京千里，顷刻间一番大起大

雒县，在今四川省广汉北。

落，让李固很是失落。

这是他第一次因年少轻狂而栽跟头。当他路过**白水关**时，看着崎岖复杂的山路和连绵起伏的山势，终于解下官印，命仆从带回洛阳。而李固则回到了汉中老家。

白水关，今四川省广元市青川县营盘乡。

“或许，如今的朝廷真的不适合自己吧。”李固失落地想着。

于是，他把自己关进房里，不社交、不见朋友，就只是每天读书，终日以书为伴。

救护忠良

公元135年，汉顺帝的岳父梁商被任命为大将军，总揽朝政大权。

梁商此前早已听闻李固是个有真才实学的人，当他知道李固每天都在家里读书时，立刻发出邀请，聘请李固担任自己的从事中郎。

梁商原本以为李固在身边能助长他的权势，结果李固做的事让他立刻傻眼。

李固回朝后，依旧不改自己的耿直。

他向梁商上书，表明他十分感谢梁商对他的赏识，但为了避免朝堂出现前朝那样外戚祸乱朝政的局

读书

面，他还是希望梁商辞去大将军之位，以此作为表率，此举可使得朝廷中风气清明，如此一来，梁商不但能名垂青史，更能杜绝朝中外戚干政的风气。

梁商简直不敢相信自己的眼睛，他无论如何也没想到，都沉寂了一段时间，李固不仅不反省而且越发“不识时务”。好在，梁商懒得与他计较，李固的上书他权当没看到。

公元136年，太尉**王龚**有感于朝廷中宦官势力日益膨胀，上书汉顺帝，极力说明宦官弄权的危害，由此得罪了宦官集团，以张昉为首的宦官势力暗中指使小人诬陷王龚。

王龚，字伯宗，东汉名臣，出身豪族世家，敢于弹劾权贵贪官，被汉安帝任为尚书。王龚爱才，温和而严肃，又很谨慎，颇受百姓喜欢。任太尉时，被宦官诬陷，经大将军梁商救护，得以免罪，后老死家中。

本就宠信宦官集团的皇帝，由此命令王龚老实交代罪责，实际上是等着对王龚治罪。

所幸，李固与王龚是旧相识。

本就痛恨宦官专政的李固听说王龚有难，立刻请求梁商出面担保王龚无罪。

梁商作为朝中外戚势力的代表，与宦官集团有着利益冲突，再加上梁商确实爱惜人才，便顺水推舟答应了李固的请求。

于是，梁商向皇帝进言，说明王龚无罪，由此，王龚转危为安。

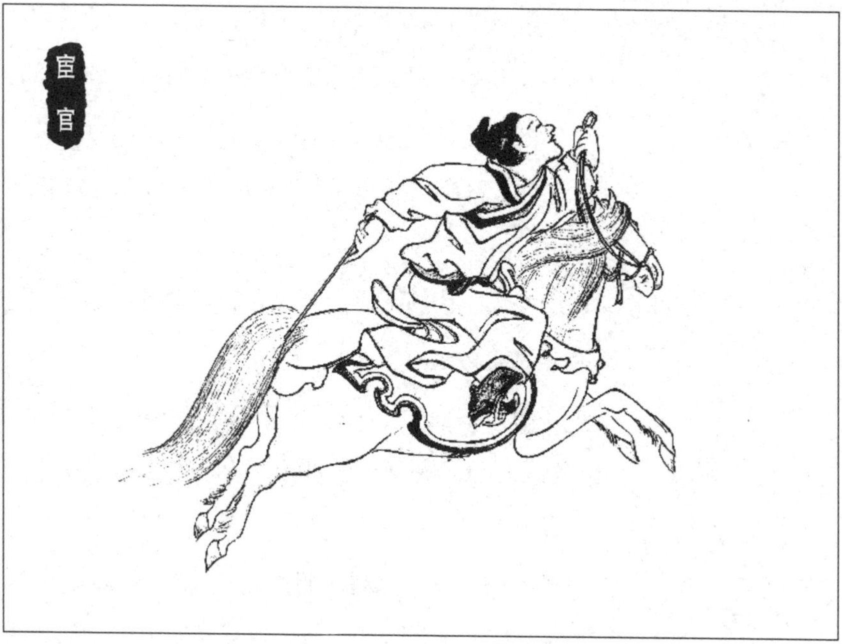

热血未灭

公元141年，经梁商推荐，李固被朝廷任命为荆州刺史，负责解决持续数年的荆州盗贼之乱。

李固到任以后，上下走访，明白了此次动乱产生的原因。

紧接着，他和仆从走遍了整个荆州，挨家挨户予以慰问，并做主赦免了此前盗贼的罪行，让他们能够重新做人。

流寇的头目夏密被李固的仁爱所感动，他召集所有部下向李固认罪，并保证今后绝不惊扰百姓。

李固将他们全部赦免。

于是，不到半年时间，荆州又回归了此前清平之景。

没多久，李固听说南阳太守高赐贪赃受贿，于是便上书弹劾高赐。

高赐出重金贿赂大将军梁冀。梁冀是梁商之子，此时梁商已死。梁冀于是扣下了李固的上书，将李固调任泰山太守。

同荆州一样，**泰山郡**此时也被盗贼问题所困扰，而且情况更加严峻，郡内官兵集结上千人都无法剿灭。

泰山郡，今山东境内。

李固到任以后，结合在荆州平乱的经验，在不伤人、不流血的情况下，解决了泰山郡的盗贼祸患。

由此，李固官升将作大匠，掌管宫室修建。他正式进入了洛阳皇宫，没多久，又官升大司农，掌管国家财政，位列九卿。

数年的官场生涯，李固始终恪守着“修身、齐家、治国、平天下”的古训，即使遇到了挫折，依然热情不减。他只求将自己一生所学报效朝廷，辅佐皇帝，治理好天下，让百姓都能过上好日子。他既能评议朝政，又能解决地方祸患，可谓能文能武，堪称“百官楷模”。

势不两立

公元144年，汉顺帝刘保驾崩，年仅一岁的太子刘炳继承大统，是为汉冲帝。没过多久，刘炳夭折，太后梁妠为保梁氏家族的权势，与梁冀合谋，立不足十岁的刘缵为帝，是为汉质帝。由此，朝政大权顺利落入梁家人手中。

早在刘缵登基以前，李固便上书梁冀，劝梁冀参考此前周勃、霍光等人的事迹，应该立年纪大一些、德行较完备的人为皇帝，以免上演此前汉殇帝、汉安帝在位时邓太后把持朝政的险恶局面。

实际上，李固已经预料到如果新皇帝年纪较小，朝政大权必然会落入梁冀手中。

他的上书明明白白地提醒着梁冀：不要想着以外戚身份总揽王朝大权。

李固希望以自己最大的努力，避免诸如此类的事情在皇宫发生。遗憾的是，或许李固也早有预感，自己的建议不会被采纳。

果然，看到刘缵坐在了皇位之上，又看着在刘缵身旁发号施令的梁冀，李固暗自摇头叹息。

幸好此时梁妠梁太后健在，作为梁冀的妹妹，又贵为太后，梁太后的存在在很大程度上制约着梁冀的作威作福。

而李固也因为此前立下的许多功劳，被梁太后所倚重，于是，李固受梁太后委托，与梁冀共同处理朝中事务。

由此，朝堂之上出现了短暂的开明气象。

但梁冀也从这时起有了扳倒李固的想法。

无力护驾

为了对抗李固，梁冀和他的党羽勾结在一起，找准机会便诬陷李固结党营私，生活作风有问题。

梁太后怎么会不知道梁冀的心思呢？但是，对于梁冀势力对李固的诬告，梁太后选择了置之不理。

此事以后，梁冀认为时机未到，他收起自己的杀心，耐心等待着将李固彻底抹杀的时机。

梁冀越发颐指气使、气势凌人、不可一世，连上朝也是如此。

汉质帝刘缵此时八岁，也看他不顺眼。他当着群臣的面说梁冀："此跋扈将军也！"

梁冀听了，始料不及，大怒。

退朝后，梁冀觉得刘缵虽小，但聪慧早熟，万一长大之后，自己难以控制他怎么办？于是，他便动了

杀心。

此时，梁太后身体越加虚弱，很多事情处理不了，朝政大权彻底被梁冀所控制。

公元146年7月的一天，梁冀让安插在汉质帝刘缵身边的亲信偷偷地把毒药掺杂在刘缵将吃的煮饼中。然后，他让亲信把煮饼放入食盒，呈给刘缵，请刘缵吃。

刘缵吃下毒饼，顿时觉得气闷、肚子剧痛，他赶紧召太尉李固进宫。

李固焦急地问："因何气闷肚痛？"

刘缵勉强答道："刚刚吃了煮饼。肚子难受，若有水喝还能活。"

梁冀正在旁边，立刻说："喝水恐怕会呕吐，不能喝水。"

过了一会儿，刘缵便死了，年仅九岁。

李固悲愤万分，痛心不已，趴在刘缵的尸体之上痛哭。

梁冀看着眼前痛哭的李固，担心自己毒杀刘缵的消息泄露，再次动了杀心。

号哭不绝的李固内心兴许已经猜到，自己同梁冀即将迎来以命相搏的时刻。

遗书预言

刘蒜，东汉清河王，汉章帝刘炟玄孙，严谨持重，举止有度，深得李固等人信赖，不附宦官，被宦官怨恨。汉质帝去世，李固等大臣想拥立刘蒜，宦官从中作梗，最终未立刘蒜。后刘文、刘鲔谋反，又想拥立刘蒜，刘蒜受到牵连，被流放，后自杀。

所谓“国不可一日无主”，汉质帝暴毙而亡，“谁来继承这个皇位”成了眼下首要解决的问题。

李固与同僚据理力争，想推举清河王**刘蒜**为帝。

梁冀联合宦官集团首领曹腾，利用手中权力买通多位朝中大臣，又以谗言说服太后将李固免职。于是，梁冀成功推举刘志为帝，是为汉桓帝。

汉桓帝刘志登基以后，政治上依赖宦官集团。当他听说李固、杜乔等人此前反对自己登基，心里很不高兴。

恰好此时甘陵人刘文、魏郡人刘鲔打算立刘蒜为帝，梁冀向皇帝诬告李固与他俩合谋。早已不满李固的刘志将李固逮捕入狱。

李固蒙冤入狱，满朝震惊，整个洛阳也沉浸在悲痛之中。

多位官员上书太后，以性命担保李固绝无二心。由此，梁太后下令将李固赦免。

当李固走出监狱以后，满大街的百姓大喜过望，他们竞相跪卜，大呼“万岁——”听说这一切之后的梁冀内心大为不安，他明白李固逃过了此劫，自己必将惹祸上身。

胡广，字伯始，东汉重臣、学者，他博学多闻，性格圆滑柔弱，奉行中庸之道。历经六朝，为官三十多年，各方都能柔善相处，所以能保住高官厚禄。

赵戒，字志伯，东汉名臣，历经五帝，位至三公。赵戒年轻时，公正廉洁、疾恶如仇，名闻天下；晚年他性情大变，在对抗权臣梁冀时难以作为。

于是，他利用刚继位的汉桓帝想要掌控朝政大权的心理，再次向皇帝进言，将李固此前打算立刘蒜的事再次翻了出来。

刘志再也容不了李固，亲自下令，将李固处以死刑。

当李固临死之时，他写下一纸绝命书，然后把它交给了当时与他一同推举刘蒜为帝的儒臣**胡广**、**赵戒**。

李固在绝命书中对胡广和赵戒说：“你们享受厚禄，却眼见王室即将倾倒而不扶，难道还有比这更大的事吗？”

胡广、赵戒读过书信后，感到无比惭愧，也无比悲伤，涕泗横流，长叹不已。

同时，李固在绝命书中写道：“汉家衰微，从此始矣。”

可以想见，当李固写下这八个字时，是何等地痛心疾首！

他回望自己一生的官场生涯，始终问心无愧。于是，他大笔一挥，写完了这封绝命书，随后，死在狱中。

儒臣

身后荣辱

郭亮，字恒直，东汉名臣李固的弟子，李固被冤杀后，郭亮15岁，正游学于洛阳，冒死守护李固尸身。出于大义，郭亮不惧失去性命。后隐居，终身不为官。

董班，字季，在太学求学时，尊崇奉侍李固。李固被害死后，董班护尸于身旁，绕着尸身不肯离去，后隐入山林。

公元147年，东汉一代名臣李固，受梁冀迫害，死于狱中。

死前留下遗言：“固身已矣，于义得矣，夫复何言。”大意是，我舍生取义，没什么好懊丧的。

千年之后的今天，当我们再次读到这句话，想起李固的惨死，仍然会忍不住为他惋惜。

李固死后，梁冀下令，将李固的尸首悬挂在洛阳城中，不准任何人凭吊、收尸。

后来，李固的学生汝南郡人**郭亮**与南阳郡人**董班**冒死为李固收尸，梁太后得知后，下令赦免他们二人的死罪，并同意将李固遗体送回故里。

李固留有三子，大儿子李基、二儿子李兹同样被梁冀所害，唯独小儿子李燮逃出生天。

公元159年，梁冀被诛，随后汉桓帝下令，大赦天下，李燮得以入朝为官。

所谓“虎父无犬子”，为官期间，李燮牢记父亲李固在世时的教诲，继承了李固刚正不阿的品性，为官半生，赢得了同僚的尊重与百姓的爱戴。

后世史学家范晔，在为李固立传时评价他为“社稷之心”！

杜乔

以卵击石

挺身而出

公元147年，经过激烈的政治斗争，权臣梁冀将他的头号政敌李固赶出了朝廷。梁冀心中暗喜：“这下没有人可以成为我的威胁了。”

他之所以会如此得意，是因为现任皇帝汉桓帝刘志是自己大力推举后才坐上皇位的，当朝太后则是自己的妹妹梁太后，朝廷内外到处都是自己的党羽，可以说，汉家天下的真正掌控者基本就是他自己。

每每想到这里，梁冀都会忍不住发出笑声。

为了进一步巩固自己在朝廷中的地位，梁冀跟汉桓帝提议，将自己另一位妹妹梁女莹迎娶进宫。

此时汉桓帝刘志虽说身为皇帝，但继位不久，根基还没有稳固，朝中人事大权基本上还掌握在梁冀手中。汉桓帝明白，想要稳固地位，必须暂时借助梁冀一伙的权势。于是，他接纳了梁冀的意见。

一时间，皇帝将要娶妻的消息传遍了洛阳城，文武百官都到梁冀府上恭贺献礼。

梁冀看着眼前一个个想巴结他的官员，顿觉天下大势尽在我手。朝中那位养尊处优的太后梁妠也是梁冀的妹妹，而当梁女莹顺利成为刘志的妻子后，将来必然也是贵为皇后，母仪天下。

在梁冀的经营下，他手握重权，权倾朝野，越发不可一世。

按照婚礼习俗，新婚之后的女子必须回门。梁冀命人大肆装点，以无比奢靡之势迎接妹妹，可谓极尽排场。

然而，正是春风得意的他万没想到，此时朝中有人据此上书皇帝，称梁冀的做法实在过于招摇，不合礼法。

当梁冀听到此人的名号时，他无奈地拍了下脑门，开始自责：怎么把这人给忘了！

如果说，李固是自己的头号政敌，那么这个人就是自己的第二号死对头。

虽然这次上书事件并没有给梁冀带来任何负面影响，但是梁冀明白，自己在朝中远没有预料中的那样可以随意呼风唤雨，走了一个李固，还有人等着他去收拾。

这个人名为杜乔！说来也巧，他与李固有着非常密切的关系，真可谓是“物以类聚，人以群分”！

平步青云

杜乔，字叔荣，河内郡**林虑县**人。对比“弘农杨氏”，杜乔的家世实在平凡。他的祖上没有走出杨震先祖那样的朝廷重臣，但相比寻常老百姓之家，杜乔也算是正儿八经的官宦子弟。

林虑县，今河南省林州市。

家境还算不错的杜乔从小受到了很好的教育。还没成年的时候，杜乔就能把《诗经》《欧阳尚书》倒背如流。再加上他小小年纪就已身体力行地贯彻孝

道，由此，杜乔得到了河内郡官府的推荐。

杜乔受到司徒杨震的赏识，留在了杨震府中，辅助杨震。后来，杨震越发欣赏杜乔，保举杜乔出任南郡太守。

没过多久，杜乔因政绩出色被调入朝中，担任侍中一职，类似于皇帝的秘书、顾问。

这样的升迁速度，简直就是“平步青云”。杜乔可谓光宗耀祖，得到了大部分人渴望一生却不可得的待遇。

朝廷隐患

公元142年，杜乔被朝廷任命为光禄大夫，巡视**兖（yǎn）州**，考察兖州各级地方官员的政绩。

此时，李固任泰山太守，治下百姓安居，又因清除流寇而政绩斐然。杜乔在兖州转了一圈，上奏朝廷，以李固政绩为天下第一。

同时，杜乔在奏书中弹劾陈留郡太守梁让、济阴郡太守汜宫、济北国国相**崔瑗（yuàn）**，称他们犯有严重的贪污受贿之罪。

实际上，崔瑗是无辜的。他虽为梁冀亲信，但作为济北国的国相，崔瑗为人清廉有加，勤政爱民。后来，崔瑗上书朝廷，证明了自己的清白。

有道是“君子和而不同”。真正的君子在交往的时候，即使在具体问题上看法不同，也不会影响到彼此之间的关系。杜乔与崔瑗并没有因为这次的误会而结下矛盾。

不过，同时被杜乔弹劾的梁让与汜宫确确实实是罪有应得。梁让是当朝重臣梁冀的叔叔，汜宫是梁冀

兖州，汉代的兖州在今山东省西部及河南省东部一带。

崔瑗，字子玉，东汉学者、文学家、书法家，精通天文、儒学，早孤，锐志好学，四十多岁才任郡吏，后因事被囚。

的党羽。杜乔此次弹劾他们二人，可谓是“醉翁之意不在酒”。

汉顺帝刘保处理政务基本倚仗梁太后和梁冀，梁氏一族作为外戚已经开始露出自己的野心，杜乔希望通过铲除梁冀党羽的方式遏制梁冀在朝中的势力。

此次弹劾显然奏效，后来，桓帝时，梁冀想保举汜宫入朝担任尚书，杜乔以汜宫犯有贪赃罪为由，不肯举荐，使得汜宫未能如愿。这些都加深了梁冀对杜乔的怨恨。

抗衡权臣

结束了兖州的工作，杜乔回到朝廷之中，因为工作非常出色，官升大司农，位列九卿，总领国家财政大权。

没过多久，梁冀又有数个党羽受到封赏。然而这些人并非因功受封，仅仅是因为巴结梁冀而荣耀加身。

杜乔眼见梁冀的权势越发不可阻拦，而朝廷内大多同僚选择沉默不言，于是他挺身而出，上书汉顺帝。

杜乔在奏书中首先说明了梁冀的党羽对朝廷毫无

功业，不应该加官晋爵，然后挑明“有功不赏，为善失其望；奸回不诘，为恶肆其凶”。他认为，朝廷赏罚不明，如果有功德的人没有得到奖赏，那么为善的人就会失望；如果不惩罚奸佞小人，那么他们就会更加没有顾忌地作恶了。

最后，杜乔点明，如若继续赏罚不明，任由一些人胡作非为的话，那么结果必然是“丧身亡国”。

遗憾的是，这封句句在理的奏书没有得到汉顺帝的重视。

毕竟，梁冀此时已经总揽朝政大权，仅仅杜乔一人的奏折根本无法动摇他的根基。

永昌郡太守刘君世为求升迁，铸造金蛇打算送给梁冀，讨好梁冀。想当年，汉高祖刘邦斩白蛇起义，此时刘君世送金蛇给梁冀，这意思不用说也知道了。

益州刺史**种暠**（hào）知晓此事以后，上报朝廷，杜乔将金蛇没收。

心有不甘的梁冀向杜乔索要金蛇，被杜乔严词拒绝。

后来，梁冀的小女儿死了，顺帝刘保下令文武百官到梁冀府上参与送葬，唯有杜乔没有明确表态，他不仅没有参加葬礼，而且连慰问送礼都没有。

种暠，字景伯，东汉名臣，汉顺帝时，任益州刺史，因检举不法，得罪大将军梁冀，被免官。后任使匈奴中郎将、辽东太守，降服乌桓。又任尚书、度辽将军等职，平定南匈奴、羌胡及西域诸国，后入朝，官至司徒。去世时，并州、凉州百姓自发哀悼，南匈奴也举国追思。

前后几件事加起来，梁冀意识到杜乔已成为他权倾天下的绊脚石。更何况桓帝时杜乔还反对桓帝厚礼迎娶他妹妹。

几个月后，出现地震灾害，梁冀以此为借口，认为朝中有奸人当道，上书桓帝，弹劾杜乔品行不端。

最终，朝中大臣、身居太尉一职的杜乔，竟被直接免官。他成了继李固之后，又一位因为得罪梁冀及其势力而被赶出朝廷的重臣。

身死狱中

当初，杜乔同李固一样，在关于继嗣问题上都推选清河王刘蒜。在杜乔被排挤出京城以后，宦官拿刘蒜旧事抵毁杜乔，汉桓帝刘志由此也对杜乔深恶痛绝。

当梁冀知道皇帝的态度以后，他内心大喜，准备伺机将杜乔铲除。

甘陵人刘文、魏郡人刘鲔因为不满汉桓帝的统治，打算立清河王刘蒜为帝。梁冀得知以后，向汉桓帝诬告杜乔、李固与他俩合谋。

于是，杜乔与李固一样，被汉桓帝下令逮捕入狱。

当朝中重臣为李固向梁太后求情之时，杜乔也因昔日为官公正而被梁太后认定为忠臣，后获得太后赦免。

但早已起了杀心的梁冀深知，杜乔与李固二人只要有一个不死，他的日子就永远得不到安生。

于是，他一面蛊惑汉桓帝杀死李固，一面命人给杜乔带话，以杜乔妻子儿子的性命要挟杜乔自杀，倘若杜乔拒绝，那么他的家人必将遭殃。

听闻梁冀放出的威胁，杜乔大笑。他告诉前来传话的人：“你回去告诉你主子，我杜乔全家早已看淡了生死，对世间奸邪丝毫不惧。随你们怎么威胁，我们都不怕！”

梁冀恼羞成怒，但他不信杜乔一家真有这么勇敢。

他命人堵在杜乔家门口进行探查，发现杜乔的家人居然真的无所畏惧，没人哭，一点也不怕死。梁冀彻底明白，杜乔与李固一样是绝不低头之人。

此时的李固已被桓帝下令杀死，梁冀便命人将杜乔再次逮捕入狱。杜乔终于在狱中被迫害致死。

但这对梁冀来说，还不够。他命人将杜乔与李固的尸首悬挂在洛阳城北，下令任何人不得靠近，违者皆以死罪论处。数天以后，尸体周围飞满了苍蝇，景象极为惨烈。

杜乔的老友**杨匡**听说杜乔被迫害致死，趁夜赶到洛阳。

当他看到杜乔的尸首后，失声痛哭。

恰好此时李固的弟子郭亮与董班前来为李固收

杨匡，淡泊名利，正身端方。他听说朋友杜乔被杀后，急赴洛阳，之后，穿上以前的官服，假扮成亭吏，守卫尸身，驱赶蝇虫，达12日，后安葬杜乔，为杜乔服丧，从此隐居，拒绝为官。

尸，杨匡便壮着胆子将杜乔的遗体收殓。

后来，梁太后出面赦免了杨匡等人的死罪，围绕着杜乔、李固二人的惨祸才算告一段落。

岂曰无衣

纵观杜乔与李固的一生，颇为相似。

二者同为官宦子弟，虽不是名门望族，但家境都还不错。他们从小都饱读诗书，因品学兼优而步入仕途。

二者都因反对梁冀专权而被梁冀撵出朝廷，又都因反对立刘志为帝而最终招来杀身之祸。

杜乔虽然并没有如李固那样的盛名，但在暴虐无道的梁冀面前，杜乔放射出的光辉一样绚丽夺目，即使那道光辉本身并不强烈。

或许，当杜乔巡视兖州时，推举李固为政绩天下第一之后，他们二人就已经惺惺相惜，结为生死之交。

两位博学多才又疾恶如仇的人相识相知，一定会觉得对方是自己的知音，相见恨晚。

正所谓“君子之交淡如水”，朝堂之上，杜乔与李固并没有结成明显的党派。他们二人都痛恨梁冀结

党营私，也不屑于结为一党。

他们相信，对方的信念一定同自己一样。

后来，汉质帝刘缵即位又死去，外戚势力强大、宦官专权，为了汉家天下，杜乔与李固共同挺身而出，与梁冀在朝堂上数次论战不休，这是两颗赤子之心在精诚合作。

杜乔慷慨赴死以后，他与李固共同被暴尸于洛阳城北，向天下人无声控诉着梁冀那罄（qìng）竹难书的罪行。

陈蕃

志在天下

少年大志

平舆县，今河南省驻马店市平舆县。

提起东汉的名臣，想必大多数历史爱好者都能脱口而出“陈蕃”这个名字。

陈蕃，字仲举，生于汝南郡**平舆县**。他自幼好学，非常喜欢读书。

关于陈蕃，即便你没有听过他的大名，那么也应该听过一句俗语：“一屋不扫，何以扫天下？”

有一天，陈蕃同往常一样在自己的书房内看书，父亲的朋友薛勤来到家里同父亲叙旧。

当薛勤看到陈蕃所在的屋子一片狼藉之时，提醒他道：“你招待客人时，怎么不把屋子扫干净呢？”

陈蕃脸上浮现着爽朗的笑容，说道：“大丈夫处世，当扫除天下，安事一室乎？”意思是，男子汉大丈夫，顶天立地，应该以扫除天下不平之事为己任，怎么能在区区一间小屋子上浪费时间呢？

听着陈蕃的对答，薛勤眼睛一亮，含着笑告诉陈蕃的父亲：“这孩子将来必能有一番作为！”

陈蕃的父亲自然也没有责备陈蕃不修边幅。

陈蕃便是在这样一个平和的家庭中长大。成年以后的他有过一次短暂的为官经历，后因母亲去世，他辞去官位为母亲守孝。

之后，太尉李固听闻陈蕃之名，推荐陈蕃出任乐安郡太守。

礼贤下士

陈蕃任乐安郡太守期间，恰好遇上东汉名士李膺任青州刺史，总揽青州下辖各级官员的行政考察。

李膺为人威严，行政处事非常严苛，任刺史期间大多下属都申请调到其他地方，唯独陈蕃因为政绩出色，获得了李膺的赞赏。

除了工作上尽心竭力之外，陈蕃始终保持着礼贤下士的作风，他也因为官清廉得到了百姓的认可。

当时，乐安郡有一名隐士叫作周璆（qiú），以高洁之风闻名于世，历任太守想要召见他都被他拒绝了，唯独接受了陈蕃的召见。

而以清高著称的陈蕃每次与周璆会面时，都会为周璆准备一张榻。当周璆离开陈蕃府之后，陈蕃便把周璆所用之榻悬挂起来，以表示对他的尊重。

陈蕃始终渴望与当时的圣贤结交，即便那个人只是普通的百姓。他听到治下有一个叫赵宣的人非常孝顺，便将他召来府中。

赵宣之孝可谓远近闻名，他甚至在双亲死后直接住在了双亲的墓室之中。可是，当陈蕃与赵宣一番交谈之后，却大失所望。因为赵宣有五个孩子，这五个孩子居然全是赵宣服丧期间生下的。由此，陈蕃断定赵宣是一个沽名钓誉、不敬鬼神之徒，便以此将他治罪。

威名远扬

到了朝政被梁冀把持的时候，梁冀听闻陈蕃的大名，起了招揽之心，便派人送信给陈蕃。那送信之人为了完成梁冀的交代，设法见到了陈蕃。

结果陈蕃怒火中烧，将送信之人鞭打致死。他也由此被贬为县令。

从太守到县令，着实只在旦夕之间，不过陈蕃倒也并不后悔，他以过激的方式向梁冀表明，自己与他绝不是一路人。

后来，政局动荡，皇帝换了又换，实在缺乏人才，陈蕃又被起用，进入洛阳，出任尚书。

没多久，**零陵郡**、**桂阳郡**地区多处传来贼寇四处横行的消息，朝廷打算派兵镇压。

陈蕃上书皇帝，认为这些地方的百姓皆是天子的孩子，现在孩子们闯祸，是因为当地官吏贪污暴虐。

陈蕃继续说道："为今之计，最好的方法是驱逐奸邪，任用贤人，核查各级官员是否称职，如此，各地方的贼寇祸乱自然也就能得到平息。"

这次上书可谓把满朝文武骂了个遍，顺带嘲讽了皇上，陈蕃由此又得罪了梁冀一党，被贬为**豫章郡**太守。

在豫章郡为官期间，陈蕃一直保持着平常心态，喜怒不形于色，除了公务之外，拒绝接受任何来访的宾客。但对于有德行的高士如徐孺子礼遇有加，并留

零陵郡，位于今湖南省南部。

桂阳郡，今湖南省郴州市西部。

豫章郡，位于今江西省北部。

有“陈蕃之榻”的故事为世人称赞。

由此，他立下了极为强盛的威严，当他再次被调任进入京城后，给他送行的人都不敢走得太远。

在尔虞我诈、暗流涌动的官场中，陈蕃的处事作风虽让他几经沉浮，但他不攀附权贵，又礼贤下士、宠辱不惊，他的威名终于传遍海内。

公元159年，陈蕃出任光禄勋，总领皇宫内大小事务。

他看着汉桓帝刘志生活奢靡，又随意封赏朝廷官员，宠信宦官集团，不禁为此感到忧虑 。

他上书皇帝，建议任用官吏时，应该要重视品行才干，并建议节省宫内开支，将多余的宫女遣送出宫。

此时梁冀集团基本被铲除，汉桓帝内心大为愉悦，对于陈蕃的此次上书他少见地表示赞同，于是采纳了陈蕃的意见，将宫中近五百名宫女全部送回了老家。

陈蕃自担任光禄勋以后，便与同僚**黄琬**共同掌管官吏的推举事务。

风云激荡

黄琬，字子琰，小时聪慧有辩才，入朝后，任五官中郎将。黄琬与陈蕃坚守法规，得罪权贵，被免官。汉献帝时，任豫州牧，平定盗贼，封关内侯。凉州军阀董卓进京后，把持朝政，与之对抗，被降为司隶校尉。黄琬与吕布等人埋伏诛杀董卓，被董卓部下抓捕后残忍杀害。

汉桓帝

在这短暂的时间内，陈蕃恪守着严格的选拔标准，由此得罪了不少豪门子弟，于是被人诬告。陈蕃自己也不愿多加辩驳，便主动罢官回家。

但毕竟朝廷中需要重臣坐镇，于是没过多久，皇帝又征召他为太中大夫，类似于言官，专门上书言事。

公元165年，陈蕃再次升迁，出任太尉，位居三公，掌管朝廷军务。

汉桓帝越发宠信宦官，苏康、管霸等奸邪分子利用皇帝的宠信，明目张胆地陷害忠良，刘祐、冯绲、李膺等人都遭到了排挤。

陈蕃屡次劝谏汉桓帝，不仅没能阻止朝中宦官势力的扩张，自己也逐渐身陷重围，开始直面宦官集团的汹涌势力。

因陈蕃名声在外，宦官集团暂时动摇不了陈蕃的地位。

公元166年，李膺被陷害入狱，陈蕃再次出面营救。他上书汉桓帝，认为如果朝廷因为私利而杜绝忠良，与秦始皇“焚书坑儒”有什么区别？如果圣上一味宠信宦官，而对正直的臣子滥用刑罚，必将落得个政权覆灭的下场。

秦始皇嬴政

听到陈蕃眼里的自己居然等于暴虐的秦始皇嬴政，汉桓帝不禁大为恼怒，他不但没有听取陈蕃的意见，反而借口陈蕃选用人才不当而罢免了他。

韬光养晦

公元167年，汉桓帝刘志驾崩，朝政大权暂时由皇后窦妙执掌。而面对朝中越发混乱的局势，诸位大臣为求自保，都以生病为托词而拒绝上朝。

赋闲在家的陈蕃听闻此事后，写信劝说他们出面干预王朝立嗣之事，但都遭到了拒绝，陈蕃只能无奈地摇头叹息。

公元168年，汉灵帝刘宏在外戚的拥护下登上皇位。刘宏在位初期，因为年纪尚小，所以依旧由窦太后执掌朝政。而窦太后当年之所以能成为汉桓帝的皇后，是因为陈蕃劝谏汉桓帝的结果，所以，窦太后投桃报李，开始重用陈蕃。

然而，陈蕃依旧不满朝中局势，他虽回到朝中，但对于窦太后的封赏拒不接受。当窦太后下诏封陈蕃为高阳乡侯时，陈蕃坚决不受。

他预料到朝中宦官集团必然再次兴风作浪，于是决定韬光养晦，日后再将他们一举铲除。

打击宦官

事态的发展也正如陈蕃所料，宦官曹节、王甫等人溜须拍马，得到了窦太后的信任以及极大的封赏。他们因此也越来越猖狂，在朝中拉帮结派，为非作歹。

窦太后的哥哥窦武对于曹节、王甫同样深恶痛绝。窦武身为大将军，因为执政期间公正严明，又多次提携那些有才、上进的人士，并捐助太学学子，因而获得了极高的声望。

陈蕃判断眼下的局势无法单兵作战，于是，决定与窦武联手。

二人一拍即合，恰好此时他们都握有人事任免权，于是他们暗中召集天下不满曹节等人的正义人士，将他们安排在朝中，开始制订铲除曹节等人的计划。

这个计划需要一个绝佳时机。一天，发生了日食现象，陈蕃判断这一时刻就是绝佳时机，决定率先出击。

他上书窦太后，认为如今宦官曹节等人身居高位，不但没有为陛下分忧，反而结党营私，扰乱朝纲，其罪可诛。

窦太后也意识到朝中宦官势力过于膨胀，但面对陈蕃的上书，她开始犹豫，毕竟如果二话不说便下令处死曹节等人，朝中宦官集团的势力必然会掀起新的反扑，到时候局势必然难以掌控。

面对来势汹汹的陈蕃、窦武，曹节等人十分慌乱，因为他们虽说备受恩宠，但地位、威望都不及陈蕃和窦武。

当得知窦太后暂时没有处决他们的想法后，他们决定暂避锋芒，等待着反击的机会。

至此，朝中各位官员开始意识到，一番动荡即将降临，以陈蕃、窦武为首的文官集团，将与曹节为首的宦官集团展开殊死较量。

刀光剑影

一个秋天，窦武将宦官郑飒送入监狱并严加审问，想利用郑飒的口供坐实曹节等人的罪孽，以此说服太后。

陈蕃判断，如果事情不顺，到时候就会夜长梦多，建议窦武直接杀死郑飒，以逐渐削弱宦官势力。

但窦武希望一击决胜，拒绝了陈蕃的提议。

当郑飒得知窦武的想法后，想到了一个计谋。他抓住窦武痛恨宦官的心态，将朝中大批宦官全部供出，无论是否有罪，只要是身居要职的宦官，都由于郑飒的招供而列入了供词。

窦武得到这份供词后，没有分析，没有辨别，就直接将供词附在奏章中，交给了太后。

他以为这样便胜券在握。

但窦武没想到的是，在郑飒的供词中，有一人是绝对无辜的，此人名为朱瑀（yǔ）。

朱瑀是负责太后所居住的长乐宫的安保工作的，当窦武将奏章交入长乐宫以后，朱瑀利用职务之便提前看了这份奏章，结果一看，惊得他目瞪口呆。

他想：窦武等人把事情做得太绝了！曹节等人确实有罪，但和自己有什么关系呢？自己是无辜的呀！

朱瑀认真分析了一下窦武这么做的原因，认为，窦武身为外戚，看似为了天下太平而诛杀曹节，实际上是将矛头对准了整个宦官集团，一旦清除所有对他有潜在威胁的宦官，那么以他为首的外戚集团就是最大的赢家。

于是，朱瑀连夜召集了曹节、王甫等大批宦官，他们歃血为盟，誓必将窦武、陈蕃歼灭。

随后，他们发动政变，挟持了汉灵帝、窦太后，要挟他们写下诏书，宣布窦武、陈蕃等人谋反，并派禁军将他们缉拿。

局势倒向了宦官集团，这大大出乎陈蕃和窦武的意料。

窦武面对太后的诏书，拒绝认罪，率亲军与前去捉拿他的军队展开了激烈的交锋。最后，由于仓促应战，身边军队人数又太少，窦武终于在重重包围中不敌对方，无奈自杀。

陈蕃得知事情败露，且自己和窦武被诬陷为谋反，深知大势已去。

此时七十多岁的他，不甘心就此被定为“叛臣”，他提上刀刃，召集属下官员及学生八十余人，冲到皇宫承明门下，与王甫对峙，怒骂王甫为宦官逆贼。

王甫派人拿下陈蕃，陈蕃手挥刀刃，但他毕竟寡不敌众，很快就败下阵来，被捕入狱。

而王甫早已对陈蕃恨之入骨，于是纵容手下士兵对陈蕃乱脚践踏，而士兵口中还骂陈蕃剥夺了他们的俸禄。

至此，一代名臣，志在天下的汉朝老臣，终于饮恨而亡。

盛名长存

此番动荡，在宦官集团的政变中宣告结束。

窦武不听陈蕃的建议，致使事情败露，二人悲惨死去。

窦太后很快被宦官集团赶出了长乐宫，被彻底软禁起来。汉灵帝亲政，但因年纪太小，无力掌管朝政。

曹节、王甫等宦官权势如日中天，下令将陈蕃、窦武灭族，并清算陈蕃、窦武在朝中的势力。

此番清算牵连甚广，令人扼腕。

唯一值得欣慰的是，陈蕃的儿子陈逸在陈蕃挚友**朱震**以命相救的情况下得以保全。

朱震，字伯厚，东汉官员。大臣陈蕃被杀后，朱震立刻弃官，赶来收葬，他又把陈蕃的儿子陈逸藏匿到甘陵。宦官逮捕朱震全家，严刑拷打朱震，朱震至死未说出陈逸的藏身之处，最终陈逸才得以活命。

纵观陈蕃的一生，让人感慨无限。

身为朝廷重臣，他心怀天下，渴望做出卓越的政绩，但他始终处在激烈的宫廷争斗之中，无法彻底扭转局面。

外戚集团和宦官集团都与他有过或明或暗的激烈交锋，而他不避强权、屡次向皇帝直谏的经历也无不让人感慨。

史学家范晔评价陈蕃“功虽不终，然其信义足以携持民心。汉世乱而不亡，百余年间，数公之力也”。

后世提起陈蕃，最为人津津乐道的始终是那句“大丈夫处世，当扫除天下”的豪言，而他的一生，也正是这句豪言最详尽的注解。

陈蕃

周举

静穆之风

弹劾老师

左雄，字伯豪，东汉大臣、文学家。任冀州刺史时，深受爱戴；任尚书令时，多次进谏时政。后来左雄触犯律法，被免官，不久又为尚书。

公元138年，秋季的一个早晨，当朝大臣**左雄**正快步前往皇宫，他听说朝中有同僚借冀州刺史冯直贪污一事，向汉顺帝刘保上书弹劾他。

对左雄而言，此次弹劾十分特殊。

一来，贪赃枉法的冯直是由自己举荐而成为冀州刺史的。

二来，那个弹劾自己的人，也是由自己举荐而进入朝廷为官的，算是自己的门生。

门生弹劾老师，这种事实在不多见，由此也容易造成恶劣影响。

所以，当左雄听说弹劾之人是谁以后，懊恼不已。极富声望的他，实在丢不起这人，他迫切想要与那人当面对质。

左雄急匆匆进了宫，见到了那个弹劾自己的人。

看着他向自己行礼，左雄恼怒地说道：“当初我保举你入朝为官，如今你反而如此对我，我真是自作自受。”

面对左雄的责难，那人短暂沉默。之后，那人拱手说道：“春秋时，赵盾推举韩厥为官，是因为他相信韩厥刚正无私的品质能为国家做出贡献。后来，赵盾的仆人犯了法，韩厥将那人杀死，赵盾不仅不生气，反而对同僚表示自己没有看错人。”

听到这段不卑不亢的辩白，左雄愣住了。

没等左雄开口，那人继续说道：“如今承蒙您的关照，推荐我入朝为官。而冯直的确犯了罪，他也是您举荐的，我又怎么能不分青红皂白而一味袒护您呢？如果我真这样做了，才真的是让您蒙羞呢。”

终于，左雄老脸一红。

他带着歉意，说道：“我对冯直就像对自己的孩子一样，如今他犯了大错，我该当受罚。你以此事弹劾我，有当年韩厥的风采！”

弹劾左雄的不是别人，正是当朝尚书周举。

后来，左雄向朝廷表明自己犯有不察之过，情愿接受责罚。

他与周举的这番谈话也被传扬出去，他们二人皆因正直无私而得到四方百姓的称赞。尤其是周举，当人们听说此次风波的前因后果后，都由衷敬佩，说道：“不愧是纵横五经之人！”

刚正进言

周举，字宣光，生于汝南郡**汝阳县**，是当时著名学者**周防**的儿子。

汝阳县，今河南省洛阳市商水县。

周防，字伟公，东汉官员。十六岁时，为郡小吏，由于特别能诵读，皇帝让他担任守丞。他觉得自己还未成人，请求辞去，继续读书。周防长大后，曾任陈留太守，因犯法，被免官。

出身在书香门第，周举自小便接受着严格的教导。他勤奋好学，年纪轻轻便将儒家经典中的要义全部掌握。

汝阳离洛阳不远，所以，周举虽然生活在汝阳，但是他的大名早就在同乡的称赞中扬名于洛阳了。

洛阳的同辈学子提到汝阳周举的名号，都称他为“五经纵横周宣光”。

公元125年，周举被司徒李郃（hé）征召为幕僚。

李郃是太尉李固的父亲，非常有威望。周举进入李郃府上，开始近距离接触王朝的政治核心。

汉安帝刘祜暴毙，刘祜的皇后阎氏与兄弟阎显等人为保权势，将太子刘保废黜为济阴王，扶持年幼的北乡侯**刘懿**为皇帝。

刘懿，东汉第七任皇帝，汉章帝刘炟之孙，汉安帝刘祜堂弟。公元125年，汉安帝召见7到14岁的亲王之子，刘懿奉诏入京。汉安帝死后，阎太后立刘懿为帝。刘懿几个月后驾崩，济阴王刘保即位，是为汉顺帝。

阎氏由皇后升为皇太后，开始垂帘听政，总揽朝政大权。

没承想，刘懿登基不久，也暴毙了。

宦官孙程等人不满外戚阎氏家族的嚣张气焰，与人合谋杀死了阎显及其数个党羽，剪除了阎太后在朝中的势力。

后来，孙程等人将刘保送上皇位，是为汉顺帝。

刘保身为太子时曾被阎太后废黜，加上他的生母李氏也是死于阎太后之手，所以对阎太后实在是恨之入骨。

当刘保称帝以后，第一时间为自己的母亲平反昭雪，又将阎太后赶出了长乐宫。

朝中大臣为求自保，大多选择沉默，毕竟皇帝的家事实在轮不到他们多加过问。

周举听说此事后，深觉不妥。

他仔细思量一番后，向李郃进言道：“当初，郑庄公的母亲企图杀死郑庄公，郑庄公发誓不与母亲见面，可之后仍然在地道中相见，修复了母子关系。秦始皇怨恨母亲失节，拒绝与母亲相见，可后来还是尽到了身为儿子应尽的孝道。如今阎氏家族被铲除，朝中百废待兴。新皇即位，虽然与阎太后有仇怨，但是我汉朝以孝治天下，一旦阎太后忧郁成疾，新皇必将落得个不孝之名，这样一来，日后怎么收服人心，让百官心服口服，将来怎么统领整个朝政呢？李大人应当火速进宫，劝谏新皇善待阎太后，以此成为群臣楷模，借以整顿朝纲！”

听闻周举的建议，李郃深以为然。

他看着年轻的周举，心想：这个年轻人心细缜密，考虑事情周全，以后必成大器！

后来，李郃按照周举的意思上书汉顺帝，刘保虽极不情愿，但也深知身为皇帝，私人恩怨必须暂时先放在一边。

于是，他接受了李郃的意见，将阎太后接回长乐宫奉养。

朱伥接替李郃为司徒时，听说周举之名，同样征召周举为幕僚。

没多久，宦官孙程因受汉顺帝刘保宠信，越发嚣张跋扈，终于得罪了汉顺帝，被贬出洛阳。

周举对此又进行了一番分析。然后，他对朱伥说道：“圣上当初是因为孙程的功劳而继承大统的，如今他将孙程贬出洛阳，以后还有谁会为圣上立功呢？不仅如此，圣上还会落得个诛杀功臣的罪名。恳请朱大人进言圣上，将孙程召回。”

听闻周举的话，朱伥虽颇觉有理，但考虑到汉顺帝如今正在气头上，担心自己如果出面相劝，就会受到波及。

实际上，周举早已看出汉顺帝极为宠信宦官集团，此次孙程即使遭到谴责，他日必然也会再次回到朝中，不如让朱伥出面说情，借此巩固朱伥的地位。

于是，他作出担保，如果朱伥进言失败，自己便辞官回家。

看着周举这么肯定，朱伥将信将疑上书刘保善待功臣，汉顺帝果然采纳了他的意见。

触怒皇帝

才华满腹、处事严谨的周举，在李郃、朱伥的麾下崭露头角，得到了举荐。

并州，今内蒙古河套、山西太原一带。

当周举担任**并州**刺史时，他破除了太原郡隆冬季节要吃一个月冷食的旧俗，博得了全郡百姓的爱戴。

由此，他的声望越来越大。

公元134年，他得到司隶校尉左雄的推荐，进入朝廷，担任尚书，掌管朝廷文书和群臣奏折事宜。

周举身为尚书，与仆射黄琼倾力合作，大力整顿朝纲。

即使汉顺帝刘保宠信宦官集团，对国家大事并不上心，但在周举、黄琼的努力下，朝堂恢复了暂时的清平气象。

后来，河南等地发生旱灾，汉顺帝下诏，令群臣对朝廷未尽事宜建言献策。

周举上书，认为圣上应该效仿汉文帝的作风，谨慎用人，排除奸邪，并以身作则，不要铺张浪费，过度消耗财力，这样一来，一定能感动上天，旱灾便能得到解决。

周举的此番上书可谓情真意切，于是汉顺帝在群臣上朝时当面询问周举："朝中什么样的人是奸邪？"

周举听了这话，面不改色，回答道："公卿大臣，凡是直言进谏，愿意说实话、说真话，不怕惹怒了圣上的人，就是忠贞之臣。反过来，只知道一味地奉承圣上、说好话讨好的人，一定是奸邪之人！”

此番话可谓掷地有声，整个朝堂为之侧目。

公元136年，汉顺帝刘保再次下诏，认为如今各地多有天灾，问题在于北乡侯刘懿曾为天子，却以藩王之礼下葬，由此触怒上天。为免灾祸连发，当改以天子之礼厚葬刘懿。

诏书下达后，朝中重臣大多表示赞同，周举却明确反对。

周举说：“刘懿本就是奸臣推上皇位的，在位期间没有改年号，也没做出什么贡献，他死后以藩王之礼下葬没有丝毫不妥。如今，各地灾祸的真正根源并不在这里。”

周举这一番话其实意思已经很明白了，他在暗示汉顺帝，王朝的问题出在朝堂之中！

也正因为周举在朝廷中数次直言进谏，让汉顺帝刘保很不耐烦。为求清净，他将周举调任为蜀郡太守。

在周举任蜀郡太守期间，汉顺帝又听信谗言，将周举免官。

后来，大将军梁商爱惜周举之才，又推荐周举为从事中郎，周举由此再次进入洛阳为官。

从事中郎虽品第不高，只是个普通的郎官，但因周举早已声望遍于洛阳，又是大将军梁商推荐入朝的，所以他再次入朝后倒也没有人给他难堪。

公元141年的上巳节，梁商设下宴席，广邀群臣。

考虑到梁氏集团在朝中的势力越发猖狂，周举清楚未来必有变数，于是谎称自己生病了，拒绝出席。

周举的好友张种参与了这次宴会。

宴会结束以后，张种见到周举，向他详细描述了宴会上的一切。

当听闻梁商在宴会上居然深情唱着《**薤**（xiè）**露**》时，周举大为震惊。他忧心忡忡地对张种说：“在这种如此严肃重要的场合，大将军居然高唱挽歌，实在是不吉利。这不是什么好事，恐怕他已时日无多了。”

果然，同年秋天，梁商病倒了。

在梁商弥留之际时，汉顺帝刘保亲自前往探望。

梁商对皇帝言道：“圣上，微臣在临死前，想最

《薤露》，西汉无名氏创作的一首杂言诗：“薤上露，何易晞。露晞明朝更复落，人死一去何时归。”这是表示对死者哀悼的挽歌，以薤上的露水容易晒干起兴，写人生的短暂；又以露水干了明天还要再降落，反写人的一去难以回还。

后再提一句忠告。从事中郎周举，为人清高忠直，是个非常了不起的人才，圣上必须加以重用啊。”

由此，梁商去世后，周举被升为谏议大夫。

周举听闻梁商的遗言后，悲痛万分。

没多久，周举再次得到了升迁。他担任侍中，并被朝廷委派，与七位同僚巡行天下各郡，为朝廷选取优秀人才。

这是一次极为盛大的公事，周举等八人身负朝廷要职，代皇帝巡视天下，各地官员都接受他们的考察，凡是作奸犯科的人都被问罪；凡是在政治事务上做出成绩，被百姓称颂的人，都得到他们的举荐。

而周举，也与其他七位同僚一起，被天下百姓尊为“八俊”。

英年早逝

周举圆满完成巡行任务回到朝中以后，依旧秉持着当初身为尚书时的清廉作风。

他拒绝向那些贪图富贵、投机取巧的人靠拢，在政务处理中秉公决断，功勋卓著，再次得到了升迁，出任大鸿胪，位列九卿，掌管朝中礼仪活动与藩属国事宜。

汉顺帝刘保驾崩以后，年仅一岁的刘炳即位，是为汉冲帝。由于皇帝年幼，所以由太后梁妠总揽朝廷大权。

梁太后下诏，汉殇帝刘隆在位时间极短，宗庙之上的位置应在顺帝之下。

周举说道：“根据礼制，宗庙之上的位置必须按照辈分先后排列。而按照辈分，殇帝比顺帝大了一辈，所以，殇帝应该在顺帝之上。”

周举这么一发话，朝中多数大臣都赞同他的意见。

梁太后无奈，只得收回成命。

梁太后垂帘听政期间，为求朝纲稳定，大量任用前朝老臣。

周举被任命为光禄勋，总领皇宫事务，并负责为皇帝出谋划策。当他正打算总揽朝政时，噩耗传来——他的母亲去世了。

悲痛不已的周举辞去官职，回到家中为母亲守孝。

其实，对周举而言，在这个时间点上远离朝政，也算是一件好事。因为在这之后，外戚梁氏集团一家独大，朝中发生了剧变。

东汉王朝换皇帝宛如寻常百姓换衣服一样频繁。周举看着这一切，却又无能为力。

守孝结束以后，周举回到洛阳，此时的朝廷风气已经大不如前。以梁冀为首的外戚集团结党营私，他这个三朝老臣已经不能镇住朝中多方势力的角逐。

周举虽担任光禄大夫，但他已经明显感到力不从心。

公元149年，正当汉桓帝刘志即将收回朝政大权，拜周举为宰相时，周举在重病之下与世长辞，终年四十五岁。

周举去世以后，汉桓帝十分心痛，他亲自下诏，深情追忆了周举为官一生的功绩，表彰了周举忠贞爱君的品质。他又下令朝堂百官为周举送行，并赐给周举家十万钱财，用作丧葬费用。

周举的一生，相比王朝其他名臣而言，四十五年的岁月确实短了些。但他的学养是深厚的。

他将儒家弟子“修身、齐家、治国、平天下”的信条完美贯彻，为官数年，政绩卓著，四海扬名。

李靖

天下楷模

文武双全

李膺，生于公元110年，字元礼，颍川郡**襄城县**人。李膺是个名副其实的官宦子弟，他的祖父李修是当朝的太尉，父亲李益任藩国国相。

由于父亲位高权重，所以李膺事事都小心谨慎。为了避免多生事端，李膺从小接受的教育便是喜怒不形于色，为慎重起见，他还减少了与人的来往。

襄城县，今河南省许昌市襄城县。

荀淑，字季和，东汉大臣，品行高洁，学问渊博，有知人之明。曾任郎中、当涂长，后来遭受大将军梁冀嫉妒，外放为朗陵侯相，六十七岁去世。他的孙子荀彧，为曹操谋士。

陈寔，字仲弓，东汉名臣。清静有德，以理服人，不扰百姓，治内安居乐业，曾受牵连入狱，遇赦获释。后被多次征召，都一一辞谢，老死家中。

由此，李膺自小便养成了孤傲的性格，他的童年相比其他人而言显得寂寥很多。

同龄人当中，与李膺说得上话的只有**荀淑**、**陈寔**（shí）两人。

成年后，李膺受到司徒胡广的推荐，出任青州刺史。

刺史的职责就是监察治下百官，而李膺本人又是个非常自律、极度严明的人，所以，他上任刺史的消息传开后，吓跑了青州不少占着官职却没有作为，挂羊头卖狗肉的官员。

其实，李膺这样的人无论在哪，都能起到很大的威慑力。

后来，李膺调任护乌桓校尉，负责处理上谷郡、渔阳郡等地少数民族部落与汉王朝间的事宜。

在这期间，每当鲜卑族进犯边界时，李膺都二话不说，亲自披甲上阵。无论敌人多么凶猛，他都毫不畏惧地带头冲入敌阵，大杀四方，每次都冒着漫天箭矢把鲜卑人打得落荒而逃，敌人十分惧怕他。

几次以后，边境上再也没有敌人了。

靠着卓著的政绩和军功，李膺开始扬名。

后来，李膺因公事被免官，当他回归乡里以后，

云中郡，今内蒙古自治区呼和浩特一带。

河南尹，汉初时叫河南郡，离洛阳不远。

周围的百姓都争着把自己的孩子送到李膺门下学习，希望他们能够在李膺的教导下成为一个有用的人。于是，在短短的时间内，李膺的弟子就已突破千人。

当时，同郡之人都把能与李膺打交道当作是一种骄傲和自豪。荀淑的儿子荀爽就曾经拜见过李膺，并为他赶车，返家后，见人就说：“我给李大人赶过车！”欣喜的心情溢于言表。

公元156年，鲜卑人好了伤疤忘了疼，再次进犯汉朝疆域。

这一次，他们选择从**云中郡**下手。他们勾结那里的羌族人，四处劫掠，残害百姓。

李膺被汉桓帝任命为度辽将军，当他来到云中郡以后，羌族人瞬间畏惧了，自发把以往抢到的物资和掳去的男女全部送还，鲜卑人也迅速撤离了。

由此，李膺的声望再次得到提高。

公元159年，李膺被调往**河南尹**，开始靠近王朝的政治中心。

无所畏惧

在河南尹为官期间，李膺上书弹劾羊元群贪污。羊元群是宛陵郡大族，当时从北海郡罢官回家，他贪赃枉法的事被李膺举报，对此他一直怀恨在心。

他买通宦官，污蔑李膺诬告，李膺获罪，被发配到左校署服劳役。

后来，司隶校尉应奉向桓帝上书，说明李膺确实有冤，于是桓帝赦免了李膺的罪过，任命李膺担任司隶校尉，与应奉等人共同处理洛阳监察事宜。

由于汉桓帝极度宠信宦官，宦官集团在朝中的气焰越来越嚣张。宦官张让的弟弟张朔担任**野王县**县令期间，仗着自己的哥哥在皇帝面前得到宠信，目中无人，暴虐无比，喜好杀戮，甚至连孕妇都不放过。

野王县，今河南省沁阳市。

李膺听说以后，不顾张让的求情，毅然将张朔处死。张让因此恨极了李膺，他向皇帝告发李膺滥用私刑。

但李膺丝毫不畏惧，他面不改色地求见汉桓帝。

当着张让的面，他铿锵有力地说道："张朔滥杀无辜，连孕妇都不放过，残忍至极，简直天理不容！臣之所以私自判决张朔死刑，是不想辜负圣上的信任。如今，若圣上要治我的罪，臣恳请宽限五天，我在这五天内彻底清除野王县的奸邪，然后回到朝中领罪！"

一番慷慨陈词之下，李膺让汉桓帝由衷感动。

汉桓帝对张让说道：“你的弟弟犯下如此罪孽，李司隶将他正法，有什么错呢？”

经过这件事以后，李膺彻底扬名天下，朝廷内外对他无不尊崇，宦官集团虽恨极了李膺，但一时半会儿都动不了他。

风起青萍

翻阅古代史书，总是能看到“大赦天下”这个词，意思是说帝王在位期间下令赦免全天下的犯人。

之所以会出现这种现象，归根结底是帝王为了彰显仁德，表明自己体恤民情，爱民如子。

大赦天下的时机往往是在新皇登基、更换年号、册立太子或皇后的时间点。此外，在自然灾害频频发生的年代，在位的皇帝为了向上苍祈福，同时为了补充农业生产劳动力，也会颁布大赦天下的号令。

不过，大赦天下也容易让司法体系遭到破坏。随意释放犯人，会让那些恶人逍遥法外，逃过法律的制裁，百姓的生活也就得不到真正的保障了。

更有甚者，还会利用“大赦天下”的时机牵连出一段血雨腥风的历史。比如公元166年，汉桓帝的那次“大赦天下”前夕，便发生了这样的例子。

当时，宦官党羽河内郡人张成靠着出神入化的占卜能力，测算出皇帝即将大赦天下。于是，他产生了一个邪恶的念头：教唆儿子杀人。他想："反正我儿子杀了人，也不需要坐多久的牢就能出来了。"

结果，他的儿子在他的教唆下，真的犯下了杀人之罪，被捕入狱。

而到了公元166年6月，正如他占卜的结果那样，皇帝真的下令大赦天下，将他的儿子免罪了。

好在，张成父子并没有得意太久。

张成之子在大赦前杀人时，李膺听说此事后，非常生气，随即下令逮捕张成之子，审明案情后，将犯人直接处死。

张成见自己的儿子被处死了，心中悲痛不已。明明是自己教唆儿子去杀人犯法，但他一点儿悔意也没有。他不管什么是非对错，只知道自己儿子死了，而杀死自己儿子的人是李膺。他把所有的仇恨都记在了李膺头上，决定找他复仇。

此时，朝廷内早已暗流涌动，宦官集团与士大夫一党明的、暗的正斗得不可开交，就差彻底撕破脸了。

张成深知，靠着自己的人际关系网，想要整垮李

膺，甚至彻底搞垮以李膺为代表的文官集团，易如反掌！

张成靠着占卜之术，与朝中多位官员有着来往，于是，张成指使在朝中的一个宦官学生牢修，联合其他宦官，一起向汉桓帝诬告李膺。他们造谣说，李膺收买、利用学生，并结交各郡学子，结成党派，多次诽谤朝政，扰乱朝廷风气。

汉桓帝相信了他们的污蔑之词，将李膺判罪。

这是宦官集团对于文官集团的一次毁灭性打击，李膺含冤入狱，朝中诸多同僚也遭受牵连。

太尉陈蕃出面，拼尽全力向皇帝求情，但却起不了任何作用。后来，陈蕃拒绝在李膺的判决书上签字，由此也得罪了汉桓帝。

监狱中的李膺仔细思索着当下的局势，虽然宦官集团来势汹汹，但是带头的就是其中的几个，剩下的不过是滥竽充数而已，只要想办法打击他们的气焰，宦官的势力或许能很快得到削弱。

于是，他假意认罪，并在供词中说明，自己的党羽中也有数位宦官，而这些宦官又与牢修等人关系密切。

这可把那些宦官吓坏了。

于是，那些被李膺供出来的宦官为求自保，再次说服汉桓帝大赦天下。

经历了一番折腾后，李膺被贬为庶民，与他相同遭遇的还有杜密、陈翔、陈寔、范滂等上百人。

此次党锢之祸，给朝政造成了巨大的打击。此后数年，宦官集团彻底坐大，在朝中一手遮天。他们大肆培植党羽，陷害忠良，王朝各层官员大多由他们指派。

没了正直之士的制约，这些奸臣开始为非作歹，残害百姓，使汉家王朝也开始在灭亡之路上加速前进。

而陈蕃由于为李膺求情，使得汉桓帝对他尤为不满。后来，皇帝随便找了个借口，免去了陈蕃太尉的职位。

慷慨赴死

荀爽，字慈明，东汉官员、经学家，出身豪门世家，自幼聪敏好学。汉桓帝时，荀爽为郎中，后为躲避宦官祸乱，隐遁十余年；董卓掌权后，强征为官。荀爽见董卓残暴，图谋杀之，举事前病逝。

朝廷上少了大量有资历的官员。汉桓帝思来想去，仍然考虑任命李膺为太尉，主持大局。

荀爽听闻朝廷内有如此意向之后，担忧李膺再次遇上什么不测，毕竟如今的朝政已经被宦官集团把持了，即便是李膺这样的人物，也很难做到明哲保身、全身而退。

于是，他写信给李膺，恳切地劝说李膺拒绝此次朝廷征召，保全自己和全家人的性命。

但李膺没有听从。

公元167年，汉桓帝驾崩。刘宏即位，是为汉灵帝。

新皇即位，朝政的风气和以前不一样了。陈蕃再次出任太傅，并与大将军窦武合作，主持朝政。

为免出现桓帝时代宦官乱权的现象，陈蕃、窦武合谋想诛杀宦官。他们大力提拔贤能之士，由此，李膺出任长乐少府。

然而，好景不长，陈蕃、窦武的图谋被宦官集团彻底粉碎，窦武背上了造反的罪名，凄然自杀，陈蕃也惨死于宦官之手。

后来，与陈蕃、窦武有过结交的官员都遭到了清算，相继被免官，其中便包括李膺。

公元169年，山阳郡高平人朱并受宦官**侯览**指使，状告同乡人张俭等二十四人结党营私。

皇帝震怒，下令严查，党锢之祸再起，局面再次失控。

宦官曹节利用此次祸乱，打算再一次清除朝中正直之士。他大笔一挥，列出李膺在内的上百人名单，下令将这些人逮捕入狱。

当朝廷逮捕李膺的命令传到他的故乡时，老百姓大为悲痛。有人劝李膺说道："奸臣当道，使得圣上

侯览，东汉宦官，因诛杀梁冀有功，封高乡侯。侯览专横跋扈，贪婪放纵，抢掠官民、妇女，为其母大肆盗墓，诬陷李膺、杜密等大臣，造成党锢之祸，被杀被流放者三百余人，被囚禁者六七百人。后相关官署检举侯览，侯览自杀。

被蒙蔽，李大人不如暂避锋芒，逃出此地，待到他日正义回归时再回到朝中辅佐圣上？”

面对同乡的劝说，李膺脸上露出了苦涩的笑容。他想到几年前写信劝他拒绝朝廷征召的荀爽。那时候他没有听从荀爽的劝告，如今才会有这样的下场。

如果说，当日自己还有选择的权利，那么，如今自己已经别无选择了。既然事情到了这个份上，他的政敌必然是不肯轻易善罢甘休的。天下之大，自己能逃往何处呢？

一瞬间，李膺回望了自己的一生，当初面对鲜卑人来犯时那位一身是胆的李膺如今是否还活着？那位疾恶如仇，宁愿背负罪名也要为野王县百姓伸张正义的李膺又去了哪里？接连而来的党锢之祸，如今的他是否还能如年轻时一般发出不屈的怒吼？

既然事情已经发展到这一步了，无法逃避，那就面对吧。

李膺对同乡人说道：“遇到事情不逃避，有罪过就接受惩罚，是一个人该有的气节。生死有命，又何苦逃跑，跑到哪里去呢？”

于是，李膺接下了朝廷的诏书。

不久，李膺惨死于诏狱之中，他的妻子儿女被流放，他的诸多学生以及后代皆被牵连，很多人终身不得为官。

身后事

李膺的好友景毅听闻李膺的死讯后，大为悲痛，他曾经恳请李膺收自己儿子景顾为徒。

如今，李膺身死，景毅、景顾运气较好，没有被牵连，按理应该暗自高兴。但景毅没有。

他认为，既然自己将景顾交给李膺教导，如今李膺被冤杀，清算时却没有他们父子二人的事，那自己不是苟且偷生吗?

为了让李膺死后不再被蒙羞，景毅毅然上奏，表明自己父子二人皆是李膺同党，于是，他们二人也被免官。

也正因如此，他们二人连同李膺一起，得到了天下人的传颂。

蔡邕

一代文豪

母子相伴

提起东汉王朝的艺术家，有一人当之无愧能名列前三甲。

他不仅在文学方面为后世留下了极为优美的诗赋作品，也在书法方面获得了极高的造诣，并且，他精通音律，且长于乐器制造。此外，他还是史学家。

虽说如今大部分人提到他的名字，首先想到的是他的女儿，但在他活着的时候，毫无疑问是当世一大文豪，人们提到他的大名，无不交口称赞。

此人便是东汉才女蔡文姬之父蔡邕。

蔡邕，字伯喈（jiē），公元133年生于陈留郡圉

（yǔ）县，他的父亲是远近闻名的贞定公蔡棱，为人清白。

蔡邕在很小的时候，父亲就去世了，他与母亲相依为命。蔡邕自小就在母亲的引导下饱读诗书，母子二人感情非常亲密。

后来，母亲病重，卧床不起，蔡邕足不出户，没日没夜地守在母亲病榻边上，悉心照料母亲，一晃便是三年。

后来，母亲逝世，蔡邕在母亲的墓旁搭建了一个简单的小屋，日日夜夜、风雨无阻地为母亲守孝。

就这样，蔡邕靠着精诚的孝心获得了同乡人的仰慕。

蔡邕早年并没有当官的想法。他只是纯粹喜欢读书、探究学问，他对于求学从来没有功利心。

他拜太傅胡广为师，认真钻研学术，同时对音律、数术、天文等也有钻研，而且也取得了不错的成绩。

汉桓帝听说蔡邕擅长弹琴，打算征召蔡邕入京，但被蔡邕婉言拒绝。

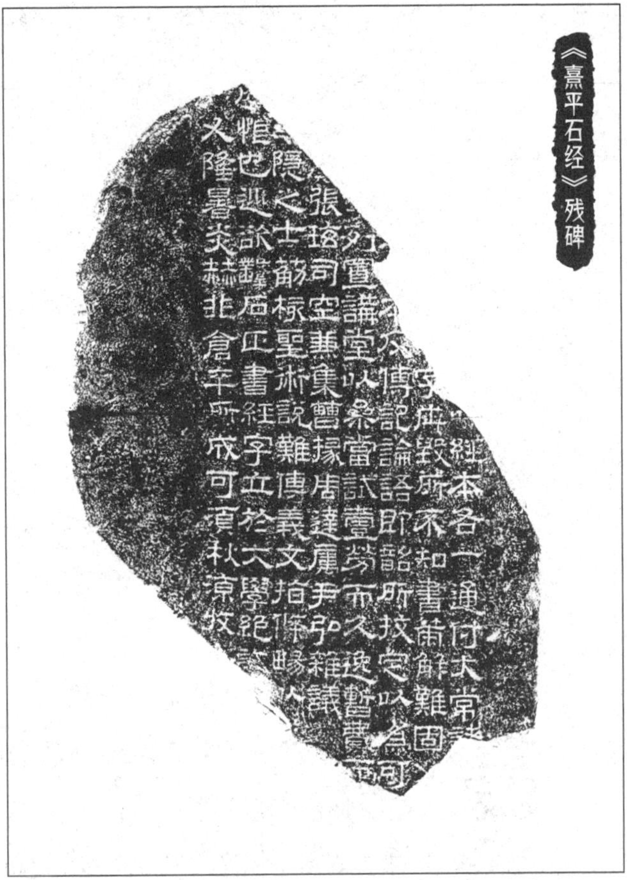
《熹平石经》残碑

《熹平石经》，最早的官刻儒家石经，熹平年间（公元175—177年）始刻，故称“熹平石经”；因为隶书方平正直，也称“一字石经”。刻石历时8年，共46石，石高3米多，宽1米多，后因战乱毁坏，现存只有残石。

司徒桥玄听说了蔡邕的才名，非常欣赏他的才华，征召为掾属。后来蔡邕又被召拜为郎中，在东观校书，升议郎，负责王朝学术顾问方面的工作。

东观相当于国家图书馆，蔡邕接受了这个举荐。

他不负厚望，在东观中博览群书，仔细校对诸多儒家典籍版本，后与同僚合作，在石头上刊刻儒家经典，于是，便有了著名的**《熹平石经》**。

《熹平石经》刊刻完毕，在洛阳太学门外公布于世，举世震惊，当世学子纷纷前来观摩学习。

蔡邕的事迹也因此广为人知，所有读书人都将他看作自己的榜样。

艰难前行

汉灵帝喜爱辞赋创作，朝中多位臣子投其所好，这些人中大多是普通老百姓，没有什么特殊的才华，结果依然得到了皇帝的封赏。

蔡邕趁着汉灵帝下诏问询治理国家政策的机会，上书汉灵帝，详细地将自己的治世谋略向汉灵帝陈述。

汉灵帝也稍微回心转意，不再随意封赏朝中那些总是阿谀奉承、投其所好的人。

但这也让蔡邕得罪了不少人，遭到了某些小人的嫉恨。

不久，汉灵帝再次询问蔡邕治国方案，蔡邕上书表示应该断绝后宫和宦官干政的局面，对于张颢、盖

吕强，字汉盛，东汉宦官，初为小黄门，升中常侍，汉灵帝封他为都乡侯，他推辞不肯，上书请求诛杀奸佞，任用正直忠臣，减少赋税，广开言路。宦官集团恐惧，进谗言诬陷，吕强被冤下狱，愤然自杀。

朔方郡，今内蒙古自治区乌海市一带。

升等贪赃枉法、违纪乱权的人，应该要有所惩戒，而有了严格的规范，朝政才不会混乱。

不巧，此番上书的内容被汉灵帝宠信的宦官曹节看到。

曹节将这些内容公布于众，这让满朝的官员为之震惊，蔡邕再次得罪了当朝权贵。

于是，他们开始针对蔡邕打击报复。

宦官程璜诬告蔡邕对司徒刘郃出言不逊，言语之间透露着傲慢，甚至有要加害刘郃的想法。

汉灵帝听后大为震惊，下诏严格审查。

程璜等人暗中买通党羽，希望将蔡邕杀害。

有个宦官叫**吕强**，他敬佩蔡邕的才华，实在不忍心谋害这样一个满腹学识的人，于是恳请汉灵帝网开一面。

汉灵帝也同样爱惜蔡邕的才华，于是下诏，免去蔡邕的官职，流放至**朔方郡**。

隐匿多年

在前往朔方郡的路上，蔡邕的另一个政敌阳球企图直接将蔡邕杀死。于是，阳球买通刺客，让刺客在蔡邕必经之路上等着蔡邕。

然而，阳球的如意算盘并没有得逞。此时的蔡邕早已经天下闻名，阳球派来的刺客见到蔡邕后，被蔡邕的气度和正义所折服，他叮嘱蔡邕一路小心之后，便匆匆离去。

阳球又贿赂官员毒害蔡邕，可惜阴谋又未得逞。蔡邕因而安全无事，住在五原郡。

此前，蔡邕在东观时，已经开始着手修撰王朝史书典籍《东汉观记》，这次被流放，修史的事情遭到了中断。

于是，蔡邕上书汉灵帝，希望能继续编纂《东汉观记》。

汉灵帝深感蔡邕满腹文墨，于是在大赦天下时，特意叮嘱蔡邕返回故乡，继续修书。

正当蔡邕启程回乡之时，五原郡太守王智表示愿为蔡邕送行。

王智是宦官王甫的弟弟，这兄弟俩心胸狭窄，人品低劣，因此，蔡邕对王智一直都是爱搭不理。

王智因此怀恨在心，诬告蔡邕心怀怨恨，诽谤朝廷。朝中王甫等人也让人多次在汉灵帝面前说蔡邕的坏话。

蔡邕得知消息后，害怕汉灵帝怪罪，而因自己的缘故又牵连家人，于是改变主意，南下逃到吴地绍兴一带隐匿起来。

这一隐居，便是十二年。

风云激荡

蔡邕隐居期间，安心求学，不过问世事，他靠着深厚的学术修养和艺术造诣，获得了当地百姓的爱戴和尊敬。百姓都以能邀蔡邕到家里做客为荣。

然而，蔡邕绝不会想到，此时的洛阳正上演着前所未有的动乱。

汉灵帝刘宏驾崩，不足十五岁的刘辩继位，是为汉少帝。

由于汉灵帝在位时大肆任用宦官，宦官们手中握着大权，一味地作威作福，弄得朝政混乱不堪。汉少帝刘辩虽说是皇帝，但毕竟年少，难以威慑到宦官集团，垂帘听政的**何太后**也没有能力将朝政大权收回，所以宦官乱政的局面就越发严重了。

何太后，即灵思皇后何氏，汉灵帝刘宏第二任皇后，汉少帝刘辩生母，出身于屠户家庭，选入掖庭后，得到汉灵帝临幸，生子刘辩，封贵人，又立皇后。刘辩继位后，尊为皇太后。董卓进京后，废黜刘辩，毒杀刘辩及何氏。

大将军何进无法忍受，他联合执金吾丁原、世家大族的代表袁绍，征召凉州刺史董卓带兵入京，准备彻底诛灭宦官一党。

在一番惨烈的角逐中，双方皆元气大伤。

隐居

何进，字遂高，东汉灵思皇后之兄，屠户出身，其妹妹被立为皇后时，入朝任侍中、将作大匠等职。黄巾起义爆发后，任大将军，镇守京师，封慎侯。少帝刘辩即位后，何进专断朝政，欲杀宦官，调军阀董卓进京，但密谋泄露，被宦官刺杀于嘉德殿前。

北邙山，河南省洛阳市北部一座大山。

何进被宦官集团杀死，何进的部将又攻入皇宫，杀死了多位宦官，皇帝刘辩被宦官段珪等人劫持，逃往北邙山。

这时，正值董卓抵达洛阳，他带兵至**北邙山**迎回少帝刘辩，然后收编了大将军何进留下的部队，正式占领洛阳。

董卓见少帝刘辩无能，便有了另立新皇的打算。执金吾丁原明确反对，没承想董卓利用吕布把他杀害了。由此，丁原的部众也被董卓纳入麾下，加上吕布的部众，董卓彻底把持了洛阳的军权。

这样一来，董卓彻底肆无忌惮了，他将少帝刘辩赶下皇位，拥立刘辩的弟弟刘协为帝，是为汉献帝。

随后，董卓派人毒杀了何太后，将朝政大权彻底归为自己所有。

董卓为了巩固自己的权势，扶植党羽的同时，罕见地对天下文臣表示了优待。他深知文官集团的拥护极为重要，便下诏征集天下著名学者，其中便包括蔡邕。

蔡邕为了不连累家人，勉为其难地接受了董卓的征召。

他忧心忡忡地前往洛阳拜见董卓，受到了董卓的

优待，私下以琴书为寄托。

公元190年，董卓胁迫汉献帝迁都长安，蔡邕被董卓封为高阳乡侯。

董卓在长安继续作威作福，甚至想自比姜太公，自称“尚父”。蔡邕对董卓表示，如今刚刚迁都完毕，朝政还没有稳固，人心还没安定下来，实在不可以这么做。

董卓一番思考后，接受了蔡邕的意见。

就这样，蔡邕在董卓与文武百官之间尽自己所能地做着调和，希望借着董卓对自己的尊重，尽力减少董卓给汉家王朝造成的灾难。

然而，他的力量实在太小了，董卓依然非常地骄横，蔡邕知道自己也需要小心了。

猝然遇害

眼看着大汉王朝被搞得乌烟瘴气，越来越衰落，暗中蛰伏的司徒王允终于出手了。

王允买通董卓的义子吕布，命令武将李肃与吕布联手，趁着董卓在前往皇宫的路上将董卓杀死。

董卓就这么死了。

董卓之死，大快人心，王允也因此颇有声望。不仅受到皇帝极大的器重，文武百官也前来恭贺。

一下子被人捧得这么高，王允也渐渐变得骄纵起来。

他觉得，即便是董卓这样不可一世的人也被自己

除去，试问天下还有什么事能让自己害怕呢？

在某次宴会之上，王允高谈阔论，在讲到自己除掉董卓的时候，沾沾自喜，觉得自己有着非常大的功劳。

座下宾客唯唯诺诺，不敢反驳，都点头表示赞同。

没承想，其中有一人不仅没有附和王允，反而摇头叹息，脸上露出了悲伤之色。

此人便是蔡邕。

董卓对于蔡邕确实有知遇之恩，当蔡邕受董卓征召入朝后，董卓也给了蔡邕极高的礼遇。如今，董卓身死，蔡邕替董卓感到悲伤。

王允捕捉到了蔡邕的表情，立刻怒火中烧。

他严厉呵斥蔡邕："你身为汉家臣子，居然会对董卓表示同情，难道说，你也是董卓的党羽吗？"

随后，王允命人将蔡邕逮捕入狱。

王允觉得蔡邕明显是在与自己作对，为了巩固自己在朝中的地位，他打算将蔡邕正法，同时也威慑一下其他对他不满的大臣。

但出乎王允意料的是，朝中百官听说此事后，纷纷前来拜见王允，替蔡邕求情。

他们对王允说："蔡邕忠孝之名早已传遍百姓口中，这次虽然得罪了司徒大人，但是实在罪不至死。况且，蔡邕是旷世奇才，有着过人的才华，目前他正在编纂我大汉朝的历史典籍，如果他死了，谁来做这件事呢？恳请司徒大人网开一面。"

面对众人的求情，王允恼羞成怒。

他回答道："当年汉武帝没有杀死司马迁，才让司马迁留下谤书随意议论朝政。如今幼主在位，怎么能让乱臣贼子随意书写王朝之事呢？"

郑玄，字康成，东汉经学家、儒学家，天资聪颖，酷爱读书，十三岁已能诵五经，喜爱天文；师从经学大师马融，四十岁后讲学；闭门不出，守节不仕，屡次拒绝朝廷征召；汉献帝时，袁绍与曹操会战官渡，袁绍强迫郑玄随军，后郑玄病情加重，不久去世。

于是，蔡邕很快死在监狱里。

王允表面上是针对蔡邕，其实是在立威，他要借此警告那些不服从自己的人罢了。

当蔡邕的死讯传遍天下后，舆论哗然，朝中百官无不扼腕叹息。

当朝著名大儒**郑玄**听说蔡邕已死后，悲痛不已，

马日磾，字翁叔，东汉大臣，经学大师马融族孙，以才学入仕；曾与蔡邕、卢植等人东观典校，并参与续写《东观汉记》，任太尉、太常等职；汉献帝时，出使关东，因对袁术有所求，遭到袁术羞辱、囚禁，后忧愤而死。

他对学生们说道：“蔡邕死后，我们大汉朝的历史再也没有人可以考订了！”

太尉**马日磾**（dī）私下里与人谈起此事，也非常遗憾地说道：“王司徒私自诛杀蔡邕，这种行为简直好比彻底废弃了国家纲常与典籍。他必将不久于人世！”

后来的事情也的确如马日磾所料，王允心胸狭窄，难容他人。

蔡邕死后不久，王允就打算彻底清除董卓的党羽。董卓的旧部李傕、郭汜等人被逼起兵，攻入长安，将王允及他的家人杀了个干干净净。

才情未了

蔡邕的一生虽算不上多么轰轰烈烈，但也可以说是波澜起伏。

他被看作是一代文豪，却因为落入了王允与董卓旧部的派系斗争中，而被王允所害。

他的死，让天下学子对于大汉朝廷不再信任，汉朝也慢慢走向衰亡。

蔡邕死后，朝中百官对于王允的不满更加明显，王允为自己的行为感到后悔，但为时已晚。

蔡邕一死，他所进行的史书编纂工作便没有人可以接替。后来，长安持续动荡，蔡邕留下的著作大部分毁于战火，这对于东汉的文化事业打击不可谓不大。

后来，蔡邕的部分文学作品有赖于女儿蔡文姬惊人的记忆力得以恢复。

这些恢复的作品，随同蔡邕原本留存的作品，一起被后世学者整理编纂，终于留存至今。

荀彧

难救天下

路在何方

党锢之祸对东汉朝廷中的文官集团和贵族带来了毁灭性的打击，数百位举足轻重的大臣都被牵连，有的丧命，有的逃亡，有的被流放，有的被削职为民……

皇权被大幅削弱，许多名门望族遭到严重打击。

由此，这些名门望族的处世观念产生了动摇。是在乱世中苟且偷安，保全自己；还是继续贯彻儒家“修身、齐家、治国、平天下”的宗旨，与那群奸邪之辈抵抗到底；抑或是着手彻底推翻眼前这污秽的朝廷？

他们开始面临着艰难的抉择。

这种抉择，在“颍川荀氏”中，尤为明显。

“颍川荀氏”中，有一位男子叫荀彧（yù），年少成名，字文若，出生在颍川郡**颍阴县**。他是**荀子**的后代，从小就接受着良好的教育。

他的族亲荀昱（yù），直接参与诛杀宦官的密谋，事败遭到杀害。

他的六叔荀爽则选择了另一条路。荀爽在给《易经》作注时，隐晦地表现出了他对当今圣上昏庸，而自己耻于为这样的皇帝尽忠的意思，他最终远离了是

颍阴县，今河南省许昌市一带。

荀子，名况，字卿，战国时期赵国思想家、教育家，儒家学派代表人物之一。曾三次任齐国稷下学官的祭酒（学官之长），又在楚国任兰陵县令。荀子著有《荀子》，他反对孟子的性善论，提出性恶论。

非之所。

而他的父亲荀绲（gǔn），又选择了其他的路。这条路令荀彧饱受诟病。

荀绲让荀彧娶了当朝大宦官唐衡的女儿。荀绲的意图很明显，不过是想在如此污秽的时局中保全自己。

只是，如此一来就苦了荀彧，毕竟，荀彧的婚事

何颙，字伯求，东汉名士，不仅帮助穷困的人，还帮助被宦官追捕的人藏匿，受到宦官诬陷后，逃亡汝南郡；后任相国长史，被董卓囚禁，忧愤而死。一说自杀。

是在自己年幼时就被父亲荀绲定下的，而他的这位妻子本来被唐衡许配给了汝南名士傅公明，结果傅公明不同意，于是父亲趁机替自己做了主。再加上宦官唐衡贪暴，说句话就能杀人，所以直接导致荀彧在结婚之时受到了当时人的嘲讽。

好在荀彧读书刻苦，才学深厚，才逐渐打消了那些人的嘲讽。

后来，南阳名士**何颙**（yóng）见到荀彧，被荀彧的才华所折服，称赞荀彧具备“王佐之才”！

乱世逃亡

举孝廉，是地方向朝廷推荐以孝顺和清廉成名的人。

公元189年，荀彧被**举孝廉**，得以入朝为官。

但是，随后不久，董卓扰乱京师，废汉少帝刘辩，拥立新帝刘协，是为汉献帝。机警的荀彧意识到董卓还会有大动作，为了自保，他果断辞去了官职。

回到颍阴县后，荀彧认为，颍川郡作为交通枢纽，一旦有了战事，必定会在第一时间遭受洗劫，于是，他劝说父老乡亲们赶紧搬家。

然而，乡亲们都因为留恋故土而没有离去。荀彧无奈，只能说服自己的宗族，举家迁往冀州。果不其然，颍阴县后来被董卓部将李傕大肆劫掠。

迁居

在前往冀州的路上，荀彧接连长叹。

此时，天下大乱的征兆已经出现，而自己又该何去何从呢？他回过头，最后一次望着故乡，心里明白，从今以后他再难返回家乡了。

立下首功

当荀彧一家人迁往冀州以后，冀州已被袁绍占领。袁绍早已听闻颍川荀氏的大名，第一时间就将荀彧召至身边为官。

荀彧知道袁绍其实是个“金玉其外，败絮其中”、表里不一的人，想要干一番大事业，就不能跟在这样的人身边。

后来，荀彧听说曹操不肯效忠董卓，甚至散尽家财，起兵讨伐董卓，并独自率军与董卓的西凉精兵交战的事情后，判断曹操必然具备雄才大略，必然能让自己完成内心的夙愿。于是，即将30岁的荀彧离开了袁绍，拜入曹操阵营。

当曹操与荀彧促膝长谈后，十分欣喜，曹操对身边的人说道：“荀彧就是我的张良啊！”

张良是汉高祖麾下第一谋臣，曹操将荀彧比作张良，荀彧的地位可见一斑。而此时的荀彧也做好了一展宏图的准备!

受黄巾之乱的影响，汉朝疆域内多地爆发战事，即便皇甫嵩平定了黄巾之乱，天下依然四处有人起兵。

曹操出任兖州牧时，负责平定兖州四周的动乱。荀彧作为曹操的首席谋士，随曹操大军出征。

在曹操讨伐徐州牧陶谦的时候，荀彧与同僚程昱合作，镇守**鄄（juàn）城**。

鄄城，今山东省菏泽市鄄城县。

当张邈、陈宫背叛曹操，趁着曹操出兵在外，打算与吕布里应外合占领兖州时，荀彧在鄄城内牢牢稳住了军心。

后来，荀彧靠着卓越的胆识和谋略，单刀赴会，独自面见前来抢地盘的豫州刺史郭贡，说服了郭贡保持中立，破坏他与张邈等人结盟，由此保住了曹操的大本营，为曹操立下了首功。

陶谦病死后，曹操打算立刻拿下徐州。

荀彧认为，徐州易守难攻，且兖州未平，倘若贸然出征，一旦兖州境内再生动乱，曹操的势力必然受到削减，如今须首先解决兖州境内吕布的势力。

曹操采纳了荀彧的意见，将吕布赶出了兖州，兖州由此平定。

迎天子

公元196年，汉献帝刘协在董承、杨奉的保护下从长安回到洛阳。

曹操的一个谋士**毛玠**（jiè）认为，如今天下大乱，四方群雄皆有染指天下的野心。洛阳经过董卓的折腾已经不适合作为都城了，而曹操欲平定整个汉朝北方疆域，必须借用天子的声望。

于是，毛玠提出“奉天子以令不臣”的谋略，意思是通过尊奉天子来号令那些不服从朝廷的臣子，建议曹操将汉献帝迎往**许县**。

毛玠的这个建议引起了大家的争议。曹操麾下的将士们都反对毛玠的看法，认为此时徐州未定，杨奉等人的势力也不容小觑，这么做实在有些不妥。

曹操询问荀彧的意见。

荀彧认为，董承、杨奉等人不足以震慑各地乱军，而曹操曾与董卓交战，又为朝廷平定多处乱贼，已经具备迎接献帝的政治威望。

于是，曹操亲率大军抵达洛阳，迎接献帝迁都许县。

由此，曹操被封为大将军、武平侯，荀彧也官封侍中，并兼行尚书令的职责，管理朝廷文书。

毛玠，字孝先，东汉大臣，年少时为县吏，躲避战乱时，投靠曹操。毛玠推举清廉正直之士，自己也以身作则，激起天下廉洁之风，一改奢华风气。曹操封魏公后，毛玠任尚书仆射。后毛玠被诬告下狱，归家后不久去世。

许县，今河南省许昌市。

在此期间，荀彧为曹操推荐了大批优秀谋士，比如荀攸、郭嘉、陈群、司马懿等，这些人后来无一例外成了曹操身边非常重要的人。

战袁绍

公元200年，曹操与袁绍展开决战，是为官渡之战。

袁绍兵强粮多，曹操虽靠着勇猛的部下与袁绍来来往往大战数次，但终因粮草不足而逐渐处于下风。

曹操写信给荀彧，认为眼下需要退兵返回许县，

袁绍的军队势力太强，需要暂时避避风头。

荀彧却在回信中写道："击败袁绍是势在必得，别看他兵势很强，但战斗到现在也损耗了很多力气。如果我们现在撤军，那他的军队就可以得到休息，恢复体力了。"

曹操觉得荀彧说得对，于是听取了他的意见，坚持防守，等待可乘之机。

恰好此时袁绍阵营的许攸前来投奔曹操，为曹操献出奇袭乌巢的建议，于是，袁绍大军被彻底击垮，曹操获得了官渡之战的胜利。

曹操又在荀彧的建议下，歼灭了屯兵仓亭的袁绍残部。由此，袁绍彻底一蹶不振，忧愤而死，曹操彻底统一北方。

荀彧因为卓著的谋略之功，被封为万岁亭侯。

两年后，河东郡内爆发叛乱，此时的曹操正与袁绍的儿子袁谭交战，分身乏术，荀彧便向曹操举荐杜畿（jī），解决了此次祸患。

荀彧，作为曹操麾下第一谋士，地位尊崇，他不贪钱财，所得俸禄大多赠送给族人与友人，且关爱将士，提携后进，得到了包括敌对势力在内所有人的尊重。

服毒自杀

公元208年，曹操在赤壁之战中惨败于孙、刘联军，所谓“东汉末年分三国”，三足鼎立之势从此开始。

曹操统一天下的雄心开始湮灭，开始经营自己在朝中的势力，逐渐有了称王，甚至取代汉献帝、取代汉家朝廷的野心。

荀彧敏锐地捕捉到了曹操的心态变化，他开始感到自危。

如今，王朝的北方已经平定，南方的几个势力还没有完全坐大。曹操如果韬光养晦，兴许还能有一番更大的作为，然而，他现在居然开始有了篡汉的野心。

实际上，荀彧匡扶天下的理想正是建立在汉室稳定的基础上的，也就是说，荀彧拯救天下的愿望必须借助汉家王朝的名分。如果曹操真的篡夺了皇权，天下必然会再次陷入新的动荡中，这与荀彧的政治理想是背道而驰的。

由此，荀彧与曹操逐渐背离。

在公元212年，曹操打算进爵国公、加封**九锡**时，荀彧感觉到曹操必然会趁势封王，于是明确表示

九锡，古代帝王对大臣的最高礼遇。

反对。

由此，曹操开始憎恶荀彧。曹操终于意识到，这位多次帮助自己立下汗马功劳的人，并不是完全尽忠于他。

同年，曹操出征孙权，他上书汉献帝，要求荀彧随行。

后来，荀彧病重，留守**寿春**，曹操赠送食物给荀彧，却是一个空食盒。

寿春，今安徽省淮南市寿县。

重病的荀彧看着这个空食盒，他明白，曹操已经容不下他了，对于夺得汉室江山，曹操已经志在必得，不需要自己了。他就像这个空食盒已经没有用了。

公元212年，荀彧服毒自杀。

汉献帝得知这个消息后，哀伤不已。他当然明白荀彧之死的真正原因，只是他也无力抗衡曹操，只能尽自己最大的努力为荀彧做点什么。

于是，在接下来的祭祖之日上，汉献帝下令停止饮宴作乐的各种活动，以此哀悼荀彧，并赐谥号为敬侯。

公元213年，曹操被封为魏公；公元216年，曹操被封为魏王。一切皆如荀彧所料。

后人评说

司马光，字君实，号迂叟，北宋政治家、史学家、文学家，为人温良谦恭，刚正不阿，读书做事刻苦勤奋；进士及第后，累迁龙图阁直学士；宋神宗时，司马光反对王安石变法，远离朝廷十五年；主持编纂了编年体通史《资治通鉴》，官至尚书左仆射兼门下侍郎。

荀彧死后，关于他是忠于曹操还是忠于汉室的看法历来争论不休。

有人认为，荀彧助长了曹操篡取汉朝的野心，比如唐朝诗人杜牧，他认为荀彧实在不是一位忠臣。

北宋史学家**司马光**不这样看，他在《资治通鉴》里说道："汉末大乱，群生涂炭，自非高世之才不能济也。然则荀彧舍魏武将谁事哉！"意思是，荀彧要想匡扶天下，只能拜曹操麾下。事实上，荀彧在曹操麾下也很大程度实现了自己的政治理想。司马光评价荀彧："化乱为治，十分天下而有其八，其功岂在管仲之后乎！"他将荀彧之功劳列在管仲之上，表达了自己对于荀彧的敬佩。

南朝史学家范晔记录荀彧的生平，认为他反对曹操加封九锡，实际上也是想保存汉室，他也由此招来杀身之祸。范晔评价他："盖取其归正而已，亦杀身以成仁之义也！"

司马光

少年读史

谢冕 解玺璋 主编

小后汉书

第四册

汉家女儿

太源 编著

文化发展出版社
Cultural Development Press
·北京·

图书在版编目（CIP）数据

小后汉书 / 太源编著. — 北京 ：文化发展出版社，2024. 12. —（少年读史 / 谢冕，解玺璋主编）.

ISBN 978-7-5142-4560-8

Ⅰ. K234.204.2-49

中国国家版本馆CIP数据核字第20246PX525号

少年读史：小后汉书

主　　编：谢　冕　解玺璋
编　　著：太　源

责任编辑：肖润征　杨嘉媛　　　特约编辑：鲍志娇
责任校对：岳智勇　马　瑶　　　责任印制：杨　骏
封面设计：李果果
出版发行：文化发展出版社（北京市翠微路2号 邮编：100036）
网　　址：www.wenhuafazhan.com
经　　销：全国新华书店
印　　刷：河北文扬印刷有限公司

开　　本：880mm × 1230mm　1/32
字　　数：332千字
印　　张：21.25
版　　次：2024年12月第1版
印　　次：2024年12月第1次印刷

定　　价：268.00元（全4册）
I S B N：978-7-5142-4560-8

◆ 如有印装质量问题，请电话联系：010-68567015

序

《后汉书》由南朝宋范晔编撰而成，全书结构谨严，文采斐然，语锋犀利，善于裁剪，与《史记》《汉书》《三国志》合称“前四史”。

本套《小后汉书》遴选《后汉书》中的主要人物和精彩故事，进行白话新译，为了便于小读者阅读，进行了适当的改写，捕捉细节，渲染气氛，让小读者能够感同身受地理解当时的人物及其境况。

北宋大学者司马光说：“人之患，在于不读史。”历史是人创造的，读史就是认识人本身，认识祖先的根、民族的根，进而认识世界，由此才能把握好现在，选择好未来的路。希望小读者在阅读《小后汉书》时，能够拥有不一样的阅读体验。

本套书体量大，难免有错失遗漏之处，欢迎读者批评指正。

目录

阴丽华
千古贤后

马皇后
贤后楷模

邓太后

临朝称制

阎皇后

毒辣之后

梁太后
力不从心

唐姬
惊鸿一舞

班昭

史学大家

乐羊子妻

贤妻典范

叔先雄

孝感天地

蔡琰
乱世飘零

阴丽华

千古贤后

一见深情

东汉王朝的开国皇帝是刘秀，他九岁时父亲刘钦去世，便寄住到了叔父刘良家中，由叔叔一家照顾。

刘秀成年以后，在刘良的安排下独自前往长安游学。

刘秀在前往长安的路上，想起了自己的姐夫**邓晨**一家住在南阳新野，他已经很久没有见到自己的姐姐了，非常想念她，于是决定先去新野看望姐姐一家人。

可他怎么也想不到，这一去，竟为日后的姻缘埋下了种子。

刘秀的姐夫邓晨与新野县内富贵大族——阴氏家族的关系十分要好，而阴氏家族中此刻正有一个可爱的女子在成长。

刘秀在新野见到了这个女子，她秀美灵气的外貌给刘秀留下很深的印象。

一番询问后，刘秀得知了她的名字：阴丽华。

后来，刘秀在长安求学近六年，脑中经常浮现出阴丽华的身影。

当刘秀在长安闹市中看到**执金吾**在盛大的排场下经过人群之时，忍不住发出“仕宧当作执金吾，娶

邓晨，字伟卿，东汉开国功臣，光武帝刘秀的姐夫，早年随刘秀起兵，刘秀称帝后，封房子侯，任光禄大夫。邓晨喜欢郡守一类的职位，因此任中山太守，官员和百姓都爱戴他，后邓晨为汝南太守，封西华侯。

执金吾，禁军之首，总揽京城安保事宜。

妻当得阴丽华”的感慨。

实际上，以刘秀广阔的胸怀与过人的能力，当个执金吾是大材小用。后来，刘秀数次出生入死，最终登上皇位，成为光武帝。而在他帝王生涯中朝夕相伴的人，确实有那位他曾梦寐以求的女子——光烈皇后阴丽华。

别离

阴丽华是春秋时期的军事家、政治家**管仲**的后裔。战国时，管仲的七世孙管修从齐国迁往楚国后改姓为阴，秦汉之际，这家人又因为战乱而举家迁往新野，经历上百年的岁月，阴氏家族虽然没有出过什么大官，但富甲一方，在南阳郡内也属于豪门。

阴丽华出生于公元5年，这个时间点实在不怎么好。因为此时西汉王朝已经陷于风雨飘摇中。

公元9年，王莽称帝，随后推行改制，开始改革，没承想，这一改却成为“革”去西汉王朝的最大推手。

在王莽的胡乱折腾下，天下各地开始出现暴乱，南阳新野作为一个交通要道，不可避免地也被卷入其中。

虽然说阴丽华的童年刚好赶上乱世开头，但是她还是作为大家闺秀在家人的关爱中无忧无虑地成长着。

管仲，名夷吾，字仲，周穆王后代，春秋时期政治家。他出身贫苦，以贩卖为生；经好友鲍叔牙举荐，做齐国宰相。他推行改革，实施“尊王攘夷”的策略，使齐桓公得以“九合诸侯，一匡天下”，后成为春秋第一位霸主。

直到阴丽华七岁那年，她经历了人生第一次巨大悲痛，她的父亲阴陆在这一年去世了。

没了父亲的关爱，加上王朝逐渐陷于动乱，阴丽华的生活发生了巨大改变。

父亲的死在阴丽华的心中留下了永远无法弥补的遗憾和伤痛，即使后来她当上了皇后，母仪天下，提到父亲时，依然会流下眼泪。

公元23年，阴丽华十九岁。阴丽华经母亲做主，前往宛城，与刘秀完婚。

在抵达宛城以前，阴丽华就已经听说了未来夫君的大名。她仍然记得这个叫“刘秀”的男子是自己小时候见过的。

在宛城，阴丽华穿着美丽的嫁衣与刘秀拜了天地。

刘秀对阴丽华说：“我在长安的时候就一直在想你，如今能够与你结为夫妻，真是圆了我的这桩心愿。”

阴丽华听后，心里非常欢喜。她想象着自己的婚后生活，会像母亲那样，相夫教子，做个贤惠的妻子。

然而，她很快便经历了人生中又一次悲痛。

这年九月，更始帝**刘玄**将要迁都洛阳，便任命刘秀为司隶校尉，派他前去修整宫殿。

此时两人成婚只有三个多月，刘秀告诉阴丽华：

刘玄，新莽末南阳蔡阳（今湖北枣阳西南）人，字圣公。西汉远支皇族。初参加平林兵，被推为“更始将军”。后合于绿林军。公元23年称帝，年号“更始”。更始三年（25年），赤眉军攻入长安，刘玄投降，不久被缢死。

“我要被派遣到洛阳修整宫殿，由于刘玄并不完全信任我，这一去可能凶多吉少。为了你的安全，我想在出发前，将你送回新野。”

阴丽华虽然心中不舍，但她是个顾全大局的女

子，强忍着悲伤为丈夫整理好必备的行李，含泪与丈夫分别。

所幸，这一别并没有太久。

变故

不久，刘秀被更始帝刘玄任命为破虏将军，代行大司马的职务。十月，又带着更始帝刘玄的信物被派到河北巡视各地。

阴丽华回到故乡新野，日日夜夜都在盼望着丈夫归来。

刘秀到达河北之后，以恢复汉家制度为号召，取得部分官吏、豪强支持，力量开始壮大，于是逐渐脱离更始政权。

没多久，邓晨的侄子邓奉在南阳郡**淯阳县**起兵，投靠刘秀。

淯（yù）阳县，今河南省南阳市瓦店镇。

阴丽华的哥哥听说以后，决定举家搬往淯阳。

听闻阴丽华的到来，邓奉在第一时间告知了刘秀，于是，刘秀嘱托邓奉小心照料阴丽华一家。

公元25年的某一天，阴丽华的家门被一群顶盔掼甲的士兵敲开。

这群人的首领见到阴丽华后，带头下跪行礼，说

傅俊，字子卫，原为襄城的亭长，刘秀起兵后，投奔刘秀，因此被灭族。傅俊随刘秀参加了昆阳之战、平定河北等战役，并独自领军平定江东六郡。傅俊一生忠心耿耿、屡立战功，任侍中、积弩将军等职，封昆阳侯。

道："在下**傅俊**，奉圣上之命，恭迎夫人回宫！"

原来，此时的刘秀已经称帝，并定都洛阳，改元建武。

于是，阴丽华在几百名兵士的护卫下前往洛阳。

急切间，她向傅俊打听着刘秀的消息："我夫君如今怎么样了？一切可还好？"

结果，傅俊说出了一件让她意想不到的事："今年年初，圣上喜得一子。"

阴丽华不敢相信自己的耳朵，刘秀与自己相处仅仅三个月，自己尚未生子，刘秀哪来的儿子？

一番追问之下，她明白了，刘秀与自己分别之后，于公元24年又娶一妻。

原来，当初刘秀在河北曾被邯郸的王郎通缉，刘秀为了顺利拿下邯郸，招降了真定王刘扬，并娶刘扬的外甥女郭圣通为妻。

"看来这是一场政治联姻，他没有抛弃我这个结发妻子。"阴丽华在心中念道。

她是个识大体的女子，于是深吸一口气，渐渐平复了心情。

辞让后位

皇宫中，阴丽华终于见到了日思夜想的人——光武帝刘秀。

随后，刘秀封阴丽华为贵人，与郭圣通地位相同。

公元26年，这个新兴的王朝需要一位母仪天下的皇后。刘秀想立阴丽华为后，却被阴丽华拒绝了。

阴丽华对刘秀说道："帝王之家的婚姻绝不仅仅

是两家联姻这么简单，这背后还牵涉着复杂的派系纠葛。如今，天下尚未完全统一，底下又时常有人造反，如果立我为后，恐怕会节外生枝，难以服众。我当不当皇后无所谓，重要的是要让朝中的大臣、将领和天下名士都心服口服，团结一心才行。”

刘秀听着这番话，不禁陷入深思。

刘强，东汉东海王，东汉开国皇帝光武帝刘秀之子，东汉第一位皇后郭圣通嫡长子。郭圣通被废后，刘强主动辞让太子之位，因他无过错，光武帝不仅封他为东海王，又特许兼食鲁郡，一人获封两国。刘强懂得审时度势，有气量，有智慧，这些使他能够富贵而善终。

阴丽华继续说道：“更何况，郭圣通已经为皇上生下了皇子，之前与皇上一同行军在外的夫人并不是我，我在诸多开国功臣心目中的影响力微乎其微。所以，于情于理，我都没有成为皇后的资格。”

刘秀听了阴丽华的这一番话后，被阴丽华的贤惠、大度，以及顾全大局的智慧深深打动，他为自己有这样一个识大体的妻子而感到骄傲。

刘秀听取了阴丽华的建议，立郭圣通为皇后，随后，立郭圣通之子**刘强**为太子。

其实，刘秀对郭圣通并不薄情，即便后来真定王刘扬造反，刘秀也并不以此降罪郭圣通。并且，郭圣通的弟弟郭况也得到了封赏。而关于太子刘强的成长，刘秀也颇为关注，甚至安排名士**王丹**当刘强的老师。

母仪之美

比起郭皇后，刘秀确实更喜爱阴丽华。公元28年，彭宠与匈奴相互勾结，刘秀御驾亲征，特地带上了阴丽华。

此时，阴丽华已经怀有身孕，行军打仗中多有不便。

王丹，字仲回，汉朝官员，初为州郡官吏，王莽篡位，屡次征召，皆不去；家中富足，照顾穷困的人，善后死去的人，多年如是，使民风大变；后为太子太傅。

元氏县，今河北省石家庄市元氏县。

而刘秀为了照顾阴丽华的身体，命令大军减缓行军速度，这是一件极为耗钱的事。因为军队要吃饭，行军时间越长，消耗的粮食便越多，运粮的成本也就越大，而这时候的粮价又异常昂贵。

当大军行至常山郡**元氏县**时，阴丽华分娩了，生下了一个儿子。

刘秀极为高兴，他抱着襁褓中的新生儿，为他起名为“刘阳”。

阴丽华在虚弱中听着孩子的啼哭，欣慰地笑了。

刘秀对阴丽华的感情始终有增无减，加上他心中又感觉对阴丽华极为亏欠，所以，时刻想着另立皇后。

郭皇后察觉刘秀的想法后，内心隐隐不安，逐渐感到失宠。

公元33年，阴丽华的母亲与弟弟阴䜣被盗贼杀害，阴丽华十分难过，刘秀也深感痛惜，他下诏以列侯之礼安葬阴䜣。

诏书中说：“以贵人有母仪之美，宜立为后，而固辞弗敢当，列于媵妾。朕嘉其义让，许封诸弟。未及爵土，而遭患逢祸，母子同命，愍伤于怀……”意思就是说，阴丽华有母仪天下的风范，应该立她为皇后。但她谦让推辞，所以才立郭圣通为后。刘秀非常欣赏她的弟弟们。可是还没来得及授爵封土，母子二人就遭到了祸患，刘秀对此十分感伤……

这封诏书颁布以后，郭圣通的皇后之位便岌岌可危了。

册立为后

废后必然意味着要另立太子，而太子是一国的储君，将来要继承皇位的。废黜皇后，另立太子，会大幅度动摇王朝的根基，这件事牵涉太大，光武帝也深知其中的利害关系。

作为一代明君，光武帝当然不会完全由着性子胡来，他等待着一个名正言顺的机会。

此后，郭圣通渐渐失宠，她不禁对光武帝有了怨言。

公元39年，刘秀推行度田之策，旨在抑制土地兼并，削弱豪强势力，之后，各郡国由于利益受损，出现多起叛乱。光武帝着力解决了因度田而起的骚乱，并对朝中官员进行了较大程度的更换，之后，他终于决定废后了。

公元41年，光武帝下诏，以“怀执怨怼，数违教令”为由，废去郭圣通的皇后之位，改为中山王太后，并立阴丽华为皇后。

皇太子刘强恐惧，好几次主动要让出太子之位，于是，光武帝刘秀将阴丽华之子刘阳改名为刘庄，并立刘庄为太子。

这一次废后易储，光武帝处理得十分妥当，所

以，没有给刚立稳根基的东汉王朝带来动荡。

郭圣通被废，很大程度是因为光武帝的私心，因为他偏爱阴丽华。不过，郭圣通被废，并没有走向悲惨的结局，依然受到了光武帝的礼遇与敬重，而废太子刘强同样得到了极为丰厚的待遇，得以善终。

阴丽华做了十六年的贵人后，终于封后。她对待自己的亲戚和郭圣通的亲戚一视同仁，还屡次教导自己的孩子，要好好敬重中山王太后，要好好对待哥哥刘强。

多年以后，当刘强病逝时，已经是皇帝的刘庄悲痛不已，以极为隆重的葬礼为哥哥送行。

长辞而去

公元57年，阴丽华看着与自己相伴一生的光武帝刘秀在自己面前永远地闭上了双眼，她悲痛欲绝，泣不成声。

随后，太子刘庄即位，是为汉明帝，阴丽华成为皇太后。

无论是太子还是皇帝，刘庄始终是阴丽华的儿子。她握着儿子的手，嘱咐着他："一定要做一位好皇帝！"

公元64年，阴丽华病逝，终年六十岁，谥号光烈。

汉明帝悲痛不已，下诏将母亲与先帝合葬。阴丽华由此与刘秀长眠地下，他们之间的爱情也被后世不断传颂。

公元74年，汉明帝刘庄在祭奠先帝的头天晚上，梦到了父亲与母亲。

梦中，一家三口宛如世间所有的普通家庭一般，幸福欢乐……

汉明帝开心极了，竟然乐醒了。

当他发现一切都是梦时，脸上又挂满了泪痕，再难入睡。

天亮以后，汉明帝刘庄率群臣奔赴原陵，祭拜父亲和母亲。祭典中，他看到了母亲曾经用过的东西，再次忍不住悲伤落泪。

无论是作为太子还是皇帝，他终究是一个思念母亲的孩子。他一直谨记父亲与母亲的教导，成为了被后世不断歌颂的好皇帝。

作为妻子，阴丽华温柔体贴、贤良淑德；作为皇后，她顾全大局，母仪天下；作为母亲，她教会孩子们谦逊礼让，团结友爱，对儿子刘庄更是悉心教育。

阴丽华的故事注定要在历史上留下浓墨重彩的一笔。

马皇后

贤后楷模

十三入宫

马严，字威卿，东汉大臣、伏波将军马援之侄；他举荐的马援之女入宫后，被汉明帝立为皇后，马严为避嫌，时常闭门不出；后入朝，受人嫉恨，终免官。

马援，字文渊，东汉开国功臣，伏波将军，封新息侯。六十多岁时，病逝军中。

公元52年，光武帝刘秀收到臣子**马严**上奏的文书，他看了奏疏后，眉头微微一皱，心想：这件事我还是和皇后商量商量比较好。

于是，散朝后，光武帝见到皇后阴丽华，将奏疏中的内容说与阴皇后听。

原来，马严在奏疏中表示，自己家中有三个堂妹，正是出嫁的时候，希望经武帝首肯，将堂妹嫁入皇宫，成为太子或藩王的妻子。

帝王家的血脉延续问题可是头等大事。阴皇后听完光武帝的话后瞬间喜上眉梢，非常高兴。

她对光武帝说道："如今，太子已经二十多岁，身为一国储君，到了这个年纪还没娶妻，确实不太合适。马严是过世功臣**马援**的侄子，他的堂妹也就是马援的女儿。迎娶功臣之后合乎规矩，咱们就同意了这门亲事吧。"

光武帝听了阴皇后的这番话，也觉得非常有道理。

于是他下诏，召马援的三个女儿进宫，从中为太子刘庄挑选妻子。

后来，马援的小女儿在此次选妃仪式中被选出，成为了太子刘庄的妻子，这一年，她十三岁。

获宠

马援的小女儿出生于扶风郡**茂陵县**。她的父亲马援是东汉王朝著名的开国功臣“伏波将军”。

对于新兴东汉王朝的巩固，马援有着不可或缺的贡献。当小女儿马氏出生的时候，马援正担任**陇西郡**的太守，又是东汉开国功臣，可谓位高权重。

可令人没想到的是，马援晚年被卷入了政治斗争之中，死后还被小人诬陷，被光武帝刘秀所忌恨。此后的一段时间内，马家渐渐失去了以往的地位，没有以前那样风光了，虽不至于生活不下去，但还是难免受人欺负。

马援死的时候，马氏才十岁，同阴丽华一样，她也经历了小小年纪就失去父亲的悲痛。

不过，马氏很早就显露出过人的才华。虽然父亲去世早，但她作为最小的女儿，却能把自己照顾得很好，做事有条理，还能像成年人一样与家仆沟通，处理家中大大小小的事务。

同郡之人听说以后，都不禁感叹道：“这个女娃小小年纪就这么能干，将来长大了，一定不会是普

茂陵县，今陕西省咸阳市兴平一带东北。

陇西郡，今甘肃东乡以东洮河中游，武山以西渭河上游，礼县以北西汉水上游及天水市东部地区。

通人！”

马氏的母亲蔺夫人也感到这个女儿十分特别，比起同龄的孩子，她明显要成熟得多，聪明得多，于是，便请同乡中善于占卜的术士为马氏算命。

术士给马氏占卜后，对蔺夫人说道：“恭喜夫人啦！您的女儿命中注定会大富大贵的！”

这可让马氏和她母亲惊讶万分。

蔺夫人心想：“难道我女儿真的有大富大贵的命运？”

她将信将疑，又请了一位善于看面相的术士为小女儿马氏看相。

这次的结果更让人震惊。

看相的术士说：“将来，我一定会是这位女子的臣民。”

所谓“溥天之下，莫非王土；率土之滨，莫非王臣”，既然术士称自己是“臣民”，那言下之意已经很明显了。

果不其然，马氏在十三岁那年成为了太子妃。

“看来那卜卦的、看相的都算得非常准。”蔺夫人如此想着。

只不过，她内心还是有些担忧，因为她清楚记得那看相的还说过一句：“然贵而少子，若养他子者得力，乃当逾于所生。”意思是，她将来不会有自己的孩子，但会尽心尽力抚养其他人的孩子。蔺夫人不明白其中有什么玄机。

不过，这孩子的命运似乎已经注定了。蔺夫人在十分不舍中将女儿马氏送入了皇宫。

临行前，母女俩依依不舍，蔺夫人对女儿严加叮嘱，进宫后一定要认真服侍丈夫、长辈，小心行事。

马氏含泪点头，道："知道了，母亲放心吧，我会小心的。"

太子刘庄与马氏完婚后，看着马氏对母亲阴皇后非常孝顺，知书达礼，便逐渐爱上了她。

后来，刘庄多次选妃，迎娶了马氏异母姐姐的女儿贾氏，但他最宠爱的人仍旧是马氏。

立为皇后

公元57年，光武帝刘秀驾崩，太子刘庄即位，是为汉明帝。马氏和贾氏都被封为贵人。

虽然马氏长期受到汉明帝刘庄的宠爱，但有个问题始终困扰着她——她无法生育。

作为帝王之家的媳妇，无法为丈夫延续血脉，是一个很严重的问题。

汉明帝看出了马氏的担忧。后来，贾氏临盆，生下儿子刘炟，汉明帝便做主，将刘炟抱入马氏寝宫，由马氏抚养。

他对马氏说："能不能生育都没有关系，只希望你能把这个孩子当成自己的孩子，好好照顾他，用爱将这个孩子抚养成人。”

这真是极大的恩宠，马氏感动得无以复加。

她跟刘庄承诺道：“我一定会好好抚养这个孩子，把他当作自己孩子那样疼爱！”

马氏也的确是这么做的。她用尽了全部的精力来照顾这个孩子，贾氏见此也十分感动。

刘炟便是在这样的环境中被爱包裹着长大，他对生母与养母同样敬重，与养母马氏之间毫无隔阂，可谓母慈子孝。

作为明帝最宠幸的妃子，马氏从不恃宠而骄，对于前来后宫传旨的太监，马氏始终以礼相待，对于刘庄的其他妃子，她也尽数悉心照料，由此，她在后宫得到了尊重。

公元60年的春天，群臣向明帝提到了册立皇后之事，皇太后阴丽华对明帝说道："马贵人人品端正，处理事务细心谨慎，待人又温和有礼，后宫对她赞许有加，她是皇后的不二人选。"

于是，汉明帝立马氏为皇后，马氏搬到长秋宫居住。随后，刘炟被封为太子。

马皇后为人和善，又知书达礼，**《易经》《春秋》《楚辞》**皆是马皇后极为熟悉的读物，她尤其喜欢读**《周礼》《春秋繁露》**。

即使贵为皇后，她的吃穿用度皆一切从简。而且，马皇后不喜欢抛头露面，她非常低调谦逊，即便母仪天下，她也很少同汉明帝刘庄一起在正式场合之外接见群臣。后宫的嫔妃们见她如此，也都向她学习。

《易经》，阐述天地世间万象变化的古老经典。

《春秋》，西周、春秋时期编年体史书的通称。

《楚辞》，西汉刘向编辑成集，是中国文学史上第一部浪漫主义诗歌总集。

《周礼》，传为西周政治家周公旦所作，为儒家经典。

《春秋繁露》，西汉思想家董仲舒著，阐发"春秋大一统"之旨。

劝谏

谶（chèn）纬，盛行于秦汉的社会思潮，谶是秦汉间儒家编造的预示吉凶的隐语，纬是以神学附会和解释儒家经书。

公元70年，朝中多人上疏弹劾楚王刘英，说他散布谣言，与他人造作**谶纬**和图书，大逆不道。

说到楚王刘英，此人真有些不同寻常之处。在东汉，朝廷一直以儒学治理天下，官方把神学迷信附在儒家经典之上，借此维护统治安稳。刘英却把这两个颠倒过来，放着儒学不理，一味迷信黄老之学，这在东汉初年诸位藩王中实在罕见。

不仅如此，汉明帝刘庄登基后，始终奉行仁政，

缣（jiān）布，一种做工很精致的丝绸物。

并下诏，令天下所有犯有死罪的人缴纳**缣布**，这样就可以赎罪。刘英不知怎么想的，拿出缣布三十匹献给皇帝，表示自己身在藩国，罪大恶极，以此赎罪。

汉明帝刘庄简直哭笑不得，心想：这本来是对监狱中的死刑犯下的诏令，这兄弟跳出来干什么？真不知道他是谦逊过头想避祸消灾呢，还是“此地无银三百两”？

不过，汉明帝也没有仔细追查，他将那上好的三十匹缣布退了回去，并下诏书，让刘英好好研究黄老之学，不用担心自己会惹祸上身。

于是，刘英更加肆无忌惮地沉浸在黄老之学中，广结宾客，收纳多位方术之士，甚至打造金龟玉鹤，刻文字当符瑞，越来越大胆。

时间一久，终于出了大事，他被人以谋逆之罪告发。汉明帝因此罢免了刘英的楚王之位，将他发配到丹阳泾县。

公元71年，刘英自杀。汉明帝决定彻查楚王党羽。楚王刘英案作为一大政治案件，连年不断，至公元72年，已牵连了朝中上下成百上千位官员，朝廷中人心惶惶，谁都不知道自己会不会因此被降罪，朝政自然也不可避免地耽误了。

身在后宫的马皇后知道此事以后，多次劝说汉明帝。

“不要将这个案件继续扩大，否则，朝廷必定会产生动乱。”

汉明帝觉得有道理，就逐渐放松了对楚王党羽的清查。

可以说，楚王案能够得以缓和，马皇后在一定程度上起到了重要作用。

拒绝谄媚

由于马皇后熟读《春秋》，所以，当汉明帝刘庄遇到某些难以决断的问题时，时常会询问马皇后的意见，马皇后也能提出极为中肯的想法。

而在这种时候，马皇后从不会提起外戚之事，所以，明帝对于马皇后的宠爱更加深厚。

公元75年，汉明帝刘庄去世，太子刘炟即位，是为汉章帝。

马皇后成为皇太后，她在悲痛之中送走丈夫后，将自己的金银财宝赐给了汉明帝的其他妃嫔，表示不忘姐妹之情。

第二年，汉章帝封赏诸位王公大臣，想顺带将养

马皇后

母马太后的兄弟，也就是自己的舅舅一并封赏，被太后拒绝。

公元77年的夏天，天下大旱，朝中有人上书，认为这是天子不封赏外戚的原因，以至于惹怒了老天爷，老天爷以大旱的方式来降罪了。

马太后得知后，亲自下诏，表示说这些话的人全是谄媚之徒。

熟读史书的马太后在诏书中说道："前朝窦婴这些外戚仗着权势祸乱朝政，这是众所周知的事情。如今，我身为太后，怎么能让前朝亡国之祸再次发生呢！"

汉章帝读完诏书以后，感叹着说道："当初汉朝兴起，外戚同样得以封侯，如今母亲的心思儿臣当然明白，但几位舅舅年事已高，如果他们突然有什么三长两短，却没有得到封赏，儿臣一定会非常心痛的。"

然而，即使章帝这样表明自己的心意，马太后也依然没有答应。

她说："如今各地都有不同的灾害发生，百姓都因为粮食的价格太昂贵而吃不起饭了，哪里还有多余的物资随意封赏呢？"

她严格命令汉章帝，必须等到风调雨顺、边关安宁之时再行讨论。

由此汉章帝也不敢提起封赏外戚之事了。

一生贤德

马氏身为太后，吃穿用度依然同她身为皇后之时那样，一切从简。

她吸取前朝历史教训，总是对外戚严格防范，严厉约束，对于那些出行排场极为奢华的亲属，她都亲自下诏令他们回乡种田；而对于那些谦恭有礼、生活朴素的藩王，她总是予以赏赐。

在她的言传身教下，后宫也非常和睦，不会给汉章帝添乱。

公元79年，风调雨顺，天下太平，粮食得到了大丰收。

汉章帝见时机成熟，下令封三位舅舅**马廖**、马防、马光为列侯。

马廖、马防、马光三人都推辞不受，表示不需要领地，只希望有一个关内侯的头衔。关内侯的爵位要比列侯低一等。

马太后听闻以后，非常心痛。

她说："没想到我年纪这么大了，依然有人不听

马廖，字敬平，东汉大臣，伏波将军马援长子，明德皇后长兄，曾为太子侍从，妹妹马氏成为皇后，升羽林左监、虎贲中郎将，带兵出击车师；汉章帝时，马廖任卫尉，掌管宫禁防卫。明德皇后马氏死后，马廖不能约束马氏家族，因族人触犯法律，辞官归家。

外戚
马太后

从我的教化，执意接受封爵，看来我是要带着遗憾离开人世了。”

马廖等人内心惶恐，不得已接受了汉章帝关于列侯的封赐，顺了章帝孝敬舅舅的心意，然后，立刻上书，将官位辞去。

公元79年的六月，马太后在重病中逝世，终年四十岁。

汉章帝在悲痛中下诏，定谥号为“明德”，以彰显她一生的品格。

纵观明德马皇后的一生，她自始至终保持了仁爱、贤德的风采。她熟读史书，吸取了前朝教训，有效地遏制住外戚掌权的局面。

成为太后以后，她因思念丈夫汉明帝刘庄，写下了《明帝起居注》，这是中国第一部专门记录皇帝日常生活言行的著作，为中国史学做出了较大贡献。

明德皇后马氏被誉为“东汉第一贤后”。

邓太后

临朝称制

太后临朝

"临朝称制"指的是由于皇帝年幼，无法处理朝政，皇帝的母亲（太后）从后宫之中移到朝堂之上，接受群臣觐见，并代表皇帝下达诏书，处理政务。

对于普通百姓而言，"临朝称制"还有个更为熟悉的称呼——"垂帘听政"。

严格地说，中国历史上第一位临朝称制的太后，是西汉高祖刘邦的皇后**吕雉**。

吕雉，字娥姁（xū），汉高祖刘邦之妻，儿子汉惠帝刘盈即位后，被尊为皇太后；汉惠帝驾崩后，两度临朝称制。

在吕太后临朝称制的时间里，由于她极度恋权，打压王公大臣，最终造成外戚集团坐大，威胁到了皇权。

吕太后以后，西汉王朝临朝称制的，还有那位一怒之下砸坏传国玉玺的孝元皇后**王政君**，即汉元帝刘奭的皇后。

王政君，汉元帝刘奭（shì）的皇后，历经四世，干预朝政，扶持外戚，致使侄子王莽篡位。

到了东汉王朝，第一位临朝称制的太后是汉章帝刘炟的皇后——章德皇后窦氏。不过，窦太后并非吕太后那样优秀的政治家，因为专横跋扈，任由外戚坐大，以致意欲谋逆，最终被汉和帝清算。

至于东汉第二位临朝称制的太后，她在治理朝政方面不比吕太后差，并且，她也有心制约外戚、宦官集团对于朝政的干预。作为政治家，她对于东汉王朝的发展与稳定有着不可替代的作用，受到臣民拥护。她就是汉和帝刘肇（zhào）的第二任皇后——和熹皇后邓绥。

为父守孝

公元81年，邓绥生于南阳新野。她的祖父是名满天下的“云台二十八将”之首的邓禹，她的母亲是光烈皇后阴丽华的侄女。

在那个时代，女子有着这样的出身，她的命运注定不同寻常。

邓绥自小受到家里人的宠爱，并格外早慧。

五岁的时候，她的奶奶为她剪发，因年事已高，眼神不好，不小心划伤了她的额头。邓绥不忍让奶奶心痛，忍着疼，没有哭出来，这让家里人惊讶无比。

邓绥不仅孝顺，还特别爱读书。到了十二岁时，就已经熟读了《诗经》《论语》以及各代史书。

如此用功刻苦地读书，以至于耽误了她身为女儿家应该掌握的针线活。

当她受到母亲责怪后，便开始白天学习针线活，晚上接着读书。

公元92年，年轻的汉和帝刘肇下诏选妃，邓绥本该进宫参与大选，不料，父亲**邓训**在这一年病逝。邓绥非常伤心，决定为父守孝。

邓训，字平叔，东汉大臣，心怀大志，初为郎中，施恩于人，礼贤下士，深得人心；邓训任谒者时，监理漕运，节省开支；后任护乌桓校尉、张掖太守等职，招纳羌胡各部；五十三岁病死任上。

在三年的守孝时间里，邓绥的饮食非常简单清淡，不仅不吃肉，就连盐巴都不放，以至于最后憔悴瘦弱得连她最亲的人都认不出了。

在这段时间里，邓绥做了一个极为奇异的梦。

梦里，她的手伸向天空，天空一片碧蓝，好像凝结出钟乳一样的东西，她将这个东西摘下并吃了下去。梦醒后，她将梦里所见的一切告诉了家人。

家人预感到此事并不寻常，便请术士为她看相，结果得出一个让人惊喜万分的结论："邓绥的骨相与古代贤君**商汤**的一样。"

看来，邓绥的命运似乎提前可知了，那便是她会坐到一个非常高的位置，成为一个不平凡的女子。

知书达礼

邓绥十四岁时，汉和帝刘肇再次下诏选妃，邓绥被选入皇宫。

此时的她身材修长，亭亭玉立，容貌秀美，刚一进宫便成为了后宫的焦点。汉和帝对她非常喜爱。十六岁时，邓绥被封为贵人。

商汤，商朝的开创者，他宅心仁厚，重用贤臣，减轻征敛，爱惜百姓，使氐、羌等部落都来归服。

此时，汉和帝已经立阴丽华哥哥阴识的曾孙女阴氏为皇后，邓绥身为贵人，对于阴皇后始终保持着莫大的尊敬。

当她与阴皇后同时面见汉和帝时，除非汉和帝下令，否则从不就座。并且，她从不穿与阴皇后相同颜色的衣物。

此外，邓绥对于后宫中所有的人都以礼相待，无论是身份与她相同的嫔妃，还是卑微的宫女太监，她都和颜悦色地与之相处。

渐渐地，她知书达礼的名声在后宫中广泛传开，汉和帝刘肇对她越发喜爱。

邓绥生病时，汉和帝总是下令让她的母亲带着医药到后宫中探视，并不限制暂住时间。

这个时候，邓绥总会十分担忧地对汉和帝说：“陛下如此开恩，别人会说陛下偏袒臣妾，使臣妾有不知好歹的罪责。”

由此，汉和帝越发宠爱邓绥。

阴皇后和邓绥都没有诞下皇子。看着皇室血脉没有得到延续，邓绥总是忧愁叹息。

后来，当汉和帝再次选妃时，邓绥亲自为汉和帝把关，希望能有更大的机会为汉和帝延续子嗣。

渐渐地，汉和帝彻底迷恋上邓绥，对于正妻阴皇后反而不再宠爱，这也引起了阴皇后的嫉妒。

立为皇后

阴皇后觉得邓绥如此受宠，长此以往，倘若她在自己之前为汉和帝刘肇诞下龙子，那么必将威胁自己的皇后之位。

于是，嫉妒使她失去理智，她决定除掉邓绥，霸占汉和帝的宠爱。

然而，虽然阴皇后与光烈皇后阴丽华是亲戚，但这血缘关系已经很远了。况且，汉和帝极为防范朝政中外戚势力滋长，所以，这时的她并没有多少能力与邓绥抗衡。

想来想去，阴皇后在焦急中想出了一个无奈的办法——诅咒。

她暗自向鬼神祈祷，希望邓绥不得好死。

在古代，这是一件罪大恶极的事。

公元102年夏天，有人告发阴皇后屡次诅咒邓绥不得好死，汉和帝刘肇知道后，大为震怒，火速命人彻查此案。

案情很快得到证实，刘肇立即废黜了阴氏的皇后身份。

阴氏从此被打入冷宫，她的家人最终受到极大牵连，父亲自杀，兄弟等诸多族人被免官流放。

当年冬天，邓绥被刘肇立为皇后。第二年，阴氏在忧郁中暴毙而亡。

成为皇后以后，邓绥依然保持着原本的品性。

她的吃穿用度一律从简，各诸侯国进献的贡品由于太过奢华，皆被她退了回去，并表示从此以后只需进贡普通的笔墨纸砚即可。

熟读史书的邓绥受爷爷邓禹的告诫，深知外戚擅权的危害，所以，即便汉和帝屡次表示要封赏她的家人，她都坚决拒绝。

由此，她的哥哥邓骘（zhì）在汉和帝在位时，官职不过是普通的虎贲中郎将而已。

扶立幼帝

公元105年，在邓绥成为皇后的第三年，二十七岁的汉和帝刘肇病逝，邓绥泪洒皇宫，痛楚不已。

所谓“国不可一日无君”，选立新君是刻不容缓的大事。

此前，汉和帝在世时，曾屡失皇子，前后共有十多位，后来，他便把后宫所生的皇子都养于民间，此事秘密进行，群臣都不知道。

现在，邓皇后命人从民间召回众皇子。

诸皇子中，刘胜是汉和帝的长子，不知生母是谁。但刘胜有病，邓皇后便未立刘胜，而是封刘胜为平原王。

最终，她选择了刚刚诞生一百天的婴儿刘隆，就这样，她使这个婴儿坐上了帝位。

贡品
国
进贡

刘隆也成为了历史上登基时年纪最小的皇帝。

邓绥由皇后升为皇太后，开始临朝称制。

新皇年幼，朝中诸事皆被耽搁。邓太后执掌大权，从容有度地发号施令，极为有效地稳定了朝政。

她身为最高权力人，从不偏听偏信，朝中大大小小的事，她都仔细思考后才作出决断。

比如，有人告发汉和帝曾经临幸过的吉成行巫蛊之事，邓太后并没有轻信。

邓太后说："吉成虽然出身低贱，但平日里从未有过恶言，今日之事一反常态，不合情理。"

她亲自召见吉成，对此事反复核实，最终查明，是吉成的侍从们所为。

邓太后便严厉处罚了真正的罪人。群臣得知后，皆称赞太后圣明。

接连两次遇到类似的事情后，邓太后开始反对鬼神之事。她下诏，命全国范围内所有祭祀活动一律从简，严禁铺张浪费。

此外，由于自幼进宫，邓太后深知皇宫内宫女数量太多，不仅造成了极大的生活开支，也给黎民百姓的家庭带去了伤害，所以，她下诏将皇宫内年纪较大的宫女悉数放还，命她们回到家中孝敬父母。

汉宫宫女

为了稳定朝政，邓绥提拔哥哥邓骘为车骑将军，成为大权在握的二品官员。由此，这位临朝称制的太后在朝堂之上站稳了脚跟。

镇压谋反

令人始料未及的是，幼帝刘隆还未满一周岁，就夭折了，谥号“殇”，后世称他为汉殇帝。

汉殇帝刘隆驾崩后，群臣认为，汉和帝的长子刘胜虽然有病，但并不是顽疾，可以立刘胜为帝。邓太后却犹豫不定。

她担心刘胜因为之前没有被选立而怨恨她，因此，最终她没有同意。

邓绥与哥哥邓骘商议后，决定立汉章帝的孙子、汉和帝刘肇的侄子刘祜（hù）为帝。

于是，十三岁的刘祜登上皇位，是为汉安帝。

群臣不服，大司空周章便想趁机发动政变，废黜汉安帝和邓太后，拥立平原王刘胜。

他的计划是，先秘密关闭宫门，再杀死邓氏外戚，杀死拥护邓氏的宦官**蔡伦**等人，再劫持尚书。

不料，机事不密，很快就泄露出来。

邓太后将周章免官。周章自觉无路可活，便在家

蔡伦，字敬仲，汉和帝时，任中常侍，兼尚方令。蔡伦革新造纸工艺，制成了“蔡侯纸”。邓太后死后，蔡伦因之前得罪过汉安帝，于是服毒自尽。蔡伦一生孤傲，不结派弄权，才学满腹，敦厚谨慎。

中自杀了。死后，家无余财。

刘胜被卷入此案，但邓太后没有牵连他，依旧让他享受优渥的生活。

因汉安帝刘祜年纪不大，邓太后继续临朝称制。

由于王朝接连遭遇圣上驾崩的大事，老百姓苦于徭役，邓太后下令，先帝丧事一切从简。

把持大权

公元108年，京师大旱，邓太后亲自核查洛阳的司法案情，并平反了司法系统中一些冤假错案，没过多久，京师开始降雨。

这年十一月，邓绥封邓骘为大将军，掌管王朝的军政大权，这引发了朝中许多大臣的不满。

事实上，此时的皇帝刘祜已经十四岁了，已经有能力参与朝政，但邓太后或许是因为担心刘祜还太稚嫩，无法掌控大局，也或许是因为她掌管权力久了，变得贪恋权势，总之，她始终牢牢把持着大权。

邓太后不肯还政于汉安帝，由此也开始引发朝中大臣的不满。

公元110年，邓太后回忆起与已故阴皇后昔日共同生活的场景，下诏赦免阴氏家族中因受牵连而流放

邓太后

的人。

其实，自从邓绥成为太后以后，汉家天下多地发生祸乱，不是地震、干旱、暴雨等天灾，就是许多外族部落多次进犯边界。

邓太后手握重权，在加强统治根基的同时，以身作则，诸事从简，极大地减轻了百姓的徭役、赋税负担，又让邓骘等将军四处行军，很大程度上震慑了许多部族，使他们不敢乱来。

并且，连同她哥哥邓骘在内，邓太后一家谨记爷爷邓禹关于外戚坐大的告诫，尽力制约外戚势力，并起用了大批新生代官员，其中便包括名臣李固之父李郃，以及后来名满天下的大臣杨震。

邓太后临朝称制期间，从不贪图享乐，将全部精力投在治国安邦之上。靠着辛勤的汗水与惠民的政策，在一群得力助手的辅佐下，她为王朝的安定做出了实实在在的贡献。

所以史书上说："自太后管理了朝政，洪水和旱灾经历了十年，各方外敌入侵，内部还有盗贼作恶。每次听到有人饿死，太后都会整晚睡不着，不断地祈祷，希望这些灾难都快快过去，天下恢复太平，百姓都安居乐业，国泰民安。"

瑜不掩瑕

公元118年，平望侯刘毅上书汉安帝，恳请汉安帝下诏，将邓太后的功劳写成文章，刻在金石之上，以作后世表率。汉安帝欣然同意。

公元121年2月，邓太后身患重病。

她知道自己快不行了，于是最后一次命人备好马车，载着自己游览皇宫，看看自己生活了大半辈子的地方。

看着眼前重叠的宫室，看着宫外安宁祥和的洛阳城，她感慨万千，泪水模糊了她的双眼。

随后，她下令大赦天下，并发布了人生的最后一道诏书，其中写道："存亡大分，无可奈何，公卿百官，其勉尽忠恪，以辅朝廷。"意思是说，生死是让人无可奈何、没办法控制的事情，希望她死之后，朝中的文武百官都能尽心尽力辅佐好帝王。

这一年的三月，邓太后在群臣的呜咽声中永远地闭上了双眼。

汉安帝下诏，定谥号为"熹"，此后，史书上皆称邓绥为"和熹皇后"或"和熹太后"。

邓太后临朝称制15年，日夜操劳，体恤百姓，百姓得以最大限度地安享太平。

面对外族的侵略和打击，她采取贤臣的建议，征讨与怀柔双管齐下，为王朝的安定做出了不可磨灭的贡献。

但是，她也确实表现出对于权力的渴望，当汉安帝逐渐长大，朝中有人恳请她还政于安帝时，也多多少少受到了她的打压，最严重的莫过于险些打死了臣子**杜根**——仅仅是因为杜根联合同僚上书，请求她还政。

所以，关于她的评价，是非功过皆被后人直截了当地记录了下来。

杜根，任郎中时，请求和熹邓太后还政于汉安帝，邓太后怒捕杜根，令人用白袋子装着杜根将他打死，执法者因杜根名气大，没有执行，将其运出城外，杜根逃到宜城山做酒保。15年后，邓太后已亡，杜根回家，被奉为公车，又拜侍御史，七十八岁去世。

瑜不掩瑕，汉语成语，比喻优点遮盖不了缺点。

比如，范晔在《后汉书》中提到她的专权使得“名贤戮辱，便孽党进”，民国史学家蔡东藩也认为，“邓后以贤德见称，迹其行谊，殆亦得半失半，**瑜不掩瑕**”。

阎皇后

毒辣之后

才貌双全

汉安帝时期，在河南荥（xíng）阳，降生了一个女孩——阎姬。

阎姬的爷爷名阎章。阎章在汉明帝时曾担任尚书，他的妹妹嫁给了汉明帝刘庄，阎章一家可以说是皇亲国戚。

不过，由于刘庄在位时，有意压制外戚，所以，即使阎章为官政绩不错，依然没有受到明帝的重用，只被任命为步兵校尉，为中上级军官。

阎姬还有四个兄弟，作为官宦人家，又是家里唯一的女儿，她是阎家人的掌上明珠。

汉安帝时期，十五岁的阎姬参加了宫廷选拔，从此进入后宫，成为了汉安帝的嫔妃。

阎姬长得非常漂亮，加上她的家庭背景，从小接受了良好教育，所以，阎姬很有才华。再加上阎姬入宫后，汉家王朝的最高权柄被垂帘听政的邓太后把持，皇帝刘祜没有实权，也就没有太多事可做，便沉溺在温柔乡之中。

于是，才貌双全的阎姬受到了汉安帝刘祜莫大的宠爱，并于公元115年被立为皇后。

毒杀皇子生母

阎皇后并不像贤后一般温婉善良，光烈皇后阴丽华等前辈的美好品质她没有学到一分，反而将汉和帝的第一位皇后——阴皇后的嫉妒、阴狠学得青出于蓝而胜于蓝。

后宫之中，阎皇后仗着安帝的宠幸，横行霸道，即使贵为皇后，也丝毫没有母仪天下的风仪。

也许正是因为她这糟糕的脾性，使得汉安帝刘祜逐渐对她失望，离她越来越远，转而对其他嫔妃好。

后来，汉安帝与宫人李氏生下皇子刘保。

古代讲究“母凭子贵”。李氏生下刘保后，阎皇后非常担心未来有一天李氏会夺取她的皇后宝座。

阎皇后当然不能容忍这种事情发生，索性一不做二不休，偷偷给李氏下毒，暗中将李氏杀害。

身为国母，心肠如此歹毒，手段如此狠辣，令人骇然。

但是，当时的汉安帝并不知道真相，还以为李氏是生病去世的。

不过，从小就骄纵惯了的阎姬怎么可能就此罢手呢？

她开始利用自己的皇后身份，花言巧语说服汉安帝，赐封她的父亲阎畅为北宜春侯。

汉安帝同意了。

废黜太子

阎皇后也不敢过分纵意，因为邓太后是掌握实权的人。

公元120年，在邓太后的安排下，刘保被立为皇太子，算是邓太后对阎姬的一个警告，希望她低调处事。

然而，第二年，邓太后就去世了。

汉安帝刘祜亲政，这下，阎姬在后宫之中再也没有害怕的人了，于是变得更加大胆。

她说服安帝，将她的四个兄弟尽数加官晋爵，在朝廷内担任要职，由此作为外戚的阎氏家族瞬间坐大。但她仍不满足，将矛头指向了太子刘保。毕竟欺负一个没有母亲的孩子实在太容易了。

公元124年，阎姬指使自己的党羽——汉安帝的乳母王圣和宦官樊丰联手除掉了太子刘保的乳母。

随后，阎姬联合樊丰、江京等人诬陷太子，终于使安帝废黜了刘保的太子之位，改封刘保为济阴王。

由此，阎姬离心中的目标——临朝称制，更近一步。

玩弄权术

公元125年三月，阎皇后随同汉安帝刘祜祭祀先帝，还没等回到皇宫，汉安帝便暴毙而亡。

阎皇后为丈夫悲痛了一会儿，接着，就开始谋划接下来的事情。

她心中一直都想着一件事——如何才能保住自己家族在朝中的权势。

她与宦官樊丰商议道："陛下的死讯暂且隐瞒，不要让外人知道，不然，皇宫中肯定第一时间立新皇帝即位，这样一来，我们的权势就保不住了。"

樊丰立刻表示同意，迅速做了安排。

之后，阎姬带着汉安帝的遗体火速赶回皇宫，安排好一切后，才宣布汉安帝的死讯。

由于太子刘保早已被废，此时并没有正式的太子，所以，要拥立新皇实在容易不过。

阎皇后与阎氏家族在王室之中挑来挑去，最终挑中了汉章帝之孙、济北惠王刘寿之子——北乡侯刘懿。

于是，刘懿在他们的拥护之下登上皇位，史称"汉前少帝"。而阎姬也正式升为皇太后，并如愿以偿，开始临朝称制。

只不过，同上一位临朝称制的邓太后不同，阎太后虽然手握大权，但是丝毫不知体恤百姓，也不知勤勉执政，根本没有母仪天下的风范，整日只想着如何享乐，如何提高自己和阎氏家族的地位，且沉溺奢侈

享乐

生活。

因此，阎氏家族以往在宫中树下的许多政敌由此遭到了清算，比如虎贲中郎将谢恽（yùn）被下狱杀死，家属流放；黄门侍郎樊严被剃去头发，脖子上套着铁圈，幽禁起来；大将军耿宝被遣回封国，然后被逼迫自杀……

阎姬越来越猖狂，她不仅笼络投靠自己的人，残害那些反对自己的大臣官员，还将自己的兄弟、侄子都安排在朝廷的重要位置上，让自己的家族彻底掌管朝中的大权。

邓太后在位时，好不容易攒下的政治遗产也被阎氏消耗殆尽。

突发变故

令阎氏家族没想到的是，少帝刘懿很快身染重病，在位仅两百多天就驾崩了。

阎太后始料不及，瞬间傻眼。

她与家人及宦官江京商议后，做出一个决定，派江京到各个诸侯的封地，召年少的王子们入宫，从中挑选新的皇帝，以便自己可以继续执掌大权。

然而，阎氏家族的行为得罪了太多的人，就连宦

官集团也看不下去了，很多宦官都拒绝依附他们。

江京是受到阎太后庇护的宦官，曾与阎太后一起诬陷昔日的太子刘保，平时作威作福，飞扬跋扈，早

孙程，字稚卿，东汉宦官。汉安帝时，为中黄门。汉前少帝死后，联合中黄门王康等十八人，发动政变，迎立济阴王刘保为帝（汉顺帝），被封浮阳侯，任骑都尉，王康等十八人也同时被封侯。

过往云烟

就树敌颇多。

他刚一离开皇宫，就被同为宦官的**孙程**等人杀死了。

随后，孙程联合王康等十八人，拥立旧太子，也就是现在的济阴王刘保为帝，是为汉顺帝。

一切来得如此突然。刘保成为皇帝后，开始了新一轮的清算。

汉顺帝刘保对阎太后怀有深仇大恨，之前，阎太后害死了自己的乳母，又害得自己失去太子之位，这仇恨他一直没有忘记。

如今“新仇旧怨一起算”，外戚阎氏家族就此走向了覆灭。

阎太后的几位哥哥都被杀死，昔日依附阎氏集团的官员也不同程度地遭到了顺帝的处罚。

至于阎太后，顺帝虽然痛恨她，但因其皇太后的身份而有所顾忌，毕竟汉顺帝名义上是她的儿子。

由于东汉王朝推行儒学，注重孝道，所以汉顺帝并没有把事情做绝，只是命阎太后搬出了长乐宫，居住在离宫之中。

汉宫

随后，汉顺帝下诏，此生与阎太后不复相见。

后来，司徒李郃再三劝说，汉顺帝这才收回成命，将阎太后重新接回了长乐宫。

但无论如何，一切都很明显了，太后阎姬的政治生涯已经完结。

此时的她，只不过因为汉顺帝刘保格外开恩，才能继续享受太后的待遇，其地位与当年掌管权力的时候已经不能比了。

长乐宫之内，阎太后的日常生活虽一如既往，但她深知，一切都已变了，除了每天必要的行礼问候，再没有人对她阿谀奉承。

她呆坐在宫内，看着天上白云悠然飘过，是否会想起当初毒杀李氏的罪孽，以及当初权倾朝野时的威风八面？

她或许会偶尔想到过世的夫君汉安帝刘祜，自始至终，她都没能为汉安帝诞下一儿半女，如果拥有自己的骨肉后代，历史会改写吗？

念及此处，她终于流下泪来。

公元126年，曾权倾一时的太后阎姬凄然离世，汉顺帝格外开恩，赐谥号“思”，并按礼制将她葬在了汉安帝刘祜的身边。

后来，顺帝得知生身之母李氏的死亡真相及埋骨之地，悲痛不已，他万万没有想到，原来阎太后除了与自己有杀乳母之仇和废太子之仇外，竟然还有害死生母的大仇！

但斯人已逝，又能如何？

汉顺帝选择了不再追究。

悲痛中，他追谥自己的生母为“恭愍（mǐn）皇后”。

十载雌风

纵观安思皇后阎姬的一生，可谓大起大落。

作为女子，她坐到了昔日邓太后的位置，垂帘听政，执掌大权，可以说，已经得到了当时女子最高的殊荣。

然而，她做出的事却与邓太后大相径庭。她任由外戚集团坐大，贪恋权力，为了保住自己的势力，害死了很多人，犯下极重的罪孽，为此后东汉王朝后宫内的乱象做了最坏的“榜样”。

沧海桑田，如今上千年时光过去了，和熹皇后的事迹被代代传颂，而她却成为了史官笔下彻头彻尾的罪人，永远地被人唾弃。

民国史学家蔡东藩评价她："机关算尽徒增慨，十载雌风一旦休"，她临朝称制时的无限风光与一切富贵荣华转瞬间已消逝在历史的烟尘之中。

梁太后

力不从心

看相

公元128年，某天清晨，相工茅通刚刚用过餐就接到朝堂传令，命他火速入宫，为后宫新晋的嫔妃看相。

身为相工，茅通的职责就是在朝廷有大事发生时为朝廷相面、卜筮（shì）等。接到传令后，他不敢怠慢，立刻整装出发。

当他见到本次被选召入宫的几位嫔妃后，隐隐觉得未来有一位身份极为尊贵的人会在这群人中诞生。

他屏住呼吸，仔细观察起来。

没过多久，茅通走到其中一位嫔妃面前，随即他惊而拜倒。

前额中央隆起，形状如日；额角弯弯如半月，是极贵的生相。这是日角偃月之相，他从来没有看见过。

“依微臣之见，这位贵人的面相实属万中无一，他日必是万分尊贵！”

听闻茅通的话，女子显得有些慌乱，不过仓促间她依然没忘记郑重回礼。

她的名字叫梁妠（nà）。

入宫为后

公元116年，梁妠出生在安定郡**乌氏县**。这一年，恰逢汉殇帝刘隆逝世，洛阳皇宫内动荡不安，不过，远离洛阳的梁家人并没有受到特别大的影响。

乌氏县，今宁夏泾源县。

说起来，梁妠的家世并不普通，她的爷爷梁雍是汉章帝刘炟妃子梁贵人的弟弟，而梁贵人又是汉和帝刘肇的母亲，梁雍作为外戚，被封为乘氏侯。

自梁雍起，乌氏县内的梁家就成为了名副其实的皇亲国戚。梁妠的父亲梁商凭借外戚的身份升为黄门侍郎，这个官虽然不大，但却是很多寻常官员梦寐以求的官职，因为这是皇帝的近臣，负责传达皇帝的诏令。也就是说，一旦成为黄门侍郎，就能随时见到皇帝，而一旦在皇帝面前混个脸熟，那飞黄腾达的日子也就不远了。

梁商身为外戚，又是汉安帝刘祜的近臣，看着家中女儿梁妠逐渐长大，如今已经是个亭亭玉立的姑娘了，便生出了送女儿入宫的念头。

事实上，无论从身份地位还是从才学修养上看，梁妠都具有参选嫔妃的资格。身为大家闺秀，梁妠九岁时便熟读《史记》《论语》和《诗经》。

不仅如此，梁妠还在自己的闺房中悬挂自古以来

周姜，又称太姜，周太王之妃，周文王祖母，娴静宽厚，德行高尚，不听不庄重的言语，不说傲慢的话，教子有方；太王每遇大事，必同她商量，她从未出过一个坏主意。

贤良淑德的女性的画像，比如**周姜**，以此作为自己的榜样和鞭策。

有一次，梁商回到家中，看到女儿房里挂着的画，非常惊讶，深为女儿的明理懂事而感到欣慰。

当梁商和家人商谈家事之时，梁商郑重其事地对族中人说："我们梁家几代人在河西一带为官，多次在此地赈灾，救助了许许多多的百姓。虽说当朝圣上没有做出表彰，但相信积德必有福报，希望日后这个福报能应在梁妠的身上。”

于是，梁商越来越坚定了送女儿入宫的念头。

公元126年，梁商继承了已经去世的父亲梁雍的侯位，被封为乘氏侯，他知道，机会来了。

此时，汉安帝已经英年早逝，年轻的皇子刘保即位，是为汉顺帝。公元128年，汉顺帝下诏选妃，梁商利用身份之便，成功推荐女儿梁妠入宫。

这一年，梁妠还未满十三岁。

没多久，相工茅通认定未来必将大富大贵的梁妠被汉顺帝册封为贵人。梁商也如愿以偿，官升屯骑校尉。

仿佛冥冥之中一切都早已注定，梁妠的先祖，汉和帝的母亲梁氏，在世时也是汉章帝的贵人。

梁妠年轻貌美又知书达礼，入宫后，很快便得到了汉顺帝的宠爱，以至于其他嫔妃都遭到了汉顺帝的忽略。

但聪慧贤淑的梁妠并没有因此而得意忘形，她认为这是不妥的。

她告诉汉顺帝，希望皇帝能够雨露均沾，以免后宫不和，影响朝政。

汉顺帝听了梁妠的话，不仅越发宠爱梁妠，更在宠爱之外多了几分敬重。

公元132年春天，群臣上奏汉顺帝，认为梁妠无论从家世，还是人品，都足以成为皇后。

于是，汉顺帝下诏，册封梁妠为大汉王朝的皇后，梁妠由此母仪天下。

尊为太后

梁妠虽然贵为皇后，但依旧保持着谦逊有礼的风格，在身为皇后的若干年中，每当出现日食、月食等天象，她都身着素衣，希望上天怜悯百姓。

公元135年，梁妠的父亲梁商被封为大将军，他深知功高震主的道理，为保身后家族安定，他在朝堂中同样以德待人。

于是，父女二人都因严于律己而得到了朝廷内外的褒奖。

公元144年，汉顺帝刘保驾崩。

由于梁妠一直没有自己的孩子，皇位便由刘保的另一嫔妃虞美人的孩子刘炳继任，是为汉冲帝。梁妠作为顺帝的皇后，名正言顺地成为了皇太后。

由于刘炳年仅一岁，没办法管理朝政，于是，梁妠临朝称制，成为了汉王朝实际的最高权力人。

相工茅通当年的预言终于成真。

然而，悲剧接连发生，还没等梁妠坐稳太后位

梁冀，东汉大臣，汉顺帝皇后梁妠、汉桓帝皇后梁女莹之兄，汉顺帝时，为大将军，顺帝死后，先后立三帝，专断朝政近二十年。汉质帝被梁冀毒死。他诬害忠臣李固、杜乔等人；他惧怕妻子孙寿，致使孙寿控制朝堂，后被汉桓帝密令诛灭。

置，小小的刘炳就患上重病，没多久便夭折了。

而梁妠的哥哥**梁冀**早在刘炳病重之时，便擅自做主征召藩王刘缵（zuǎn）入京，他的心思已经很明显了，这是在图谋拥立之功。

果然，当刘炳逝世后，梁冀便以十分强势的态度建议梁妠立刘缵为帝，由梁妠继续临朝称制。

这个时候，梁妠开始意识到哥哥梁冀已经沉迷权势，她虽有心压制，但父亲梁商早在公元141年便已逝世，家中再无长辈能训诫梁冀，而她太后的位置还没有坐稳，其他藩王皆不在京城之中，一时半会儿也没有合适的继承人。

所以，梁妠同意了哥哥梁冀的建议，未满十岁的刘缵在外戚梁氏集团的拥护下，登上皇位，是为汉质帝。

经受蛊惑

作为临朝称制的太后，梁妠的的确确有心为王朝的稳定和繁荣做出贡献。

在梁太后临朝称制的前几年，扬州、徐州等地都出现了严重的强盗祸患，西羌、鲜卑等少数民族部落也趁着汉朝皇位不断更换继承人的时机纷纷作乱，四

美人

处劫掠百姓。

梁太后为求朝政安定，下诏安抚百姓，提倡节约，省出军费供朝廷平乱。

她连夜批阅大臣们的奏折，果断地免去朝堂中部分趋炎附势、阿谀奉承之徒的职位，选拔忠良，任用贤臣李固等人，以最快的速度解决了多地的暴乱。

在她的治理下，朝廷内出现了短暂的开明局面，贤臣们尽职尽责，辅佐梁太后，大汉王朝的气势有了慢慢好起来的趋势。

然而，梁太后的哥哥梁冀的猖狂出乎了她的意料。

她万万没有想到，父亲梁商在世时的教导，哥哥一句都没有奉行。

身为大将军，被名利冲昏头脑的梁冀为保权势，不断地除掉反对自己的人，扩大自己的势力，甚至将年幼的汉质帝毒杀了。

紧接着，梁冀又一意孤行立刘志为帝，即汉桓帝，这样，他就可以继续把持朝政。

在梁冀滔天的权势之下，梁太后虽然在刘志称帝后的一段时间内继续临朝，但她在朝堂中的力量已完全无法同哥哥抗衡。另外，她受到哥哥的谗言和蛊惑，甚至是逼迫，开始大肆任用宦官。

由此，朝堂之中到处都是奸邪之人，李固、杜乔等忠良在梁冀的迫害下重罪加身，最后命丧黄泉。

天下百姓怨声四起，朝堂内外被奸臣操控，东汉王朝失去了最后一次中兴机会，走上了灭亡的道路。

尽管后来梁太后及时醒悟，下诏赦免了李固、杜乔的“罪孽”，但为时已晚。

归政桓帝

公元147年，在梁太后的安排下，汉桓帝迎娶梁妠的妹妹**梁女莹**为妻，随即立梁女莹为皇后。

梁女莹，汉桓帝刘志第一任皇后，汉顺帝皇后梁妠之妹，大将军梁冀之妹；仗兄长与姐姐之势，生活奢侈、心性嫉妒，每当嫔妃生下皇子，便偷偷杀害；还用鸩毒杀多人。汉桓帝畏惧梁冀，不敢谴责，日渐冷落梁女莹。梁女莹愤愤而死。

梁冀的权势由此再次得到了加强，朝廷中的贪官污吏也越来越多，梁太后再也没有精力整顿朝纲了。

到了公元150年，年近二十岁的汉桓帝早已不甘位居太后之下，心力交瘁的梁太后便在群臣上奏声中决定交出权柄，归政汉桓帝。

看着刘志眉飞色舞地来往于后宫与朝堂之上，梁太后彻底意识到，自己昔日曾付出的努力尽数东流。

作为曾临朝称制的太后，她虽不至于像前辈阎姬那样晚景凄凉，但也没有像邓绥那样为朝政的安定做出不可磨灭的功绩。

憔悴之中，梁太后病倒了。

她最后一次下诏，表明自己身患重病，已经没有多少时间可以活了，希望朝中的群臣以国事为重，尽

心辅佐皇帝及哥哥梁冀。

在梁太后归政桓帝后的一个月内，她病逝于洛阳的寝宫之中，享年四十五岁。

汉桓帝下令，定梁妠谥号为“烈”，与汉顺帝合葬。

回望梁太后的一生，作为女子，她学养深厚；作为皇后，她谦逊有礼；作为太后，她在朝政动荡中临朝称制，一度使王朝出现中兴曙光。这在当时来说，是非常了不起的。

然而，她没能像前辈邓绥制约邓氏家族那样成功压制梁冀，反而受梁冀蒙骗、蛊惑，致使梁氏集团坐大，彻底扰乱朝纲。

对于后代皇帝的教导，她也没有留下足够优秀的榜样。汉桓帝刘志面对朝政混乱的局面，没有痛定思痛，反而变本加厉，加速了东汉王朝的覆灭。

唐姬

惊鸿一舞

特殊记载

《后汉书·皇后纪》一篇中，共记录了二十多位皇帝嫔妃的生平事迹，这个数量相比整个东汉庞大的后宫嫔妃群体，当然是沧海一粟。

《皇后纪》以记载皇后为主，除此之外，还记载了几位嫔妃，其中有一位嫔妃，她留在史书上的形象，既非阴丽华般的贤淑，也非邓绥那般大权在握，更不像阎姬那般残暴，关于她的记载中，最让人动容的地方，是她唱的一首歌。

她姓唐，是汉少帝刘辩的妃子，名字不详，史书上一般称她为“唐姬”。

关于唐姬的生平，史书记载实在太少。

她究竟什么时候出生？什么时候入宫的？又是什么时候死亡的？这些都没有一星半点的记载。

后人只知道，唐姬是**颍川郡**人氏，父亲名叫唐瑁（mào），曾担任**会稽郡**太守。而唐瑁，史书中关于他的记载也是短短的几个字，还远远不如唐姬呢。

这样一位不知何年何月所生，也不知何年何月死去的女子，按常理来说，应该如同那些淹没在历史长河中数以亿计的不知名的芸芸众生一样，即便她曾贵为嫔妃。

但她却被记入了《皇后纪》中，这实在令人好奇。

或许，这一切是因为发生在她身上的那件感人至深的事，才令她的命运与众不同。

颍川郡，治所在今河南省禹州市一带。

会稽郡，今江苏省苏州市至浙江省绍兴市一带。

惊鸿一舞

公元189年，董卓受大将军何进所托，率军抵达洛阳，讨伐十常侍。

这时候，汉朝名义上的皇帝是少帝刘辩，但因皇宫中动乱不堪，他暂时躲到了北邙山。

后来，董卓入京，迎立少帝刘辩回宫，靠着这个功绩，董卓在京城中获得了至高无上的地位与殊荣。

可惜那时候刘辩还比较年少，能力不足。不仅无法掌控董卓的势力，反而被董卓废去了皇帝之位，贬为弘农王，董卓另立陈留王刘协为帝，是为汉献帝。

实际上，无论皇帝是谁，董卓都不放在眼里，可以说此时的汉家天下，虽名义上姓“刘”，而实际姓“董”。大汉王朝的命脉由此又被狠狠地践踏了一番。

公元190年初，大权在握却又祸乱朝纲的董卓引起了天下公愤，汉朝多地爆发动乱，一些人直接起兵讨伐董卓。

董卓担心其中有人以“复立弘农王”为口号而召集天下义兵，毕竟自己废立皇帝确实不合祖宗礼法，如果有人真的以这个名义来讨伐自己，那真是“名正言顺”了。

于是，为保权势，董卓一不做二不休，决定害死

弘农王刘辩。

于是，董卓派人将弘农王刘辩带到了皇宫中，同时，他交代心腹大臣李儒，务必将毒药灌进刘辩的口中。

故地重游的刘辩已有预感，他即将命丧黄泉。

李儒极为敷衍地向刘辩行礼，随后递上毒药，假惺惺说道："此药可辟邪消灾，恭请弘农王服药！"

李儒是董卓的心腹，刘辩怎么可能不知道他的言下之意呢？

李儒，东汉博士，弘农王郎中令。董卓专政时，李儒奉董卓之命，入宫毒死弘农王刘辩。董卓死后，李傕控制朝政，李傕想让李儒为侍中，但汉献帝还记得李儒毒死弘农王之事，坚决拒绝。

一时间，刘辩神色复杂，但依然做着徒劳无功的抵抗，他说："我没有生病，你们分明是想要我的命啊！"

李儒轻哼，再次行礼，强硬地说道："请弘农王服药！"

短暂的沉默后，刘辩轻叹一声，心想："或许这真的是天数吧，皇天不佑大汉！我曾贵为天子，如今却要落得这个下场。"不过到了这个时候，刘辩反而不慌乱了。

一番思量后，刘辩开口道："服药可以，但在这之前，须满足我一个条件。"

李儒问："什么条件？"

刘辩说道："你先答应了再说。"

李儒想了片刻，说道："就依你这最后一次。"

得到了李儒的同意，弘农王刘辩命随从将自己的妃子尽数请到宫中，设下宴席，当场与她们诀别。

唐姬，便是其中一员。

这是一场无比沉重的酒宴，宴席之中丝毫不见欢声笑语，有的只是等待死亡的绝望。

然而，宴席怎么能少了歌舞呢？

弘农王刘辩喝了几杯酒后，只觉得心里的悲痛越

来越强烈，回首昔年高祖刘邦平定英布叛乱后唱出的《大风歌》：“大风起兮云飞扬！”他只觉得内心如刀割一般地疼。

如今，风云变幻，他的生命即将走到尽头了。于是，他再也忍耐不住，终于放声高歌：“天道易兮我何艰，弃万乘兮退守蕃。逆臣见迫兮命不延，逝将去汝兮适幽玄！”

悲怆的歌声瞬间传遍殿内，直上云霄，宴席之间的诸人无不潸然泪下。

一曲完毕，弘农王刘辩只觉余兴不减，他再次斟满酒，面向唐姬，说道：“爱妃，请为本王献舞。”

听闻此言，唐姬强忍着悲痛，起身走到宴席正中。

她郑重向弘农王施礼，随即伸展双臂，宛如鸿雁振翅般，开始跳舞。

唐姬深知，这是最后一次为夫君跳舞了。

渐渐地，她觉得四周便只有刘辩一人，她将自己的情感完全融入舞姿内，年轻的她身段柔美，脚步轻盈，轻柔的衣裳随着她的舞姿尽情律动着，酒宴中的人渐渐看得呆了。

唐姬逐渐忘我，弘农王此前的悲歌牵动着她的情感，她不禁开口唱道："皇天崩兮后土颓，身为帝王兮命夭摧。死生路异兮从此乖，奈何茕独兮心中哀。"

唐姬的歌声响彻殿内，她与弘农王一前一后，仿佛在为大汉王朝那一去不复返的辉煌岁月献上祭歌。

弘农王刘辩只觉这是平生见过的最美的舞蹈。听着唐姬的歌声，令人伤感的旋律似乎诉说着妻子对丈夫的不舍和怜惜，他内心里奔涌的凄凉之感好似得到了短暂的平息。

人归何处

当唐姬结束感动众人的舞蹈后，弘农王刘辩知道，他该上路了。

他无视众妻妾的哀痛，只对哭泣的唐姬说道："你既身为王妃，我死以后，切记自爱！"

言毕，弘农王刘辩转过身，拿起李儒放在桌上的毒药，一饮而尽。

刘辩死后，唐姬回到了故乡颍川郡。

后来，她的父亲唐瑁觉得她正值大好年华就沦为寡妇，实在可惜，便打算为她寻找下一位夫婿。

这时，刘辩死前的话再次回荡在唐姬的脑中，为了九泉之下的夫君，唐姬严词拒绝："我既然已经嫁

人，那么，不管他是死是活，我都不能再嫁别人了。”

唐瑁不禁佩服女儿的坚定和勇敢，没有强迫女儿嫁人。

后来，西凉军阀**李傕**攻破长安，将整个关东地区占领后，听闻唐姬的美貌，打算迎娶唐姬，唐姬抵死不从。

尚书贾诩听闻后，大受感动，他上书汉献帝刘协，将唐姬誓死不从李傕的事全部说了出来。

汉献帝感慨万千，论辈分，唐姬是他的嫂子，于是，他下诏将唐姬接入皇宫，封她为弘农王妃，将她好生供养，以表彰她的刚烈。

这是唐姬在史书上最后的记载，此后，她的事迹再也不为人所知。

在历史的浪潮中，唐姬即使身份高贵，但也终究如蝼蚁一般，无法掌控自己的命运。只不过，她在那场杀意十足的宴席中绽放出了璀璨的光芒，她的高歌，与弘农王刘辩的悲歌合在一块，唱尽了大汉王朝最终的归宿。

或许，这就是她被史官写进了史书的缘故吧。

李傕（jué），东汉时期西凉军阀，本为董卓部将，董卓被杀后自立，攻占长安，与郭汜、樊稠把持朝政。不久，发生内讧，李傕杀死樊稠，劫走汉献帝，后放走汉献帝，又后悔，于是与郭汜联兵追汉献帝，献帝等夜渡黄河脱逃。后来残杀大臣，被曹操派人杀死。

班昭

史学大家

再相逢

公元100年，远在西域的定远侯班超向汉和帝刘肇上书。

“我多年离家在外，十分想念故土，特此恳请圣上恩准，允许我告老还乡。”

明白了班超的意思后，汉和帝刘肇陷入了犹豫。

一方面，班超经营西域三十多年了，不仅将汉朝的威望广泛传播于西域各诸侯国，也为汉朝边境的安宁与和平做出了前所未有的贡献，如果现在同意让班超回老家，那么，上哪儿去找一个和班超一样对西域地区的事务如此熟悉的人呢？

可另一方面，班超已经快七十岁了，年纪确实也很大了。所谓“落叶归根”，班超的请求确实是人之常情，如果不批准，反而显得自己不近人情。

汉和帝刘肇左思右想，也想不出一个两全其美的办法。

这时候，又有人呈上一封奏疏。

只见那奏疏中写道：“臣听说古人有十五岁参军，六十岁还乡的，可即便这样，他们在服役时也能得到休息的机会。如今，陛下以孝治天下，推崇百善孝为先的美德，百姓都非常欢喜。所以，臣斗胆恳请陛下准许班超回朝，让他安度晚年。当初跟随班超一起去西域的人大多已经过世了，臣实在不愿看到他也客死在塞外。”

这是一封情真意切的奏疏，刘肇被奏疏中深情的文字所打动，立刻下诏将班超召回洛阳。

公元102年八月，阔别故土三十余年的班超再度回到了洛阳。

当他见到那位恳请圣上特许自己回乡的人后，当即泪如雨下。

多年不见，如今再遇，两个人都已经不再是当年青春的模样。

那人不是别人，正是班超的妹妹班昭。

如今，班昭正受皇命主持《汉书》的整理与续写工作，以女儿之身获此殊荣，班昭可谓古代第一人。

续写史书

班昭生于扶风郡**安陵县**。她的父亲班彪是当朝著名学者，她还有两个哥哥，一位是班超，一位则是赫赫有名的史学家班固。

安陵县，今陕西省咸阳东北。

生长在这样一个家风优良的环境中，班昭虽然是女子，但她接受的教育却绝不比男子差。而作为家中的小女儿，父亲、兄长对她更是宠爱有加。

班昭，字惠班。放眼整个“二十四史”，有名有字的女性屈指可数，而班昭，似乎从小就注定了她将有不同凡响的人生。

成年后，班昭嫁给了同乡的曹寿。

曹寿是当时有名的书法家，班昭娴静的品性以及丰厚的学养，深得曹寿的敬重与疼爱。

然而，天公不作美，班昭与曹寿还没过上多少甜蜜的婚姻生活，曹寿就生病去世了。

还没等班昭从丧夫之痛中缓过神来，她又接到了一个噩耗——大哥班固过世了。这让她悲痛欲绝。

班固是受窦宪一案的牵连，而冤死狱中的。此时，班固编撰的《汉书》还有部分内容没有完成，如今突然死去，他留下的大批书稿也没有人整理和校对。

已经辛辛苦苦编撰了那么多内容，如果就这样停下了，那可真是一大遗憾。

幸亏汉和帝刘肇早就听说班昭有着过人的才华。因此，班固去世后没多久，汉和帝一方面为班固翻案，一方面下诏命班昭入宫。

他对班昭说："你哥哥去世，这《汉书》的八表和《天文志》还没写完，没有人接替。朕知道你才华横溢，跟你哥哥比也不逊色。皇宫中的文献典籍要多少有多少，你就接替你哥哥的工作，将《汉书》续写完成吧。"

班昭听了，感动之余，也非常欣慰。

她接下了诏书，心里发誓："哥哥，你的使命就交给我吧！我一定会完成哥哥未竟的事业。"

曹大家

在皇宫的藏书阁中，班昭看着眼前《汉书》的底稿，想起哥哥每日每夜费尽心力地编写，眼前仿佛出现了哥哥奋笔疾书的身影，忍不住热泪盈眶。

班昭心想：“哥哥的才华远远高于我，我如果想要完成续写工作，就得掌握更多的知识才行啊。”

于是，她丝毫不敢怠慢这项任务，几乎是长住在皇宫里，每天翻阅大量的文献书籍，让自己泡在了书

海中。

终于，在她的不懈努力下，《汉书》的底稿得到了整理和完善，同时，她确定了哥哥尚未完成的篇幅，开始动笔编撰。

于是，《汉书》中《诸侯王表》《异姓诸侯王表》《百官公卿表》等篇目得以问世。

当汉和帝刘肇看到班昭的成果后，大为满意。

后来，班昭去世，邓太后就安排了当世大儒马融的哥哥马续将《天文志》编撰完成。

经过日夜不懈的努力，《汉书》终于完成！

对于《汉书》的续写工作，毫无疑问，班昭厥功至伟。

看着眼前这闪耀着史学价值与思想光辉的作品，班昭不禁双目湿润，心想："哥哥要是在天上看到自己心心念念的《汉书》终于问世，一定会感到非常欣慰。"

在班昭增补《汉书》时，皇帝时常会安排班昭为后宫的嫔妃们讲学。

班昭渊博的学识让后宫中人深深地佩服。从此，她们便称呼班昭为"大家（gū）"，这是古代对学识高、品德好的女子的尊称。

因为班昭的夫君姓曹，所以，班昭就被称为“曹大家”。

与此同时，班昭的才华也折服了朝堂诸臣，每当各诸侯国进献奇珍异宝时，汉和帝刘肇总会令班昭为之作赋，朝堂内外皆不会有人提出异议，大家都对班昭的才华钦佩不已。

对答太后

汉安帝永初年间，一直是由邓太后临朝称制。公元110年，邓太后的母亲病逝，邓太后的兄长、大将军邓骘上书朝廷，以“**丁忧**”之名，希望能回家。

丁忧，一种传统礼制。官员父母过世时，需暂时辞官回乡，为父母守孝三年。但如果官员职责重大，不便脱离岗位，可由朝廷下诏，一边工作一边守孝，这叫“夺情”。

当邓骘准备丁忧时，邓太后并不同意。

毕竟，邓骘作为外戚，对邓太后临朝称制有着举足轻重的作用。

然而，邓骘深知树大招风的道理，为了避嫌，他数次恳请太后同意他丁忧。

太后犹豫不决中，便询问班昭的意见。

听闻前因后果，班昭不卑不亢，上书太后：“启禀太后，如今朝政确实离不开大将军的主持，而大将军有如此孝心，也足见他的忠诚品性。如果太后不允许他回家守孝，那么将来大将军若不小心犯下细小的过错，或被同僚抓到把柄，那么今日的事必会成为大将军的政治污点。”

此番有理有据的论述足见班昭本人并非只会寻章摘句，太后会心一笑，便应允了邓骘的请求。

传世《女诫》

班昭曾为皇宫内嫔妃讲学，当她年纪渐渐大了之后，追忆自己一生的所见所闻，认为当世女子不遵礼法的现象时有发生，于是，在病痛之中写下了**《女诫》**。

《女诫》是专门论述女子行为准则与道德准则的文献。

《女诫》成书后，当朝大儒马融非常赞赏，便主动安排自己的妻子、女儿学习，由此，《女诫》便开始流传。

班昭在书中对“四德”进行了重新描述。她认为，妇德不在学识是否深厚，而在于娴静守节、知礼守法；妇言不在是否能言善辩，而在于不出口伤人；妇容不在容貌是否秀丽，而在于服饰是否整洁，面容是否清洁；妇功不在手艺是否精巧，而在于是否勤劳。

《女诫》强调了男尊女卑的思想，对历史发展起到了消极作用。但书中也具有积极价值的内容，如主张男女都有平等受教育的权利。

不让须眉

班昭活到了七十多岁，在她的教导与影响下，她的儿子曹成也有着非常过人的才华。

当她过世以后，邓太后亲自披上丧服为班昭送

行，并派遣朝中官员为班昭主持丧事。

除了续写《汉书》与撰写《女诫》外，班昭还留下了其他文学作品，比如《东征赋》。即使将《东征赋》放在整个东汉辞赋作品中来看，也是较为优秀的作品。

但论及班昭最大的成就，还是在于她接替兄长的遗志，将《汉书》修订编写完成。

当后人翻阅《汉书》，浏览那段波澜壮阔的历史时，能够深深感受到班昭对这本书所倾注的全部情感。

清朝末期，康有为将班昭与明朝女将**秦良玉**、宋朝女词人**李清照**等著名女子并列，评价道：“列于须眉男子中，亦属凤毛麟角。”

秦良玉，明朝女将，丈夫死后，代领夫职，任石柱宣抚使（土司），参加抗击后金、平定张献忠之乱等战役，战功显赫，被封二品诰命夫人，是历史上唯一一位作为王朝名将被单独立传写在正史中的女性。

李清照，号易安居士，宋朝婉约派代表词人，善用白描，被誉为“千古第一才女”。

乐羊子妻

贤妻典范

路不拾遗

曹雪芹在《红楼梦》中写过这么一首小诗：“可叹停机德，堪怜咏絮才。玉带林中挂，金簪雪里埋。”其中，“可叹停机德，堪怜咏絮才”用了两个典故。“咏絮才”说的是东晋才女**谢道韫**（yùn）的故事。她用“未若柳絮因风起”来比喻天上飘下的雪花，一时传为佳话。后人便以“咏絮之才”一词来形容女子

谢道韫，字令姜，东晋诗人，叔父为名士谢安，丈夫为书法家王羲之次子王凝之。谢道韫才智过人，勇敢无畏，丈夫和儿子被孙恩起义军杀死后，率侍女抽刀抵抗，手杀数人后，被活捉。孙恩敬佩她，放其归家。

谢道韫

的才华。至于“停机德”，说的是东汉女子乐羊子妻的故事。

历史上对乐羊子妻的记载并不详细，不清楚她究竟姓什么、叫什么，也不清楚她出生在哪儿，只知道她是河南人乐羊子的妻子，所以，就称呼她为“乐羊子妻”。

实际上，就连这位“乐羊子”，在史书中也没什么记载。这么说吧，这位“乐羊子”之所以能够在史书上留下一笔，还多亏了他妻子的助力。

一日，乐羊子在路上闲逛，在路边捡到了一个包袱。

他将包袱打开一看，看到里面有一枚黄灿灿的金饼。

家境不甚富裕的乐羊子瞬间喜出望外，他立刻将包袱带回家，一进门就激动地告诉妻子：“我们有钱了！我们有钱了！”

妻子疑惑地问：“怎么有钱了？”

乐羊子打开包袱，说道：“你看，黄金！是黄金啊！我们发财了！”

妻子看着黄金又问道：“这……这是从哪儿来的？”

乐羊子说："是我从路上捡的，我这运气可真好，居然在路上也能捡到黄金！哈哈！"

他本以为妻子会如往常一样对他露出笑容，但他错了。等待他的是妻子不喜不悲的脸色。

妻子平静地说道："我听说，有志之人不喝盗泉之水，因为它的名字不吉利。清廉之人也不会接受嗟来之食，因为这是带有侮辱性的施舍。"

没等乐羊子开口，妻子继续言道："我相信，无论是有志之人还是清廉之士，都不会将捡到的东西据为己有，因为如此行为玷污了他们的清白。"

听完妻子恳切的话，乐羊子羞愧无比，他当即保证，这个包袱在哪儿捡的便放回哪儿去。

看着丈夫知错就改，妻子终于绽放出明朗的笑容。

停机劝学

后来，乐羊子家中有了点积蓄，乐羊子便有了外出求学的打算。

妻子自然十分支持，她为丈夫打包随行衣物，然后依依不舍地为他送行。

没承想，仅仅过了一年，乐羊子便回来了。

妻子虽然十分高兴，但觉得事情似乎有些不对劲。她以为是丈夫有何急事，所以匆忙赶回。

于是，她问道："夫君，为何这么快就回来了？"

乐羊子轻轻揽着妻子，深情说道："长期在外，我很想你。"

按照常理，面对丈夫如此告白，妻子肯定会非常高兴。

但此时此刻，乐羊子的妻子却沉默着。

过了一会，她走到自己平常织布的地方，指着纺织机里的丝线对乐羊子说道："你看到的这些丝织品都是从蚕茧中生出，然后在纺织机上一丝丝织成的，只有如此日积月累，它们才能成为一匹匹的布料。"

乐羊子一时不明白妻子为何对他说这些，但按照以往的经验，他觉得妻子必是话里有话，所以，他没有说话，而是静静地听着。

只见妻子拿起剪刀，毫不犹豫地将纺织机里已经成型的细线全部剪断。

"现在，我把它们全部剪断，那就意味着前功尽弃，而以往付出的时间和精力也白白浪费了。"

听到这里，乐羊子已经明白妻子话中的深意了，他只觉额头上冒出汗水，羞愧得无地自容。

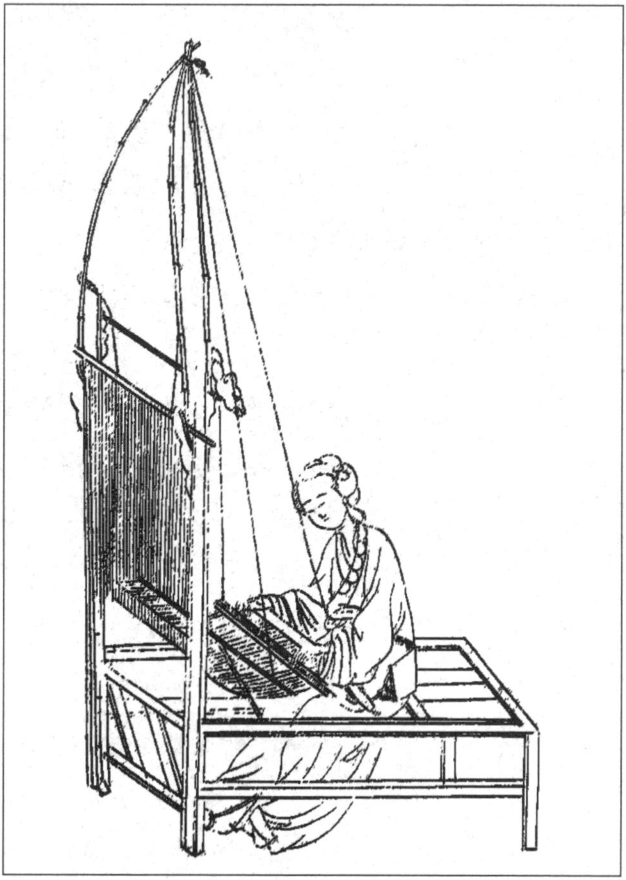

妻子走到乐羊子的身旁，挽起他的手，温柔说着：“夫君离家在外，做妻子的哪有不思念丈夫的道理。可是，求学这件事情怎么可以半途而废呢？想要有学问，那就要坚持，学问都是在日常的积累中产生的，不坚持怎么成才呢？希望夫君能够专心求学，家里有我呢，你不用担心。”

这一番深情的告白，使乐羊子感动得双目湿润，他再次与妻子告别，踏上了求学之路。

这一去，便是七年。

在这漫长的七年之中，妻子秉持为妻之道，独自一人撑起了这个家，并悉心照顾乐羊子的母亲。

不仅如此，她还将节衣缩食中省出的钱全部寄给了身在他乡的丈夫。

也由此，她的名声传遍了乡里，乡亲们都知道，乐羊子家中有一位无比贤德的妻子。

刚烈赴死

在乐羊子求学期间，妻子始终日日夜夜盼着丈夫归来。只不过，后面发生的事，却是不折不扣的人间悲剧。

常年独自在家的妻子被附近的盗贼盯上了。

他们稍稍打听便得知乐羊子长期不在家，于是，无耻的盗贼想将她劫走，据为己有。

他们先将乐羊子的母亲劫走，打算利用婆婆逼迫乐羊子妻就范。

当乐羊子妻回到家中，听闻这个坏消息后，她猜到了盗贼们肮脏的想法。

于是，她抄起家中猎刀，昂首阔步来到了这群盗贼的面前。

“你们究竟想怎么样？”她干脆地对贼寇们说道。

这群贼人色胆包天，他们看着乐羊子妻，早已不知廉耻为何物。

他们说：“只要你肯成为压寨夫人，我们就放你的婆婆一条生路，不然的话，她就没命了！”

眼前是凶恶的盗贼，心里是深爱的丈夫，乐羊子妻心知此劫必然无法度过，不由得仰天长叹。

她不舍地向丈夫所在的方向投去最后一眼，随后，将手中的刀挥向了自己的脖子，自刎而死。

盗贼们没想到这女子如此刚烈。看着她的尸首，他们害怕了。

心虚的他们将乐羊子的母亲放回，便匆匆散去。

哲妇

乐羊子妻身死的消息很快传遍了乡里，甚至传到了太守的耳中。

听闻乐羊子妻死于盗贼胁迫，太守怒不可遏，他当即下令，逮捕这群盗贼，严惩不贷。

后来，太守处死了那几个强盗，赏赐给乐羊子妻许多缣帛，按照礼仪安葬了她，赐给她“贞义”的称号。

当乐羊子求学结束、回到家中，听母亲诉说着妻子过世的事情，心中汹涌澎湃的思念转化为巨大的悲痛，不禁放声痛哭。

后世史学家范晔撰写《后汉书·列女传》时，将乐羊子妻列于其中，她的故事得以代代相传。

范晔写道：“贤妃助国君之政，哲妇隆家人之道。”所谓的“哲妇”，就是指有贤德品质的妻子。乐羊子妻路不拾遗、劝夫向学、不惧奸邪的品质，在范晔看来，就是“哲妇”所为，足以成为百家楷模。

叔先雄

孝感天地

父女情深

汉朝“以孝治天下”，“孝”在中华文化中扮演着至关重要的角色。

在数千年的历史演变中，凡是以“孝”名扬天下的人，大多都能得到历代传颂。比如，汉代的传奇女子叔先雄，历代文人提到她，皆尊称她为“孝女叔先雄”。

叔先雄是犍为郡人氏。叔先雄父亲名叫叔泥和，于汉顺帝永建年间担任一县功曹。

一天，叔泥和受县长委托，启程去拜访巴郡太守。

此时的叔先雄已经出嫁，她以为父亲的这次出行同往常一样只是一次普普通通的公务，便简单地与父亲告别，随后便继续着相夫教子的日常生活。

她何曾想到，这一去竟是永诀！

父亲离开后，叔先雄逐渐感到内心焦躁不安，甚至隐隐觉得心口疼痛，她开始有了不祥的预感。

几天后，叔先雄收到了同乡人传来的讣（fù）告——父亲自船内坠入江水中，数次打捞还是找不到遗体。

不祥预感竟然成真，叔先雄实在难以置信。

父亲的死讯宛如晴天霹雳般，瞬间击垮了她，让她彻底失去了活下去的欲望。

她放下一切家事，没日没夜地痛哭，即使眼泪流干，声音沙哑，也没有停下。

她渴望找到父亲的遗体，经常生出纵身江水的想法，即使明知这样做自己必然会尸沉江河。

毅然赴死

叔先雄育有一男一女，此时两个孩子正值童年。

当叔先雄决心赴死后，她将自己最爱的珠宝装在锦囊中，然后系在两个孩子的腰上，并一次又一次地告诉他们：“你们一定要用功读书，孝顺父亲。”

这话听上去简直就是在交代遗言。

她的家人得知她有赴死的想法后，都纷纷劝她看开些：“虽然失去父亲很痛苦，可毕竟生活还要继续啊，两个孩子可不能没有母亲啊！”

然而，他们发现并没有什么用，对于叔先雄而言，生活已没有继续的必要。

万般无奈之下，他们将叔先雄严密看管起来，叔先雄的日常出行皆受到限制，他们希望随着时间流逝，叔先雄能打消赴死之念。

但叔先雄对于父亲的挚爱超过了所有人的想象。

三个多月以后，叔先雄趁着家人们一时松懈，果断冲出了家门。

当家人们发现叔先雄不见踪影时，便知大事不好，然而已来不及了。

叔先雄朝着父亲逝世的地方狂奔而去。

一路上，她神色坚毅，丝毫不肯停下脚步。到达江边后，经过打听，她知道了父亲坠江的位置。

随后，叔先雄乘上船，急不可待地划动船桨，前往父亲生前到过的最后一个地方。

叔先雄站在江上，看着清冽的江水，耳边似乎听到了父亲亲切的呼唤，她再难抑制住内心的情感，闭上眼睛，纵身一跃……

叔先雄沉江的那天晚上，她的弟弟叔贤在梦中见到了她。

她神色平静，告诉叔贤：“六天之后，在同样的地点，我会带着父亲回来。”

她是来托梦的！

叔贤在巨大悲痛中度过了六天，当他来到父亲和姐姐坠江的地方，果然看到了两具尸体浮在江面上，正是姐姐和父亲！

叔先雄就这样去了，她的事迹很快传遍了巴蜀一带，当地百姓无不感叹，便自发为她立下石碑，并刻上她自沉寻父的事迹。

日月流转，沧海桑田，“孝女叔先雄”的名声越来越为人所知，她的事迹也感动着一代代的读书人。明代大文豪**杨慎**为她写下了“千秋菊兮万春兰，孝娥之名焉可灭”的诗句。

但后世也多有人不认可叔先雄，认为她的举动并不明智。

杨慎，字用修，号月溪、升庵等，明朝文学家、官员，内阁首辅杨廷和之子；状元及第，任翰林院修撰；嘉靖时，杨慎触怒皇帝，被贬云南永昌卫，曾率家奴帮助朝廷平定叛乱。杨慎博览群书，词作渊博靡丽，《临江仙·滚滚长江东逝水》是其代表作。

蔡琰

乱世飘零

辨琴

蔡琰，字文姬，东汉末期出生于陈留郡**圉县**，她的父亲是当朝名儒蔡邕。

圉（yǔ）县，今河南省杞县西南。

蔡邕博学多才，又喜好音律，在家的日常生活便是读书抚琴。

某天晚上，蔡邕如往常一样坐在屋内抚琴，年少的蔡琰被父亲清脆悦耳的琴声所吸引，便站在屋外静静地听着父亲弹奏。

或许是因为官场上的沉浮让蔡邕的心境有了变化，蔡邕抚琴的动作越发剧烈，琴声渐渐急促。

突然，只听“铿——”的一声，一根琴弦被蔡邕挑断了。

屋外的蔡琰听到响声，快速走进屋里，问道：“父亲，为什么第二根弦突然断了？”

蔡琰的话让蔡邕略感意外，因为刚才被挑断的琴弦就是第二根。

他脸上露出慈祥的微笑，说道：“这都能被你猜中！”

蔡琰摇了摇头，骄傲地说道：“不，这是孩儿听出来的。”

蔡邕抿了一口茶，依旧带着笑意说道：“那你能不能再试一次？”

蔡琰回答道：“好的，父亲。”

于是，她走出房间，关上了房门。

蔡邕定了定心神，再次演奏起来。虽说断了一根弦，但对于琴艺高超的他而言，继续演奏的难度不是很大。

屋内，清脆的琴声继续响起，蔡邕顺着刚才的心境，故技重演，他指间尽力一拨，只听“铿——”的一声，琴弦应声而断。

蔡琰推开房门，自信满满地对父亲说道：“这次是第四根！”

蔡邕笑了，深信女儿有**听声辨琴**的本事。

听声辨琴的故事后来被写入古代启蒙读物《三字经》：“蔡文姬，能辨琴；谢道韫，能咏吟。彼女子，且聪敏。尔男子，当自警。”蔡文姬的故事被人们千古传诵。

蔡邕了解到自己的这颗掌上明珠，有着非常高的学习天赋。于是，他开始指导蔡琰读书，尽心尽力地将自己平生所学一点一滴全部教给了蔡琰。

蔡琰也没有让蔡邕失望，在父亲的教导中，她读了很多书，学会了很多技能，诗词歌赋及音律，无一不通，甚至还能做到过目不忘。

亲人离散

蔡琰长大时，她的才名早已传遍乡里。

后来，蔡邕做主将蔡琰嫁给了河东郡内知名大族卫家的后代卫仲道，他们二人的婚姻可以说是门当户对。

只是，好景不长，卫仲道身体孱弱，与蔡琰一同生活没几年便过世了。

由于蔡琰没有生下一儿半女，所以她无法继续待在卫家。于是，她回到了陈留郡老家。

此时蔡邕正在长安为官，天下大权尽归董卓掌控。没多久，董卓身死，王允认为蔡邕依附董卓，是董卓同党，便下令杀死了蔡邕。

听闻父亲身死的噩耗，蔡琰悲痛万分。

丈夫、父亲接连逝世，这对于蔡琰的打击实在太大。然而，还没等蔡琰从悲痛中走出，更大的噩运降临了。

异国他乡

汉献帝年间，天下已经大乱。由于军阀李傕、郭汜等人作乱关中，再加上董卓的老部下也因没了首领而四处逃窜，中原各郡纷纷陷入了劫掠与战火之中。

汉朝失去了昔日的荣耀，汉朝子民再也无法安然生存。

战乱之中，蔡琰与若干逃难的百姓一同被董卓的旧部捕获。绝望中，蔡琰跟着这支部队一路西行并北上。

乱世之中，一个女子能怎么办呢？

左贤王，匈奴单于下的最高官职。《后汉书》中记载蔡琰为左贤王丫鬟，后世戏曲作品中多将蔡琰视为左贤王的妻子。

蔡琰一路颠簸，最后流落到南匈奴**左贤王**的地盘之中。

左贤王见到蔡琰后，看着蔡琰颇有姿色，便将她留在了身边，做了贴身丫鬟。

蔡琰在匈奴人的地盘上生活了十二年。这期间，她为左贤王生下了两个儿子，因此，她得到了其他奴

隶不曾有的待遇。

左贤王对她也算不错，没有在生活条件上亏待蔡琰。

然而，蔡琰终究是汉朝人，匈奴人的生活习性她自始至终都无法习惯，寒冷、萧瑟、遍地肃杀的北方也终究不适合她这样的柔弱女子生存。

她虽然生活在匈奴的地盘，但从没有放弃过回家的念想。在无数个夜晚中，蔡琰向天祈祷，祈求有朝一日能回到故乡。

文姬归汉

正当蔡文姬流落塞外之时，汉朝天下早已发生了翻天覆地的变化。

曹操在军阀混战中杀出重围。他将汉献帝迎至许都，采取“奉天子以令不臣”的策略，获得了前所未有的政治资本，并借此号令群臣。

官渡之战中，曹操击败袁绍，最大限度地平定了北方，饱受战乱的中原各郡生活环境相对得到了恢复。

曹操与蔡邕是故交，当他听说蔡琰流落到南匈奴的地界后，分外惊讶。

文姬归汉，不仅是史实，还被演绎成各类小说、戏剧、画作等，金代画家张瑀创作的绢画《文姬归汉图》，逼真地再现了蔡文姬归汉的情景，图中也再现了塞北风光。

他实在不忍心蔡邕的女儿饱受苦楚，便派使者出使南匈奴，准备用重金将蔡琰赎回。

当使者到达时，蔡琰又惊又喜又悲。

惊的是，上苍听到了她的祈祷。

喜的是，她终于要回到无比思念的故乡了。

悲的是，她毕竟在塞外生活了十二年，还有了两个儿子，左贤王不会答应她带走两个孩子。

果然，左贤王答应了曹操的条件，收下了金璧，命蔡琰跟随使者回到汉朝。但她的两个儿子要留在匈奴。蔡琰无可奈何，只得带着不舍与留恋，告别了左贤王，告别了两个儿子。她跟随曹操派来的使者，冒着风沙，向着东南方向出发，终于回到了故乡陈留郡。

这就是历史上“**文姬归汉**”的故事。

曹操见到故人之女，感慨异常，蔡琰的经历让他动容。他为蔡琰安排好一切生活所需，然后做主将蔡琰嫁给自己的部下董祀。

回首在北方生活的岁月，蔡琰总觉恍如梦中。如今回到故里，她本不愿再嫁，毕竟自己已经有了两次婚姻经历。

十多年的流亡带给她极大的精神创伤，另外，曹操的盛情也不便推辞，于是，她同意了这门亲事。

她本想着能就此安度余生，没承想，上天依旧不打算放过她。

才华依旧

蔡琰已经三十四岁，而董祀才二十二岁，董祀惧于曹操的威严，不敢违命，才娶了蔡琰。而蔡琰经过颠沛流离，饱经沧桑，对来之不易的稳定生活十分珍惜。

不过，她还没过上几天安稳日子，董祀便犯了死罪，依法当斩。

“难道我注定是要一个人过完这一生吗？”蔡琰开始绝望。

她决定，无论如何也要保全丈夫，因为自己实在经不起如此大难了。

经受了数天不吃不喝，她想到了一个办法，她决定孤注一掷。

此时，曹操身为汉朝丞相，权势越发盛大。他意气风发，大宴宾客。觥筹交错间，仆人来报：蔡琰求见。

听闻故人之女来访，曹操大喜。

他对宴会上众同僚说道：“蔡邕之女现在就在门外，今日正好让诸位朋友认识一下这位才女。”

他兴冲冲地叫仆人将蔡琰请来。

然而，他们看到的却是蓬头垢面，衣服也没穿整齐，一脸憔悴的蔡琰。

蔡琰向曹操跪地叩头，说道：“罪臣一生悲苦，流落北方十几年，本以为这辈子就是这样度过了，多亏了丞相帮助，以及我父亲在天之灵的庇护，才使我能够回到故乡，罪臣感激涕零，无以为报。”

蔡琰的经历在场诸人大多有所耳闻，如今，听着她娓娓道来，他们的心里大为触动。尤其是曹操，他开始明白如今蔡琰究竟为何而来。

果然，蔡琰接下来的话便是替董祀求情，希望曹操网开一面。

曹操没想到，再次见到故人之女竟是这般景象。

无限感慨中，他同意了蔡琰的请求。

当蔡琰叩头谢恩时，曹操忽然想起了一件事，他问道：“听说蔡先生家中有很多书籍，你能否尽量将这些书籍中的精要写出来呢？”

蔡琰略一思索，坚定地回答道：“我父亲曾留给我四千多卷书籍，后来因为战祸，这些书籍大多已经散佚了，但我还能默写出其中四百多卷。”

此话一出，周围听众无不倒吸一口凉气，他们面面相觑，不禁感叹道：“真不愧是才女啊！”

于是，曹操命令仆人为蔡琰准备衣物，并招待她洗漱完毕，随后，蔡琰独自一人，在丞相府中待了好些日子，将脑中所记的文章典籍全部默写出来。

当曹操等人看到蔡琰写出的书稿后，大为钦佩。

看来，十多年的磨难并不曾将蔡琰的才华消磨哪怕一丝一毫，她依旧是当年那位名满陈留郡的蔡邕之女。

曹操被蔡琰的才华深深折服，同意网开一面，放过董祀。蔡琰终于得偿所愿，与丈夫共同度过了余生。

在蔡琰剩余的岁月里，她常常回忆起往事，并且生出无限感慨，惨烈的战祸给她的人生带去了惨痛无比的经历。

作为官家之女，她非但没有享受到多少家世为她带来的荣华，反而流落天涯，辗转极寒之地十几年，成为匈奴人的奴隶，并生下两个儿子。虽有幸回到故乡，却付出了骨肉相离的代价。

每每想到这些，蔡琰都不禁流下泪来，她内心的情感越发强烈，终于喷薄而出。

她拂袖一挥，写下了两首《**悲愤诗**》。

其中，"悠悠三千里，何时复交会"，表达了她与孩子分离的悲痛；"流离成鄙贱，常恐复捐废。人生几何时，怀忧终年岁"，表达了她一生都无法消去的幽怨。

《悲愤诗》

《悲愤诗》选取蔡琰人生中三个重要事件进行描绘，将她内心的凄惶痛苦、孤苦无依体现得淋漓尽致，其诗也展现出令人不忍卒读的悲情人生。同时，该诗也反映了汉末人民的悲惨遭遇。